本书由国家发改委重大改革研究课题、重庆市发改委学术委员会研究课题资助。

市场准入负面清单

理论、实践与前瞻

地方政府治理协同创新中心
陈升 李兆洋 等◎著

中国社会科学出版社

图书在版编目（CIP）数据

市场准入负面清单：理论、实践与前瞻 / 陈升等著 . —北京：中国社会科学出版社，2018.12

ISBN 978-7-5203-3592-8

Ⅰ.①市… Ⅱ.①陈… Ⅲ.①市场准入—研究—中国 Ⅳ.①F723

中国版本图书馆 CIP 数据核字（2018）第 273186 号

出 版 人	赵剑英
责任编辑	王　衡
责任校对	王佳玉
责任印制	王　超

出　　版	中国社会科学出版社
社　　址	北京鼓楼西大街甲 158 号
邮　　编	100720
网　　址	http://www.csspw.cn
发 行 部	010-84083685
门 市 部	010-84029450
经　　销	新华书店及其他书店

印　　刷	北京明恒达印务有限公司
装　　订	廊坊市广阳区广增装订厂
版　　次	2018 年 12 月第 1 版
印　　次	2018 年 12 月第 1 次印刷

开　　本	710×1000　1/16
印　　张	19.5
插　　页	2
字　　数	314 千字
定　　价	89.00 元

凡购买中国社会科学出版社图书，如有质量问题请与本社营销中心联系调换
电话：010-84083683
版权所有　侵权必究

序　言

实行市场准入负面清单制度是对政府传统管理模式的一次根本性变革。党的十八届三中全会《中共中央关于全面深化改革若干重大问题的决定》（以下简称《决定》）提出，"实行统一的市场准入制度，在制定负面清单基础上，各类市场主体可依法平等进入清单之外领域"。《国务院关于促进市场公平竞争维护市场正常秩序的若干意见》（国发〔2014〕20号）提出，"制定市场准入负面清单，国务院以清单方式明确列出禁止和限制投资经营的行业、领域、业务等，清单以外的，各类市场主体皆可依法平等进入"。在以上文件的基础上，国务院正式出台《关于实行市场准入负面清单制度的意见》（国发〔2015〕55号）对负面清单制度的重大意义、总体要求和适用条件、制定实施和调整程序、确认方式及与现行制度的衔接、保障措施、加快相关体制改革和制度建设等方面进行了系统阐述，是中国市场准入负面清单制度的顶层设计。

从国外来看，负面清单最早出现在对外投资领域，是在双边投资协定的附件中以"不符措施"和"保留条款"的形式出现的。《决定》将负面清单引入国内投资领域，作为市场准入管理方式的改革措施，平等地适用于国有与非国有、内资与外资企业，体现了在政府与市场关系上思维方式的重要转变，将为市场发挥决定性作用提供更大空间。

党的十八届三中全会以后，各方面对实行负面清单制度抱有很高期待，也作了不少研究。但认识还不一致，有些方面还存在较大分歧。同时，负面清单管理方式在中国还是一个新生事物，在体制、政策和方法上还有一个学习、适应、调整的过程。如何按照党中央、国务院的要求，在中国建立市场准入负面清单管理制度，既需要政府加快制定方案，也有必要通过专题研究，厘清边界、理清思路，作为决策支撑。

为此，2014年国家发展改革委发布重大改革研究课题"实行市场准入负面清单管理方式研究"。经比选后，课题由本书作者主持开展。根据课题要求，本书作者从改革背景和负面清单制度的内涵、负面清单制度的国内外实践及经验启示、实行负面清单制度的主要途径和推进策略、实行负面清单制度需要处理好的若干重大关系、实行负面清单制度需要推进的改革等方面开展研究。此研究的结果以及其间调研获取的材料，为本书的形成打下重要的前期基础。

同时，课题研究以直接服务政策决策为目标，课题开展期间，课题组成员多次参与国家发展改革委组织的研究讨论，为政策建言献策。在2015年10月《国务院关于实行市场准入负面清单制度的意见》出台，以及2018年12月《市场准入负面清单》（2018年版）发布之际，作为国家发展改革委专家，作者受邀参与了国家发展改革委组织的媒体解读，并在中国政府网、新华网、凤凰网、重庆经济等相关专栏，发表一系列文章解读市场准入负面清单制度概念与实施的重大意义。

此外，作者及其研究团队还积极配合国家发展改革委体改司，开展探索市场准入负面清单的制定。前期，清单制定工作，从两个方向进行开展，一是由作者及其研究团队开展对现行有效的法律法规进行梳理，清理其中市场准入负面清单事项。内容主要涉及现行有效的法律（343条）、有关法律问题的决定（258条）、行政法规（3700条）和团体规定（165条）、国务院各机构的部门规章（6063条）、国务院各机构的行政法规（2660条）。二是由国家发展改革委体改司开展的对现有清单的整合，如权力清单、产业调整指导目录和政府核准目录等内容。清单制定工作的探索，为《市场准入负面清单草案》（试点版）的制定与公布奠定了坚实基础。

本书作者及其研究团队还聚焦地方改革，积极建议重庆市推动市场准入负面清单试点申请，并配合重庆市发展改革委开展市场准入负面清单试点工作，其间参与了试点方案的建议、重庆市"试清单"的基础工作、重庆市市场准入负面清单制度研究等工作。

在以上工作开展的过程中，作者认识到实施市场准入负面清单是中国一次自主性创新探索，国际上鲜有他国经验。因此，相比于负面清单在外商投资领域的运用,市场准入负面清单可能也因此更具特殊意义。市场准入负面清单通过"排除"或"筛选"的方式,实现了中国市场准入管理从正面向负面的转变。然而,当下政府仍然干预较多,管理手段依赖于审批,有的部门或地方政府甚至将事前审批当作调控市场的唯一抓手,扮演"全能型政府"的角色,导致了审批制使用范围的泛化。对于市场主体而言,企业取得市场准入资格,有的需要经过上百项的政府事前审批,审批环节多、审批时间长,对同一事项的多头审批和重复审批等弊端凸出。这样不仅为市场主体设置了障碍,制约了市场发挥资源配置的决定性作用,同时也降低了行政效率,不利于更好地发挥政府作用。实行市场准入负面清单制度,就是要依法把权力关进制度的笼子,将法律法规作为准入审批的标尺,体现了在政府与市场关系上思维方式的重要转变,将为市场发挥决定性作用提供更大空间。

但是,这一制度的推行具有难度。实行市场准入负面清单制度是对政府传统管理模式的一次根本性变革,可谓"牵一发而动全身",推行市场准入负面清单并非一项单独的改革,而是一项综合性极强的改革。一方面,这项改革涉及领域广、波及面宽,其有序推进需要政府、市场主体、社会各方配合。政府内部不仅要在改革中处理好各级政府之间的关系,更需要同级各部门之间的良好协作。另一方面,这项改革没有"浅水区",一实行则是直接对现有制度的深层次冲击。如在市场准入负面清单制度下,政府大量有关审批将会取消或者后置,更强化事中、事后的监管职责,需要建立健全一系列相适应的机制体制,确保有关政府在准入环节的"放到位"和政府监管能力的提升"跟住节奏"。

而且探索研究市场准入负面清单制度,没有"旁观者"。随着国家发展改革委、商务部于2018年12月25日联合发布《市场准入负面清单》(2018年版),标志着中国全面实施市场准入负面清单的时代已经开启,各地没有改革的"旁观者",只有改革的参与者。而各地如何根据中央改革要求,落实地方市场准入负面清单改革任务,是中国全面统一推行市场准入负面清单制度成败的关键。

本书正是在此背景下完成,企图通过对市场准入负面清单进行研究,从而为相关改革提供政策建议,为全面实施市场准入负面清单制度助力,特别是为各地实行市场准入负面清单制度提供参考。

目 录

理论篇

第一章 市场准入负面清单 ······ (3)
 一 市场准入 ······ (3)
 二 负面清单 ······ (5)
 三 市场准入负面清单 ······ (11)
 四 市场准入负面清单与权责清单 ······ (17)

第二章 市场准入负面清单制度 ······ (28)
 一 市场准入负面清单制度内涵 ······ (28)
 二 市场准入负面清单的制定与调整 ······ (29)
 三 市场准入负面清单制度的配套措施 ······ (33)
 四 实行市场准入负面清单制度的理论基础 ······ (43)
 五 实行准入负面清单制度的现实意义 ······ (49)

第三章 清单治理：市场准入负面清单制度 ······ (55)
 一 国家治理理论 ······ (55)
 二 清单治理 ······ (57)
 三 负面清单治理特征 ······ (58)
 四 负面清单治理理念 ······ (59)

五　负面清单：国家治理现代化的重要举措 …………………（63）

实 践 篇

第四章　国内外市场准入制度演进 ……………………………（67）
　　一　中国市场准入制度发展阶段 …………………………（67）
　　二　国外市场准入制度演化及启示 ………………………（76）
　　三　市场准入制度演进共性特征 …………………………（98）

第五章　市场准入负面清单制度探索 ………………………（101）
　　一　清单制度发展历程 ……………………………………（101）
　　二　清单如何制定 …………………………………………（104）
　　三　清单草案试点落地应用 ………………………………（112）
　　四　清单修订公布 …………………………………………（115）

第六章　外商投资负面清单制度自贸区实践 ………………（118）
　　一　自贸区实行外资负面清单意义 ………………………（118）
　　二　外资负面清单在自贸区实行经验 ……………………（121）
　　三　对全面实施市场准入负面清单制度启示 ……………（142）

第七章　市场准入负面清单制度的试点探索 ………………（152）
　　一　地方主动探索和制度全面推行 ………………………（152）
　　二　地方试行负面清单制度红利 …………………………（153）
　　三　地方市场准入负面清单探索历程 ……………………（155）
　　四　试点探索案例分析 ……………………………………（160）

前瞻篇

第八章 市场准入负面清单制度全面实施 ……………………… (173)
 一 市场准入负面清单的改革环境 ……………………………… (173)
 二 全面推行市场准入负面清单若干问题 ……………………… (181)
 三 全面实施市场准入负面清单制度的政策建议 ……………… (188)

第九章 市场准入负面清单发展趋势 …………………………… (214)
 一 市场准入负面清单历次版本 ………………………………… (214)
 二 市场准入负面清单发展趋势 ………………………………… (222)
 三 数字政府背景下的市场准入负面清单统一代码 …………… (226)
 四 清单治理理念下的政府网站建设 …………………………… (229)

附件1 国务院关于实行市场准入负面清单制度的意见 ………… (230)

附件2 关于开展市场准入负面清单制度改革试点的工作方案 … (239)

附件3 中共中央国务院关于深化投融资体制改革的意见 ……… (241)

附件4 自由贸易试验区外商投资准入特别管理措施（负面清单）（2017年版） ……………………………………………………… (247)

附件5 自由贸易试验区外商投资准入特别管理措施（负面清单）（2018年版） ……………………………………………………… (260)

附件6 外商投资准入特别管理措施（负面清单）（2018年版） … (267)

附件7 市场准入负面清单（2018年版）说明 …………………… (273)

附件8　市场准入负面清单（2019年版） …………………………（275）

附件9　国家发展改革委　商务部关于印发市场准入负面清单草案（试点版）的通知（发改经体〔2016〕442号）…………（277）

附件10　国家发展改革委　商务部关于印发《市场准入负面清单（2018年版）》的通知（发改经体〔2018〕1892号）……………………………………………………（279）

附件11　国家发展改革委　商务部关于印发《市场准入负面清单（2019年版）》的通知（发改体改〔2019〕1685号）……………………………………………………（282）

附件12　本书作者公开接受采访记录与发表的相关文章 …………（284）

后　记 …………………………………………………………………（303）

理论篇

从国外来看，负面清单最早出现在对外投资领域，是在双边投资协定的附件中以"不符措施"和"保留条款"的形式出现的。党的十八届三中全会《中共中央关于全面深化改革若干重大问题的决定》（以下称《决定》）将负面清单引入国内投资领域，作为市场准入管理方式的改革措施，平等地适用于国有与非国有、内资与外资企业，体现了在政府与市场关系上思维方式的重要转变，将为市场发挥决定性作用提供更大空间。

由于负面清单在中国还属于新鲜事物，对制度的有关概念的理解可能还有不少分歧或者误区。比如，将市场准入负面清单与外商投资负面清单概念混淆。本篇基于厘清概念边界、理清工作思路的目的，展开了对市场准入负面清单及其制度的相关概念和理论的梳理。

第一章

市场准入负面清单

负面清单这一概念，最初应用在国际投资谈判过程中。简言之，正面清单是"允许才能干"，负面清单是"没禁止就能干"。[①] 党的十九大报告中，"负面清单"出现两次：全面实施市场准入负面清单制度，清理废除妨碍统一市场和公平竞争的各种规定和做法，支持民营企业发展，激发各类市场主体活力；实行高水平的贸易和投资自由化便利化政策，全面实行准入前国民待遇加负面清单管理制度，大幅度放宽市场准入，扩大服务业对外开放，保护外商投资合法权益。那么，负面清单、市场准入负面清单是什么？本章就其概念、内涵进行解释。

一 市场准入

首先，需要明确的概念是"市场准入"（Market Access）。市场准入作为专门词汇来使用最早可见于20世纪70年代末国际贸易中所签订的多边和双边协议。国外对市场准入的研究主要集中在国际市场准入的层面，而且大多数学者都是在一个具体的协议或条款领域中开展研究，如"南美农产品市场准入""北美市场准入""东盟市场准入""中美市场准入协议"等。目前对国际市场准入概念，较为权威的定义是Joel Prachtman[②]所做出的，他认为市场准入指的是"一国市场在国际中进入的自由

[①] 陈升：《英雄不问出处，负面清单带来的机遇与挑战》，凤凰网，https://pl.ifeng.com/a/20190103/60223106_0.shtml。

[②] Joel Prachtman, "Trade in Financial Services under GATs, NAFTA and the EC: A Regulatory Jurisdiction Analysis", *Columbia Journal of Transnational Law*, 1995, c34.

度，表现为具有国民待遇的难易程度，从某种意义上也是体现了该国市场份额能被贸易伙伴占有的程度"。在国际法中，这一概念使用较多。如世界贸易组织的《服务贸易总协定》《实施卫生与植物卫生措施协定》等就进行了相关领域的"市场准入"专门讨论。

在中国，"市场准入"（Market Access）一词属于舶来品，是改革开放之后从国外相关文件中直接翻译创造的词汇。在20世纪80年代前，市场准入一词几乎不曾见于国内的官方文件和学术文章。该词于1992年首次出现在《中美市场准入谅解备忘录》一文之中。"市场准入"一词的概念内涵，随着其使用范围的改变发生了很大的变化。最初引入中国时，市场准入概念多使用于国际贸易领域，指的是"在世界贸易组织制度框架下，一国市场主体自由进入某国市场的程度"。此阶段的市场准入概念，还未扩展到国内市场主体准入的领域。随着使用范围的扩大，市场准入已经不再是一个"涉外市场主体准入"的专属概念，已经演变成国内市场运行中一项重要的制度。

改革开放前实行计划经济体制，政府严格控制着市场，并不存在讨论企业准入的必要，相关研究也没有开展。改革开放后，特别是1992年邓小平南方谈话之后，中国开始建立社会主义市场经济体制，开始了有关市场准入的研究，但仍然较少。关于国内市场准入制度的演变，21世纪之初，盛世豪将其划分为企业登记制度恢复时期、企业法人制度确立时期、市场准入制度逐步完善三个时期。[①] 随后中国加入WTO，这对市场准入制度产生了深刻的影响。这个时期作为市场准入制度进一步发展的重要时期，中国开始取消和简化一些准入前的行政审批，确立了一般市场主体准入采用准则制、特殊市场主体准入采用审批制的格局。这个时期内，有关市场准入的研究步入高峰，不少学者围绕中国加入WTO开展了一系列对国内市场准入制度改革调整的研究。随后，相关研究逐渐体系化。封延会等展开了对中国市场准入制度构建的系统性研究。戴霞也从法律制度的层面对市场准入的法理基础进行了较为深刻的解读。赵韵玲和刘智勇则对市场主体准入的制度概念、登记注册制度问题以及新

[①] 盛世豪：《试论我国市场准入制度的现状与改革取向》，《经济问题研究》2001年第3期。

时期下外商投资主体的准入制度进行了较为全面系统的研究。

综合目前主要的学术研究的定义，市场准入被看作是"市场主体和交易对象被政府准许进入市场的程度和范围"。而市场准入制度，是指国家规制市场主体和交易对象进入市场的有关法律规范的总称，如国家对市场主体资格的确立、审核、认可制定和实行的法律制度，它是国家对市场经济活动基本的、初始的管理制度。但关于市场准入制度的确切内涵，学术界还有一定争议。除了将其理解为最初的"涉外市场主体准入"概念，一些学者研究聚焦在市场主体成立或主体资格获取的角度，从市场主体登记制度层面去理解这一概念。赵韵玲等认为，狭义的市场准入制度特指工商行政管理部门对进入市场的市场主体实施的工商登记管理及后续相关监管，从构成上包括了市场主体登记注册制度和市场主体监督管理制度两个部分。[①] 同时也有学者认为市场准入制度是指政府对市场主体进入某一特定市场进行投资、生产、经营等活动时，所进行的限制或禁止的有关办法的汇总，表现为对市场主体的设立及经营行为所实行的审批以及特许经营的制度。

关于市场准入制度，综合学者观点，本书认为其构成是一个多层次的体系，主要包括：针对普遍市场主体的工商登记制度，即一般市场准入制度；针对市场主体从事特定业务时的各种审批核准制度或其他办法，即特殊市场准入制度；针对境外主体进入国内市场时的各种审批核准制度或其他办法，即外商准入制度（见图1）。而本书所研究的市场准入负面清单制度，则属于特殊市场准入制度的概念，如无特殊说明，本书中所言及的"市场准入制度"皆专指特殊市场准入制度。

二 负面清单

负面清单（Negative List），按照国际通行惯例，是一张仅列举法律法规明确禁止（或有条件限制）的事项的清单。[②] 负面清单管理模式作为一种外商投资准入制度，是一个国家禁止外资进入或者限定外资比例的行

[①] 赵韵玲、刘智勇：《市场主体准入制度改革研究》，中国人民大学出版社2010年版。
[②] 王利明：《负面清单管理模式与私法自治》，《中国法学》2014年第5期。

6　理 论 篇

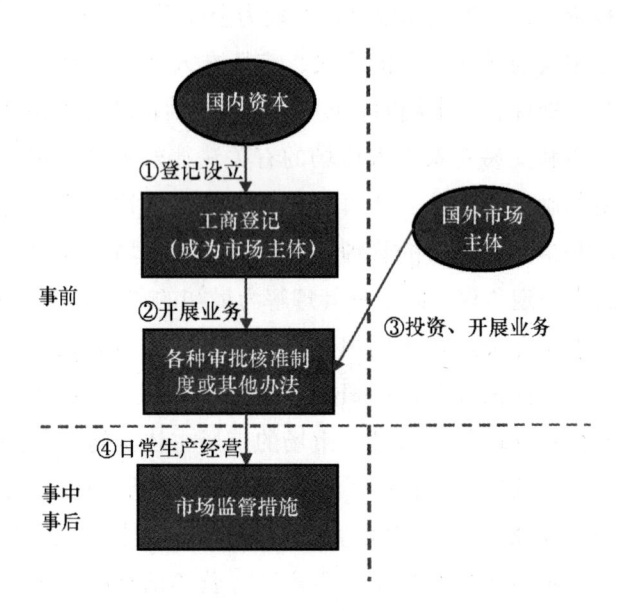

图 1　市场准入制度概念图析

注：①登记设立阶段，政府所采取的针对普遍市场主体的工商登记制度，本书称之为一般市场准入制度；②国内市场主体开展业务时，对应的各种审批核准制度或其他办法，本书称之为特殊市场准入制度；③外商投资、开展业务时，对应的各种审批核准制度或其他办法，本书称之为外商准入制度；④市场主体所开展的日常生产经营，非市场准入环节，此阶段采取的市场管理办法，属于事中事后监管措施，不属于市场准入制度。

业清单，比如国民待遇和最惠国待遇，或以业绩要求、高管要求等方面的管理措施限制，均以清单方式列明，清单以外领域则充分开放，即政府规定哪些经济领域不开放，除清单列明的禁区，其他行业、领域和经济活动都许可。① 这种"非禁即入"模式，源于"法无禁止即自由"（All is permissible unless prohibited）的法治理念。

　　这种管理模式源于国际上双边投资协定。1834 年普鲁士领导并创立了德意志关税同盟，各盟国相互签订关税协定，针对同盟国内的关税废除、各国间的关税减免以及对同盟国以外的贸易采取的对外关税协定与税率等内容进行规定。并且，在该协定的正文部分上明确列出了不对外

---

① 龚柏华：《"法无禁止即可为"的法理与上海自贸区"负面清单"模式》，《东方法学》2013 年第 6 期。

开放的特殊情况，据考证，这即为负面清单的最初形式。① 较早应用"负面清单"类似形式是在 1953 年美国与日本所签订的《友好通商航海条约》中，将造船及公用事业等方面不适用国民待遇的部分列举了出来。最早以列表形式出现的"负面清单"是美国在 20 世纪 80 年代的双边投资条约中最早使用的"负面清单"。一般认为，负面清单在《北美自由贸易协定》（NAFTA）中体现得最为典型，也是"准入前国民待遇+负面清单"模式最早的应用。以列表形式的负面清单来体现协定中的"不符措施"。这些"不符措施"是一系列国民待遇、最惠国待遇以及其他义务的例外措施，按照协议要求，这些例外措施一般以表格形式明确列举出来，并将其作为协定的一部分。在实践中，NAFTA 中的负面清单通过两个附件的方式表现，附件 1 是对现有"不符措施"的列举，附件 2 是对未来新兴产业的保留。② 在 NAFTA 的助推下，"负面清单"开始进入全世界的视线，被广泛运用。

扩展阅读 1　国际上外商投资负面清单模式的应用

外商投资负面清单管理作为一种国家间投资自由化协议模式，在签订初期就对服务部门和服务模式有较高的门槛要求。通常在发达国家之间，负面清单具有较高开放程度，这有利于签订国在更大程度上进入东道国的各个行业进行更为广泛自由的投资，而这也有利于东道国提高本国产业竞争能力，更好地融入世界经济发展潮流中。与此同时，对于发展中国家而言，负面清单式的外资管理模式，由于国内产业的对外开放扩大，可能会给正在培育和成长阶段的产业带来较大冲击。③ 发展程度低的国家在面临发展程度高的国家时，必然要承受更加全面和强大的竞争。

美国外商投资负面清单模式发展时间最长。美国外商投资负面清单管理模式萌芽于第二次世界大战后签订的友好通商航海条约，发展于与其他国家签署的双边投资协定（BIT）或者自贸协议（FTA）中，真正成

---

① 陈彦霖：《外资准入制度之负面清单管理模式探究》，吉林大学，2016 年。
② 毕再成：《负面清单管理模式的规范化研究》，浙江工商大学，2017 年。
③ 陈彦霖：《外资准入制度之负面清单管理模式探究》，吉林大学，2016 年。

型并在实践中大量使用，则是20世纪80年代美国与其他国家签订BIT以后。BIT中专门将例外行业以附件的形式列举，形成负面清单模式。为此，美国从1982年开始还专门制定BIT范本，作为谈判的基础，1994年、2004年和2012年，美国分别对BIT范本进行了修订。① 美国把这个范本运用到了所有双边投资协定谈判中，也运用到了诸如TPP（跨太平洋伙伴关系协定）和TTIP（跨大西洋贸易与投资协定）等区域投资协定谈判中（双边投资协定基本相当于TPP当中涉及投资章节的内容），通过双边投资条约和自由贸易协定这两种方式，达到促进投资自由化和强化投资保护的目的。近年来，美式外商投资负面清单谈判的新议题不断增加，将国内监管、补贴和政府采购等事宜也纳入其中，作为外商投资领域市场准入谈判的一部分，主要是为本国有优势的产业争取最大利益，同时也为以后主导国际贸易投资自由化多边议程做准备。②

日本也是采用外商投资负面清单签订投资协定较多的国家。2002年签署的《日韩投资自由化、投资促进和投资保护协定》，以及后来签订的日越、日秘双边投资协定均采用负面清单模式。日本负面清单行业列表中，与农业、林业和渔业相关的第一产业内容涉及面较广。针对不同的缔约国，日本外商投资负面清单所列明的不符措施也存有差异。日韩双边投资协定例外清单有两类，第一类涉及国防、国家安全、公用事业、政府垄断、国有企业等产业，第二类主要是需保护的一些产业。③ 日韩投资协定对第二类例外产业规定了"停止"（Stand-still）④ 和"回转"（Roll-back）⑤ 机制。新加坡的经济实力只及日本的2%，不存在对日农产品出口问题，所以日新间的FTA于2002年顺利签署并得以实施。

---

① 聂平香、戴丽华：《美国负面清单管理模式探析及对我国的借鉴》，《国际贸易》2014年第4期。

② 郝红梅：《负面清单管理模式的国际经验比较与发展趋势》，《对外经贸实务》2016年第2期。

③ 包括农业、林业和渔业相关的第一产业，石油工业、矿业、供水和供水系统行业、铁路运输、水路运输、航空运输、电信行业等。

④ "停止"机制是指锁定缔约方现有的不符措施，禁止制定新的或者限制性更强的不符措施。

⑤ "回转"机制是以现有的不符措施为起点，逐步减少或取消这些措施，而不得采取新的例外措施。

日本与墨西哥和智利缔结的协定中，日本没有将外国银行（总部设在日本之外）在日本吸收的存款排除在储蓄保险法的覆盖范围外，而与东南亚各国的协定都规定了这样的条款。日本负面清单管理还注重将投资自由化与国家发展战略相结合，完善对日本企业有利的商贸环境。日本同智利缔结 FTA，除为本国汽车厂家争取更优惠进入条件外，还意在稳定其在智利的矿产权益。日本外商投资负面清单同样很注意为政府扩大审查范围保留空间。尽管日本在制度上对外国投资者实行投资自由化政策，但在具体实践中个别行业的市场准入仍很困难；且日本通常以灵活的方式处理一些关键性议题，如加强政府采购、竞争政策等方面的合作，提供巨额援助等。[1]

欧盟外商投资负面清单管理模式起步较晚，但实施进程较快。在 2009 年之前欧盟多采用正面清单模式，主要针对投资保护，基本未涉及投资准入前国民待遇问题。2009 年 12 月《里斯本条约》生效后，外国直接投资正式纳入欧盟共同贸易政策范畴，成为欧盟专属权限，欧盟开始代表其成员国对外开展投资协定谈判，内容仅包括市场准入和投资保护，投资促进及安全审查仍属各成员国职权范畴。欧盟是新一轮多边谈判的主要倡导者，主张进一步实现服务贸易和投资自由化，向最不发达国家全面开放市场，对发展中国家实行差别和特殊待遇。2012 年 4 月，欧美联合发表关于国际投资的"七条原则"，强调各国政府要给予外国投资者充分的市场准入及准入前和准入后国民待遇。2014 年 9 月，欧盟和加拿大签署《全面经济贸易协定》（CETA），这是欧盟第一个含有投资规则的经贸协定。CETA 的负面清单包括措施清单和行业清单两部分。[2] 中欧投资协定谈判中，欧方希望以负面清单方式就投资保护和市场准入两方面与中国谈判，CETA 投资规则是欧方商谈的范本。[3]

许多发展中国家也积极推进外商投资负面清单管理模式。较早采用

---

[1] 郝红梅：《负面清单管理模式的国际经验比较与发展趋势》，《对外经贸实务》2016 年第 2 期。

[2] 在政府层级方面，CETA 要求将欧盟层面的不符措施列入清单；在行业方面，除附件形式的负面清单外，CETA 在正文"适用范围"条款规定了不适用市场准入义务和准入阶段非歧视待遇的若干行业，例如某些空运服务、视听服务、文化服务等。

[3] 郝红梅：《负面清单管理模式的国际经验比较与发展趋势》，《对外经贸实务》2016 年第 2 期。

负面清单模式的发展中国家和转型经济体，是几个与美国签订双边协议的国家，如新加坡、韩国、智利、秘鲁、蒙古国、孟加拉国、卢旺达和越南。后来，印尼、菲律宾、缅甸、中国台湾、沙特、科威特、哥伦比亚等经济体也都不同程度地采纳了负面清单模式。发展中国家之间缔结的一些投资协定也采用了负面清单模式，例如巴西、阿根廷、巴拉圭和乌拉圭等国签订的《南方共同市场投资保护协议》。[①] 目前包括美欧在内的经济合作与发展组织（OECD）国家力推这一模式，国际上有近80个国家采用"准入前国民待遇和负面清单"管理模式。

可见，负面清单最早应用在对外投资领域，是在双边投资协定的附件中以"不符措施"和"保留条款"的形式出现的。在国际上，"负面清单"管理模式是东道国依据国民待遇或最惠国待遇中更优惠的条件提供完全准入，仅对国家经济至关重要的特定产业予以例外保护，并以清单的形式列明，在这个清单之外"法无禁止即可为"。[②] 负面清单列明了国家禁止外资进入或限定外资比例的行业，是一种国际通行的外商投资管理办法。[③]

在中国，负面清单管理正在从外商投资准入领域拓展到整个经济管理领域，实现市场准入负面清单管理已经被看作创新政府管理模式、促进政府职能转变、推进经济体制改革的手段。通过将负面清单管理理念从"外"至"内"进行了引申和扩充，不仅对外资实行负面清单管理模式，而且对内资也实行负面清单管理模式。这种对内外资同时适用的负面清单即为"市场准入负面清单"，这是一种对境内投资皆适用的管理模式，即不论是内资还是外资凡是在中国境内投资的主体都要遵照这一制度的要求。将负面清单的管理理念和管理模式推广到境内投资管理是中国处理政府和市场关系的一次大胆尝试和创新，也是中国进行市场准入

[①] 郝红梅：《负面清单管理模式的国际经验比较与发展趋势》，《对外经贸实务》2016年第2期。

[②] 郭冠男、李晓琳：《市场准入负面清单管理制度与路径选择：一个总体框架》，《改革》2015年第7期。

[③] 张相文、向鹏飞：《负面清单：中国对外开放的新挑战》，《国际贸易》2013年第11期。

管理制度的改革方向。①

因此，在中国，负面清单包括了市场准入负面清单和外商投资负面清单。两张负面清单的本质一样，都是通过清单模式列明了市场主体不能进入或者获得许可后才能进入的业务、领域等。外商投资负面清单主要是出于国家安全等要求，对境外投资者的"附加标准"，适用于所有境外投资者在华投资经营行为，是针对外商投资准入的特别管理措施；而市场准入负面清单是对境内外投资者的"通用标准"，是适用于境内外投资者的一致性管理措施，是对各类市场主体市场准入管理的统一要求。

三　市场准入负面清单

2013年11月，党的十八届三中全会提出，实行统一的市场准入制度，在制定负面清单基础上，各类市场主体可依法平等进入清单之外领域。国务院总理李克强在《2015年国务院政府工作报告》中指出，制定市场准入负面清单，公布省级政府权力清单、责任清单，切实做到法无授权不可为、法定职责必须为。2015年10月，国务院颁布《关于实行市场准入负面清单制度的意见》，明确了实行市场准入负面清单制度的总体要求、主要任务和配套措施，提出要按照先行先试、逐步推开的原则，从2015年12月1日至2017年12月31日，在部分地区试行市场准入负面清单制度，从2018年起正式实行全国统一的市场准入负面清单制度，这是中国关于实行负面清单管理改革的指导性文件。

市场准入负面清单制度是指国务院以清单方式明确列出在中华人民共和国境内禁止和限制（许可）② 投资经营的行业、领域、业务等，各级

---

① 郭冠男、李晓琳：《市场准入负面清单管理制度与路径选择：一个总体框架》，《改革》2015年第7期。

② 根据国家发展改革委最新修订，已将"限制准入类"修改为"许可准入类"。其主要考虑在于：依据WTO协定服务贸易领域相关规定，"限制市场准入"指一国做出市场准入承诺的部门（除非在减让表另有列明的）通过采取数量配额、垄断、专营服务、经济需求测试、特定类型法律实体、股比限制等方式限制市场准入的特定情形。而市场准入负面清单现有的限制类事项大部分是依据国内法规设置的规制措施，并非上述市场准入限制情形，如以"限制准入类"公布，容易引起误解，修改后能更好地与国际惯例相衔接。后文除特殊情况，不再进行说明，统一使用"许可"说法。

政府依法采取相应管理措施的一系列制度安排。实行市场准入负面清单制度是对政府传统管理模式的一次根本性变革，推行市场准入负面清单并非一项单独的改革，而是一系列的制度安排。例如在市场准入负面清单制度下，需要建立健全一系列相适应的准入机制、审批体制、监管机制、社会信用体系和激励惩戒机制、信息公示制度、信息共享制度等机制体制，确保负面清单运行具有配套的外部环境。

市场准入负面清单在中国乃至全世界都是一个新颖的概念，目前研究还十分薄弱，国内也是近两年才开始兴起相关的研究探索。就国外而言，目前除印度尼西亚探索了市场准入负面清单制度以外，负面清单制度在国际上的运用都还属于外资准入领域中。随着中国开始市场准入负面清单的相关探索，学术界也从各个方面开始了对市场准入负面清单制度的研究。关于市场准入负面清单的研究中：陈升和李兆洋认为推进市场准入负面清单是转变政府职能的总开关，是发挥市场在资源配置中决定性作用的重要手段，同时也是推进全面深化改革的重要抓手；[①] 迟福林和张飞也认为在中国实施负面清单制度，同时并行推进权力清单、责任清单有助于打通简政放权的"最后一公里"；[②] 喻少如从行政审批制度改革的角度，研究了负面清单模式对于政府职能转变的作用，有助于推动中国的行政审批制度改革。[③] 关于市场准入负面清单模式的总体思路研究中：郭冠男和李晓琳从中国市场准入管理制度存在的必要性依据与合理性依据的角度，对中国实行市场负面清单制度作了框架性的研究探索；[④] 赫郑飞从提升负面清单质量、高效监管体系建立和规范政府履职行为的角度，对完善负面清单管理模式进行了思考和建议；[⑤] 李维安从"规则、合规与问责"这一现代治理思维和治理理念的角度，分析了负面清单制

[①] 陈升、李兆洋：《产业负面清单制定及其管理模式研究》，《中国软科学》2014年增刊。

[②] 迟福林、张飞：《打通简政放权的最后"一公里"》，《国家行政学院学报》2015年第4期。

[③] 喻少如：《负面清单管理模式与行政审批制度改革》，《哈尔滨工业大学学报》（社会科学版）2016年第2期。

[④] 郭冠男、李晓琳：《市场准入负面清单管理制度与路径选择：一个总体框架》，《改革》2015年第7期。

[⑤] 赫郑飞：《完善负面清单管理模式的思考和建议》，《中国行政管理》2014年第8期。

度建设的规则性问题。① 关于市场准入负面清单实践探索的研究中：郭冠男和谢海燕从制定和实施市场准入负面清单的角度，对市场准入负面清单与《产业结构调整指导目录》、《外商投资产业指导目录》、行政审批事项、现行法律法规等重大关系进行了分析；② 李大伟从编制市场准入负面清单过程中，研究发现了清单事项清理过程中的系列操作性问题，并提出了有关市场准入负面清单编制的建议。③

总体而言，虽然党的十八届三中全会以后，学界对负面清单制度作了不少研究。但在有些方面，学术上还存在一些分歧。此部分，从几个关键点入手，对市场准入负面清单制度进行介绍。

（一）市场准入负面清单分类准入

市场准入负面清单包含禁止和许可两类事项。根据《市场准入负面清单》（2018年版），其中禁止类事项包括如："禁止违规开展金融相关经营活动""禁止违规开展互联网相关经营活动"等法律、法规规定的禁止准入事项；其中许可类事项包括如："未获得许可或资质，不得从事种子的生产、经营、检测和进出口""未获得许可，不得从事农林转基因生物研究、生产、加工和进口"等法律、法规规定需要许可才可准入的事项。

在清单执行过程中，各事项对应了具体的准入措施。如"未获得许可，不得从事农林转基因生物研究、生产、加工和进口"这一事项则对应了四项更为具体的措施描述"农业转基因生物入境许可""农业转基因生物生产与加工许可""从事农业转基因生物研究、试验应报告或经过批准""开展林业转基因工程活动审批"。

对禁止准入事项，市场主体不得进入，行政机关不予审批、核准，不得办理有关手续；对许可准入事项，包括有关资格的要求和程序、技术标准和许可要求等，由市场主体提出申请，行政机关依法依规做出是

---

① 李维安：《负面清单制度建设：规则、合规与问责》，《南开管理评论》2015年第6期。
② 郭冠男、谢海燕：《制定和实施负面清单制度必须理清的重大关系》，《中国行政管理》2015年第10期。
③ 李大伟：《我国编制市场准入负面清单的若干关键问题及对策》，《中国发展观察》2016年第3期。

否予以准入的决定；对负面清单以外的行业、领域、业务等，各类市场主体皆可依法平等进入。

可见，禁止类事项对所有市场主体都是禁止进入的，不再进行准入审批，市场准入负面清单以外的事项，各市场主体依法平等进入，也不需要政府进行准入前的资格审批。

（二）市场准入负面清单事项的辨析

如上，市场准入负面清单事项包含禁止和许可两类。两类清单事项与其他法律法规、国务院决定等规范性文件所规定的禁止与限制事项具有差别。市场准入负面清单的制定需要在把握此差别的基础上进行，才能保障市场准入负面清单精简有效、一单尽列。

首先，市场准入负面清单所列事项，是针对市场主体准入前的禁止限制（许可）事项。也即列入清单的事项必须是属于对市场主体的准入管理领域的措施，而并非如市场监督、生产管理等诸多属于事中事后管理的措施。比如"保险公司及其工作人员在保险业务活动中，不得利用开展保险业务为其他机构或者个人牟取不正当利益"，虽然是属于法律法规禁止市场主体的事项，但其并非市场准入阶段的管理措施，而是事中事后监管的要求，因此这类禁止事项并非市场准入负面清单事项。又如"森林经营单位修筑直接为林业生产服务的工程设施使用林地许可"，虽然也是属于需要政府许可的事项，但其属于对森林经营单位生产经营的管理措施，属于事中事后监管领域，不应在市场准入负面清单中列出。

其次，市场准入负面清单所列事项，是针对具有盈利动机的市场主体准入的事项。法律法规对于非盈利主体的禁止或许可事项，不属于市场准入负面清单事项。比如，"中小学国家课程教材审定""高等级病原微生物实验室建设审批""国家级森林公园设立审批"等一系列针对非营利主体的许可事项，不属于市场准入负面清单事项。

再次，市场准入负面清单所列事项，针对的主体是直接从事生产经营的市场主体，并非从业人员，对于从业人员的如"律师资格证""教师资格证""执业药师资格证"等资格准入不属于清单事项。

除此之外，市场准入负面清单属于特殊市场准入的概念领域，其所列事项不包括在一般市场准入领域，也就是工商登记阶段所涉及各类管理措施不属于清单事项。

(三) 与外商投资负面清单的区别

负面清单最早出现在外商投资领域，是在双边投资协定的附件中以"不符措施"和"保留条款"的形式出现的。研究中，从管理外商投资的研究视角，王晶阐释了负面清单管理模式的来源和使用范围，研究了这种管理模式可能给中国外商投资管理制度所带来的影响；[1] 从负面清单的实践视角，李墨丝和沈玉良以中美 BIT 谈判为研究背景，分析了美式负面清单的特点，并从上海自贸区负面清单实践的层面，提出了提高自贸区负面清单质量的建议；[2] 从政府管理变革的研究视角，袁倩和王嘉琪则从政府内部的制度变迁的角度，以上海自贸区负面清单的制度创建过程为案例，分析了行政改革进程中的"内在悖论"过程；[3] 从实现开放型经济体制的视角，陈爱贞和刘志彪分析了从"正面清单"转向"负面清单"所带来的开放效益。[4] 国内对外商投资领域的负面清单模式研究相对较为成熟。然而，负面清单作为一种管理模式，其运用并不仅局限在外商投资的领域。在中国，负面清单包括了市场准入负面清单和外商投资负面清单。根据《中共中央关于全面深化改革若干重大问题的决定》要求，"实行统一的市场准入制度，在制定负面清单基础上，各类市场主体可依法平等进入清单之外领域"，中国决定将负面清单管理制度引入国内统一的市场准入领域。

外商投资负面清单和市场准入负面清单既有联系又有区别。两类负面清单的本质一样，都是通过清单模式列明了市场主体不能进入或者需要许可才能进入的业务、领域等。外商投资负面清单主要是出于国家安全等要求，对境外投资者的"附加标准"，适用于所有境外投

---

[1] 王晶：《"负面清单"模式对我国外资管理的影响与对策》，《管理世界》2014 年第 8 期。

[2] 李墨丝、沈玉良：《从中美 BIT 谈判看自由贸易试验区负面清单管理制度的完善》，《国际贸易问题》2015 年第 11 期。

[3] 袁倩、王嘉琪：《行政改革的"内在悖论"：一个解释框架——以中国（上海）自由贸易区"负面清单"为例》，《公共管理学报》2015 年第 2 期。

[4] 陈爱贞、刘志彪：《自贸区：中国开放型经济"第二季"》，《学术月刊》2014 年第 1 期。

资者在华投资经营等准入行为，是针对外商投资准入的特别管理措施；而市场准入负面清单是对境内外投资者的"通用标准"，是适用于境内外投资者的一致性管理措施，是对各类市场主体市场准入管理的统一要求。对于外商投资来说，首先是要符合外商投资的负面清单，在满足外商投资负面清单情况之下，外资企业在市场准入方面和内资企业享有同等待遇。

两类清单都体现了"非禁即入"的理念，是一致的。这两个清单的区别是，外商投资负面清单是双边谈判的结果，其列出了外资不能进入或者附条件进入的领域，列明在这些领域采取的与国民待遇、最惠国待遇、业绩要求和高管要求等条款不相符合的措施。市场准入负面清单是根据国内现有法律法规中明确禁止或许可准入的事项制定，是中国市场准入管理中现行的禁止和许可事项的汇总清单，与他国无关。

（四）与《产业结构调整指导目录》的关系

与《产业结构调整指导目录》的关系：①目的上，两者都是通过列单的形式，列明特定市场领域的相应准入要求，进行分类的市场准入；②管理范围上，市场准入负面清单针对所有投资经营行为及其他市场准入行为，而《产业结构调整指导目录》偏重于对固定资产投资行为的调整、引导；③内容上，《产业结构调整指导目录》列明了政府引导投资的鼓励类、限制类与淘汰类产业，对其中淘汰类项目和限制类新建项目"禁止投资"，属于市场准入负面清单禁止类清单事项，应直接纳入市场准入负面清单。

可见，《产业结构调整指导目录》与市场准入负面清单内容存在重叠，两者应该进行衔接。在制定禁止准入类清单时，应充分衔接《产业结构调整指导目录》中的限制类新建项目和淘汰类项目，可以直接引用，不再逐条列出。从实践来看，为更好地适应转变经济发展方式的需要，根据《国务院关于发布实施〈促进产业结构调整暂行规定〉的决定》（国发〔2005〕40号）的要求，国家发展改革委会同有关部门对《产业结构调整指导目录》有关条目已经进行了多次调整。从未来发展来看，新技术、新产品、新业态、新商业模式层出不穷、千变万化，尤其是信息技术的普及将会对诸多传统行业的制造流程、营销模式实现再造。为使其进一步适应当前新形势，政府还应本着鼓励创新、降低创业门槛的原则，加强制度供给，及时修订《产业结构调整指导目录》，更新限制类新建项目和淘汰类项目。与此同时，随着《产业结构调整指导目录》做出修订，市场准入负面清单也应适时调整，实现与之匹配，做到与之衔接，并及时报国务院备案。①

（五）与《政府核准的投资项目目录》的关系

与《政府核准的投资项目目录》的关系：①目的上，二者都以促使市场在资源配置中起决定性作用，确立企业投资主体地位，更好发挥政府作用为目标；②管理范围上，市场准入负面清单针对所有投资经营行为及其他市场准入行为，《政府核准的投资项目目录》仅针对固定资产投资项目；③内容上，《政府核准的投资项目目录》中明确实行核准制的项目属于市场准入负面清单许可类清单事项。

具体而言，对市场准入负面清单和《政府核准的投资项目目录》的衔接工作，《国务院关于实行市场准入负面清单制度的意见》（国发〔2015〕55号）明确指出：实行核准制的项目（专门针对外商投资和境外投资的除外），在许可准入类清单中直接引用，不再逐条列出。有关部门要按照全面深化改革的总体部署，加快研究制定深化投融资体制改革的决定、政府核准和备案投资项目管理条例，适时调整《政府核准的投资项目目录》。今后，国务院若决定修订《政府核准的投资项目目录》，市场准入负面清单直接与修订后的《政府核准的投资项目目录》衔接。②

四 市场准入负面清单与权责清单

李克强总理在2014天津夏季达沃斯论坛开幕式上，给制度建设开出

---

① 《实行市场准入负面清单制度是促进产业结构调整的关键》，国家发展改革委经济研究所，http：//news.cnfol.com/guoneicaijing/20151022/21642527.shtml，2015年10月22日。

② 《国务院关于实行市场准入负面清单制度的意见》，http：//www.gov.cn/zhengce/content/2015-10/19/content_10247.htm，2015年10月19日。

三张清单——"权力清单""责任清单"和"负面清单"（本书中将权力清单与责任清单统称为权责清单）。三张清单成为"捆绑政府的手，放开市场的腿"的新举措，它们厘清了政府和市场的界限，详解了中国简政放权的改革思路。权力清单，是对于各级政府及其各部门权力的数量、种类、运行程序、适用条件、行使边界等予以详细统计，形成目录清单，为权力划定清晰界限，是推动权力公开运行、强化权力运行制约和监督的重要举措，要求政府做到"法无授权不可为"。① 责任清单，是要明确政府履行哪些职责，做到"法定职责必须为"，它与权力清单互相制约，防止责权失衡。负面清单，是明确企业该干什么，做到"非禁即入"。可见，无论是实行权力清单、负面清单、责任清单制度，都从不同的角度对规范政府和市场的关系、约束政府权力特别是行政行为做出安排，三张清单具有了统一的改革目的和方向。

（一）权责清单

权责清单包括权力清单、责任清单。权力清单，就是把各级政府及其所属工作部门掌握的各项公共权力进行全面统计，并将权力的列表清单公布于众，主动接受社会监督。早在 2005 年，河北省就提出了权力清单这个理念。但是首次以党的正式文件提出是在党的十八届三中全会上。此后国务院及地方政府对其进行了积极的探索，2013 年，权力清单制度正式改革的一大创举登上历史舞台。2013 年至今，国务院对大规模的行政审批事项进行了清理，同时全面取消了非行政许可事项，并于 2015 年 4 月正式公布了国务院各部门的审批权力清单，同时各地也在积极地进行

---

① 杨文智、张芳、张海立、宁夏回族自治区法学会重点课题课题组：《建立"三个清单"打造法治政府——关于宁夏建立"权力清单""责任清单"和"负面清单"的思考》，《共产党人》2015 年第 17 期。

权力清单的探索工作。① 2013 年权力清单制度实施以来，截至 2017 年年初，国务院分 9 批审议通过取消和下放的国务院部门行政审批事项共 618 项，其中取消 491 项，下放 127 项。已先后以国发〔2013〕19 号、国发〔2013〕27 号、国发〔2013〕44 号、国发〔2014〕5 号、国发〔2014〕27 号、国发〔2014〕50 号、国发〔2015〕11 号、国发〔2015〕27 号、国发〔2016〕10 号等文件公布。② 国务院部门行政审批中介服务大幅精简 70%，工商登记前置审批事项大幅精简 85%。

在全面深化改革的过程中，政府要拿出三张施政清单，除了"权力清单"和"负面清单"，还需制定"责任清单"。责任清单主要包括责任事项、职责边界等内容，其要解决的是 3 个层次的问题：一是管什么？明确政府的责任，那就是要种好"责任田"，当好"服务员"；二是怎么管？要创新完善政府管理方式；三是管不好怎么办？要有问责追究的制度。③ 2014 年，浙江省首先制定出责任清单，在浙江政务服务网的"部门责任清单"板块，列明了 43 个部门共有的主要职责 543 项，细化具体

---

① 浙江省早在 2013 年年初就开始对权力清单进行了探索。自新一轮改革启动以来，浙江省改革成效显著。2014 年 1 月，该省的富阳市是全国第一个公布县级权力清单的城市。2014 年中旬，浙江公布了全国首张省级权力清单。行政权力从 1.23 万项减到 4236 项，并做了省级部门直接行使权力、市县属地管理权力和共性权力等划分。浙江省采用了"三报三审三回"方式，将审批项目数量也从 718 项缩减到 385 项（2015 年年底）。3 年间，浙江省共发文 3 次，对 775 项行政审批项目进行了清理。其中取消下放 300 多项重要的审批事项。河南省自 2013 年以来，经过十几次发文取消和调整审批权力，成功"瘦身"，保留的审批数量减少到 372 项。2015 年年初，河南省政府公布了完整版的权力清单。3 年间，河南省共发文十几次，清理了 1000 多项审批事项。其中对所有的非行政许可作了取消或调整，审批清单中不再设置非行政许可项。重庆市权力清单的清理工作于 2014 年 8 月正式启动。通过清权、核权、配权、减权、晒权，形成了"两单一图一表"，即权力清单、责任清单、权力运行流程图、权力事项登记表，并于 2015 年年底公布了市级行政权力清单。3 年间，重庆市取消下放 300 多项审批项目，且主要侧重于经济事务类，解除市场束缚。2015 年，重庆全市市级行政权力由 9100 多项精简为 3709 项，对应追责情形 2.5 万余条，取消市级行政权力 63 项，下放 670 项。对涉及 15 个部门的 113 项重叠交叉的权力事项进行整合，明确一个权项只能由一个部门实施。市政府对保留的市级行政权力进行流程再造，完善权力运行环节 8658 个，精简环节 3112 个，有效释放了市场活力。2016 年建立了行政权力清单、责任清单和权力运行流程图并对外公布，接受社会监督。

② 《2013 年以来国务院已公布的取消和下放国务院部门行政审批事项》，http://politics.people.com.cn/n1/2017/0210/c1001-29070559.html，2017 年 2 月 9 日。

③ 丛芳瑶：《权力清单、责任清单、负面清单：三张清单看改革》，《光明日报》2014 年 10 月 9 日。

工作事项3941项，涉及部门边界划分的事项165项，编写了案例165个，建立健全事中事后监管制度555个，公共服务事项405项。其中每一事项写明服务名称、主要内容、承担处室（单位）和联系电话。①

实际上，有权必有责，只有将权力关进制度的笼子，明确职责分工，才能实现权力与责任的一致，保证权力的正常运行。② 根据权责一致的原则，公共权力对应公共责任，权力清单和责任清单也应该相对应，是一个问题的两面。

权力清单与责任清单的相关探索，对市场准入负面清单的改革也产生了以下意义。一是有助于消除权力设租寻租空间。当前，各级政府掌握的审批权力种类繁多且数量庞大，很多奇葩证明屡见不鲜。而权力清单制度要求政府对其权力进行全面梳理，依法划定权力活动的范围，明确规定每个部门、每个岗位的职责，一旦越权，便会受到相应的问责和惩罚。推行政府权力清单制度，就是要让政府部门依法行事，从源头上解决设租寻租等问题，防止贪污腐败。此外，权力清单制度还强化了政府行政的透明度。权力清单确保职权管理科学化、规范化、法制化，让权力在阳光下运行，接受人民的监督。

二是有助于激发市场活力。中国政府在以往的资源配置中起着决定性作用。但是在市场经济的发展模式中，这种"全能政府"导致政府机构臃肿，流程复杂且效率不高，市场不能真正的发挥其作用。推行权力清单制度就是对"全能政府"的改革，它充分厘清政府与市场的边界、删减不必要的、无依据的政府审批，充分释放经济活力。③

三是将推进依法行政的进程。制定"权力清单"是中国行政制度改革史上的创新之举，首次以列清单的方式明确政府及其职能部门拥有哪些权力、有何依据、如何行使。该制度的最直接作用就在于将政府的权力"白纸黑字"式地呈现出来，以制度的形式保存下来，是对赋予政府权力的人民一个清楚的交代。推行权力清单制度，以清单制度推动依法行政的进程，为市场准入负面清单的实行奠定了实践基础。

---

① 许云峰：《浙江出炉全国首张责任清单》，《都市快报》2014年11月1日。
② 庄德水：《让权力在责任约束下运行》，《中国纪检监察报》2014年11月1日。
③ 《地方清权改革路线图出炉：为市场松绑》，《第一财经时报》2015年3月25日。

扩展阅读 2　浙、豫、渝等省级行政审批权力清单制度改革[①]

推行政府部门权力和责任清单制度是党的十八届三中、四中全会部署的重要改革任务。浙江省、河南省和重庆市采取一系列措施简政放权，努力实现"大道至简，有权不可任性"。选取 2013—2015 年取消和调整的行政项目，以及 2016 年年初权力清单中保留的行政审批项目，比较其数量、类别和设定依据，探析行政审批制度的实施现状与特点。

1. 审批数量大幅精简

有限政府从政治角度讲是政府权力和职能受到限制。为促进政府职能转变，实现权力瘦身，同时完善社会主义市场经济体制，给企业松绑，政府将简政放权和行政审批制度改革作为突破口，而全面梳理行政审批项目又是其重要环节。通过比较十八大以来新一轮行政审批改革中，取消和调整以及权力清单保留的项目，可以初步了解行政审批的精简情况。如表 1 所示，2013—2015 年，浙江省共取消和调整 775 项，河南省共 1097 项审批项目，重庆市共 645 项；2016 年年初，权力清单中的行政审批项目仅剩 380 项、372 项和 777 项（不含子项）。3 省（市）无论是取消和调整，还是权力清单中的审批项目，其结果表明审批项目数量都在大幅减少，这在一定程度上可以反映出政府职能的缩减。

表 1　　　　取消和调整权力清单中的行政审批项目数量对比　　　　单位：项

地区	取消和调整的行政审批项目（2013—2015 年）	权力清单中的行政审批项目（2016 年年初）	
		不含子项	含子项
浙江省	775	380	918
河南省	1097	372	523
重庆市	645	777	1120

注：取消和调整的行政审批项目为 2013—2015 年累计项数。河南省取消和调整的行政审批

---

① 陈升、王梦佳、李霞：《有限政府理念下行政审批改革及绩效研究——以浙、豫、渝等省级权力清单为例》，《公共行政评论》2017 年第 10 期。

项目中不包括 763 项保留审批。中共中央办公厅、国务院办公厅印发了《关于推行地方各级政府工作部门权力清单制度的指导意见》，要求省级政府 2015 年年底前要基本完成政府工作部门、依法承担行政职能的事业单位权力清单的公布工作，因此选取 2016 年年初权力清单中行政审批项目。

资料来源：各政府门户网站，取消和调整部分行政审批项目的决定（2013—2015 年）；权力清单（2016 年年初）。

2. 改革类别侧重经济①

有限政府从经济角度讲是放松政府管制，充分激发市场活力。按照审批项目的侧重类别，将 2013—2015 年取消和调整的行政审批项目，以及 2016 年年初行政审批权力清单项目进行统计，并通过取消和调整以及权力清单中行政审批项目的各类别所占比重变化情况，分析其放权侧重点所在。如表 2 所示，2013—2015 年，浙江省取消和调整 357 项，权力清单中仅 228 项经济类审批项目；河南省取消和调整 462 项经济类审批项目，权力清单中仅 226 项；重庆市取消和调整 473 项，权力清单中 396 项经济类审批项目。在权力清单中的行政审批项目，浙江省经济类审批约占总数的 60%，河南省占比约为 61%，重庆市约占总数的 51%（重庆市社会类占比 42%）。通过比对取消和调整审批项目以及权力清单中的行政审批项目类别，发现被清理审批项目的重点在于经济领域，同时这也是目前审批的热点所在，而且经济类审批中，侧重于对投资项目审批和市场主体资格、资质审批放权。

---

① 结合国内学者对行政审批项目的分类方式及定义，本书将行政审批项目分为经济类、社会类以及其他类。其中，经济类细分为投资项目审批（涉及中外企业进入中国市场进行经营活动，涵盖投资体制、资金投资和外商投资审批等）、主体资格（质）和登记（市场准入资格、资质类，生产许可类，登记注册备案类）、生产经营活动（投入、产出、销售、分配以及再生产所开展的活动）、税收及补贴（税收的缴纳、减免、优惠和扣除）。社会类行政审批项目细分为公共资源配置（为国家所有或垄断的公共资源配置）、社会安全（生产、运输、销售或使用直接关系公共安全、人身及财产安全等社会危害性的物品）、公共服务（城乡公共设施建设，科教文卫体等公共事业）和行政机关管理（行政机关内部职能配置和人员编制）。其他类项目审批则是经济类和社会类之外的审批项目。

表2　　　　　取消和调整权力清单中的行政审批项目类别划分　　　　单位：项

类别	浙江省 取消调整	浙江省 权力清单	河南省 取消调整	河南省 权力清单	重庆市 取消调整	重庆市 权力清单
经济	357	228	462	226	473	396
投资项目审批	23	11	105	3	71	15
主体资格和登记	196	152	243	157	268	271
生产经营活动	133	64	93	65	118	100
税收及补贴	5	1	21	1	16	10
社会	342	136	450	130	286	326
公共资源配置	40	10	74	12	50	30
社会安全	111	57	91	64	55	103
公共服务	105	54	126	45	59	142
行政机关管理	86	15	159	9	122	51
其他	76	16	185	16	87	55
总计	775	380	1097	372	846	777
经济占比	46%	60%	42%	61%	73%	51%
社会占比	44%	36%	41%	35%	23%	42%
其他占比	10%	4%	17%	4%	4%	7%

资料来源：各政府门户网站，取消和调整部分行政审批项目的决定（2013—2015年）；权力清单（2016年年初）。

3. 依据以法律法规为主

有限政府从法律角度讲是宪法和法律制约政府，实现法治政府建设。行政审批项目的设定依据可反映政府权力来源是否合法。如图2所示，浙江省行政审批权力清单项目的法定依据中，含有法律和仅有国务院及其部门文件的项目约占总数的86.05%，河南省91.94%，重庆市76.06%；而重庆市仅将地方政府文件作为法律依据的审批项目在3省（市）中最多，约占13.13%，河南省和浙江省仅占1.88%、2.63%。3省（市）审批项目设定依据多以法律法规为主，其中，河南省和浙江省对具有法律和国务院文件依据的审批项目予以保留；针对地方政府文件而设立的项目较少，而重庆市则需进一步对审批项目的法律来源梳理规范。

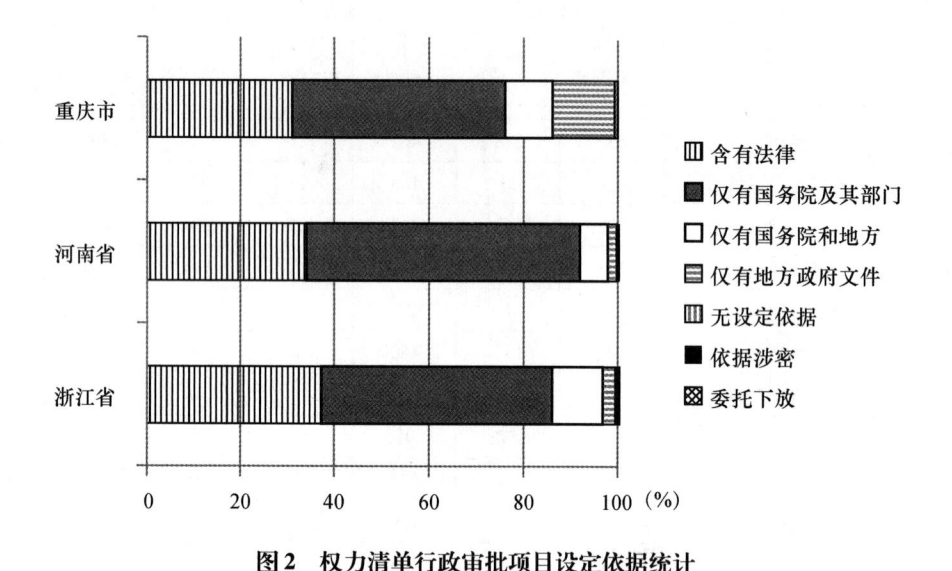

图2　权力清单行政审批项目设定依据统计

注：重庆市行政审批项目中有6项仅以行政许可法为设定依据，归为无设定依据类。
资料来源：各政府门户网站权力清单（2016）。

4. 行政审批改革的共性特点

3省（市）围绕着处理好"政府和市场的关系"这个核心，将深化行政审批改革作为简政放权、推进政府转变政府职能的突破口和有效抓手，通过梳理审批项目改革现状，发现行政审批改革大致呈现出两个共性特点——政府角色由划桨者到掌舵者转变，改革手段由管制到服务转变。

（1）政府角色：由划桨者到掌舵者转变。审批项目由最初的市场经济活动中的定价、经销等生产经营活动微观具体层面，逐步转变为企业登记注册、市场主体资格（质）、投资审批等宏观层面的放权；审批项目由"放小不放大""放责不放权""放虚不放实""放内不放外"，逐步转变为注重社会关注度、与经济社会活力的相关性、政策受益面等"含金量"较高的审批项目。在行政审批改革过程中，政府角色有所转变，从对市场的微观管制转变为宏观调控，尽可能地放权于市场，逐步由"划桨者"转变为"掌舵者"。

（2）改革手段：由管制到服务转变。行政审批作为管理经济、社会和文化等各方面的一种重要的事前控制手段，已成为政府管理行政事务不可或缺的一部分。而行政审批改革过程中，地方政府各部门按照简政放权和转变政府职能的原则，依法逐条逐项进行合法性、合理性和必要性审查，理顺政府与市场关系，着力解决行政审批社会反映强烈的突出问题，大力削减不合法、不合时宜的行政审批，逐步由重审批转变为重监管，由政府管制转变为释放市场活力、规范审批行为、优化审批服务，更加注重市场在资源配置中的决定性作用，更加强调规范政府权力运行、提升政府服务水平。

地方政府行政审批改革在政府角色和改革手段的转变上呈现出两大共性特点，但是也存在分类区别、内容不同和进度不一的差异之处。第一，分类区别：权力清单中，行政审批项目的归类有少数不太相同。第二，内容不同：权力清单中，地方政府行政审批项目形式不太一致。如：河南省和浙江省多以办理流程图为主，而重庆市存在办理流程图、审核文件和办理证书三种形式。第三，进度不一：权力清单中，审批项目的调整完善、审批方式的创新探索进度不一。在审批项目的调整上，浙江省和重庆市建立健全省、市、县多层级的行政审批，动态调整审批项目；但是河南省并未进一步在统一清单中公布省级以下行政审批；在审批方式的创新上，浙江省和重庆市积极创新探索在线审批、电子监察等新方法，但是河南省"网上审批"创新较落后。

（二）权责清单与负面清单的关系

新公共管理理论认为，在当代社会发展和公共管理中，只有政府、市场和社会组织三类主体良性互动，发挥自身优势，合理分配公共管理职能，才能实现公共事务的协调治理。在互动过程中，根据国家行政学院孙晓莉的观点，[①] 三张清单十分形象地对政府和市场、政府和社会的关

[①] 她表示，"责任清单"要解决的是3个层次的问题：一是管什么？明确政府的责任，那就是要种好"责任田"，当好"服务员"；二是怎么管？要创新完善政府管理方式；三是管不好怎么办？要有问责追究的制度。

系进行了界定，使得各自职能边界更加清晰。

就功能定位而言，三张清单"三位一体"，具有清晰的改革逻辑。在改革设计中，"负面清单"从经济改革切入，瞄准政府与市场关系，打破许可制，扩大了企业创新空间；"权力清单"和"责任清单"从行政体制改革切入，瞄准规范政府权力，做出明细界定，是自上而下的削权。[①] 三张清单的治理模式实际是政府简政放权的操作指南，政府可以助力市场，为市场主体"松绑"，真正让市场在资源配置中起决定性作用。三张清单之下，权力清单列明政府应该干什么，"法无授权不可为"，防止公权滥用，减少寻租现象，使政府真正履行为人民、为大众服务的职责；负面清单让企业明了不该干什么，可以干什么，"非禁即入"，以形成公开透明、预期稳定的制度安排，促进企业创新活力充分迸发；责任清单是法定职责必须为，以建立诚信经营、公平竞争的市场环境，激发企业动力，鼓励创新创造。政府要加强事中事后监管，当好市场秩序的"裁判员"和改革创新的"守护神"。这是对政府与市场、社会三者之间关系的一种厘清，也是对中央和地方之间关系的一种明确，有利于真正让经济社会发展的内生动力充分释放，助推中国经济社会发展跃上一个新平台。

就清单内容而言，三张清单内容上存在不少交集或者关联。在特定的领域，权力清单事项和负面清单事项是"一个硬币的两个面"，政府的准入审批权力就是对应市场准入许可类事项存在的。比如对于《市场准入负面清单草案》（试点版）中"未获得资质条件，不得从事棉花加工"一项，其在另一面则对应着政府"棉花加工资格认定"的权力。[②] 责任清单是权力清单的另一面，权力必定对应责任，对于市场准入领域而言，责任清单规定了政府相关部门对负面清单内外事项进行监管的职责。2013年以来，截至2017年2月统计，国务院已分9批审议通过取消

[①] 丛芳瑶：《权力清单、责任清单、负面清单：三张清单看改革》，《光明日报》2014年10月9日。

[②] 虽然根据国务院《关于第三批取消中央指定地方实施行政许可事项的决定》（国发〔2017〕7号），"棉花加工资格认定行政许可"当下已经全面取消，但并不影响举例所阐述的清单内容存在交集和关联。而事实上，只要是全面取消的行政许可，市场准入负面清单也会跟随调整，取消相应许可类事项。

和下放行政审批事项共618项，其中取消491项、下放127项。这体现了有关部门大力推进行政审批制度改革，不断削减行政审批事项，持续向市场和社会放权。为了进一步有效破除制约创业创新的各种不合理束缚，降低制度性交易成本，极大激发市场活力和社会创造力，市场准入负面清单需要根据行政审批事项的调整动态响应，在内容上保持一致，使得市场准入负面清单事项所对应的行政权力合法有效。此外，各级政府部门也应完善责任清单制度，确保市场准入清单放得开、管得住。现阶段而言，"权力清单"和"负面清单"随着实践的展开要尽量做"减法"，即简政放权和放宽市场准入领域，"责任清单"要尽量做"加法"，加强对市场和政府治理运行中的监管，做到合理宏观调控和责任必究。

　　通过以上分析，可见市场准入负面清单与权力清单、责任清单有着密切的关系：①目的上，都是为政府和市场的行为划定边界，市场准入负面清单通过划定边界，还予市场在资源配置中的主动权，有助于发挥市场在资源配置中的决定性作用，权力清单和责任清单通过界定政府权力边界，是政府简政放权的操作指南，有助于更好发挥政府作用；②内容上，目前而言，凡属于行政审批事项清单中明确列出有必要对市场主体准入进行审批的事项，都应该列入市场准入许可类清单，要加强市场准入负面清单与行政审批事项清单的衔接；③形式上，都是以清单的方式对政府的职责进行列单，清单事项对于政府而言是权力或责任，对于市场主体而言就是其应该配合的义务和行为边界，这在形式上使得制度更加透明、规范。

第 二 章

市场准入负面清单制度

为了解决目前市场准入领域存在的由计划经济体制遗留问题所引发的弊端，《中共中央关于全面深化改革若干重大问题的决定》提出，要"实行统一的市场准入制度，在制定负面清单基础上，各类市场主体可依法平等进入清单之外领域"的改革总要求，将负面清单管理模式在中国市场准入领域推广、运用。2015年10月19日《关于实行市场准入负面清单制度的意见》（以下称《意见》）的发布，正式地对实行市场准入负面清单制度做出了顶层设计，明确了总体要求、主要任务和配套措施。

中国市场准入负面清单的全面实行任重而道远。制度实行既无国内实践经验，也缺少国外经验。改革进程中需逐步推行，按照先行先试、逐步推开的原则，在部分地区试行市场准入负面清单，积累经验、逐步完善，探索形成全国统一的市场准入负面清单及相应的体制机制，再统一全国推行制度。推进市场准入负面清单具有重大意义，它是转变政府职能的总开关，是促进市场主体平等竞争、发挥市场在资源配置中起决定性作用的重要手段，同时也是推进全面深化改革的重要抓手。

一 市场准入负面清单制度内涵

市场准入负面清单制度，是指国务院以清单方式明确列出在中华人民共和国境内禁止和许可投资经营的行业、领域、业务等，各级政府依法采取相应管理措施的一系列制度安排。负面清单以外的行业、领域、业务等，各类市场主体皆可依法平等进入。

实行市场准入负面清单制度是对政府传统管理模式的一次深入变革，

推行市场准入负面清单并非一项专项改革，而是一系列的制度安排。例如在市场准入负面清单制度下，政府大量有关审批将会取消或者后置，更强化事中、事后的监管职责，需要建立健全一系列相适应的准入机制、审批体制、监管机制、社会信用体系和激励惩戒机制、信息公示制度和信息共享制度等机制体制，确保政府监管能力的提升"跟住"放开审批的"节奏"。

根据国家发展改革委的概括，市场准入负面清单制度总体内容包括"一张清单、两个类别、三种准入方式、四个衔接"。其中，"一张清单"强调清单的全覆盖以及制度的统一性，清单由国务院统一制定发布，做到全国一张单子。未经国务院授权，各地区各部门不得自行发布市场准入负面清单，不得擅自增减、变更市场准入负面清单条目；"两个类别"指清单包括禁止准入类和许可准入类，适用于各类市场主体基于自愿的初始投资、扩大投资、并购投资等投资经营行为及其他市场进入行为；"三种准入方式"，一是禁止准入，二是经许可后准入，三是对市场准入负面清单以外的行业、领域、业务等，各类市场主体皆可依法平等进入，政府不再审批；"四个衔接"指实现市场准入负面清单与行政审批事项清单，与《产业结构调整指导目录》，与《政府核准的投资项目目录》，以及与依据法律、行政法规、国务院决定设定的市场准入管理事项的衔接。[①]

二　市场准入负面清单的制定与调整

市场准入负面清单制度本身的核心创新是一种"负面管理"的模式，这个模式管理成效则是取决于清单本身的质量。在市场准入负面清单制度下，国家需要以一张清单科学、合理、高效、统一地整合所有市场准入的禁止类和许可类事项。从这个层面讲，市场准入负面清单制度改革顺利推进，极大程度地依赖清单的制定效果。

---

① 《〈市场准入负面清单草案（试点版）〉发布》，《光明日报》2016年4月13日。

（一）市场准入负面清单的制定原则

根据《国务院关于实行市场准入负面清单制度的意见》要求，制定市场准入负面清单，要坚持法治原则、安全原则、渐进原则、必要原则、公开原则。

法治原则。制定市场准入负面清单要全面落实依法治国的基本方略。法律、行政法规和国务院决定未作规定但确需纳入市场准入负面清单的新设事项，应在科学评估的基础上，依照法定程序提请制定或修订法律、行政法规或国务院决定。涉及全国经济社会发展的重大事项以及专业性较强的事项，要履行公众参与、专家论证、风险评估、合法性审查和集体讨论决定等决策程序。

安全原则。制定和实施市场准入负面清单，必须坚持总体国家安全观，遵循维护国家安全的法律法规和国家关于各领域安全的制度体系。要以保障经济安全为重点，维护国家基本经济制度和社会主义市场经济秩序，健全预防和化解经济安全风险的制度机制，保障关系国民经济命脉的重要行业和关键领域、重点产业、重大基础设施和重大建设项目以及其他重大经济利益安全。

渐进原则。制定和实施市场准入负面清单，要立足国情、循序渐进、整体规划、分步实施，取得可复制、可推广的经验后全面推开。对市场上出现的新技术、新产品、新业态、新商业模式等，要本着鼓励创新、降低创业门槛、包容审慎的原则，加强制度供给，寓监管于服务，不急于纳入市场准入负面清单管理。

必要原则。列入市场准入负面清单的事项应当尽量简化、确属必要。不能把法律、行政法规和国务院决定中的禁止类、许可类事项简单纳入市场准入负面清单。不能把现行禁止、限制市场主体投资经营的行业、领域、业务等简单照搬至市场准入负面清单。不能把非市场准入事项和准入后监管措施，混同于市场准入管理措施。不能把对市场主体普遍采取的注册登记、信息收集、用地审批等措施纳入市场准入负面清单。不能机械套用市场准入负面清单的适用条件，把不适于实行负面清单管理的事项纳入市场准入负面清单。

公开原则。市场准入负面清单的制定和调整要体现公开公平公正的原则，形成稳定、透明、可预期的制度安排，保障公众的知情权和参与权。除依法应当保密的外，制定和调整市场准入负面清单的事项、依据和结果都要向社会公开，方便公众查阅。

(二) 市场准入负面清单的制定程序

市场准入负面清单由国务院统一制定发布；地方政府需进行调整的，由省级人民政府报国务院批准。凡负有市场准入管理职责的部门和单位，都要全面梳理禁止和限制市场主体投资经营的行业、领域、业务等，按照《国民经济行业分类》的统一分类标准（需适用于《国民经济行业分类》多个门类的，以及《国民经济行业分类》未列明的新业态，另作说明），提出本部门、本单位市场准入负面清单草案；发展改革委、商务部牵头汇总、审查形成统一的市场准入负面清单，报国务院批准后实施。

清单制定过程中，对依据法律、行政法规和国务院决定设定的市场准入管理措施，要进行合法性审查，并按照发挥市场在资源配置中的决定性作用的要求进行合理性、可行性和可控性评估。依据部门规章、规范性文件等设定的市场准入管理措施，确需纳入市场准入负面清单的，应依照法定程序制定或修订法律、行政法规，或依照有关程序，经认真论证后报国务院决定。

同时，制定市场准入负面清单要充分考虑地区发展的差异性，增强操作性、针对性。允许省级人民政府在全国统一的市场准入负面清单基础上，根据本地区资源要素禀赋、主体功能定位、产业比较优势、生产协作关系、物流营销网络、生态环境影响等因素，提出调整市场准入负面清单的建议，报国务院批准后实施。未经国务院授权，各地区各部门不得自行发布市场准入负面清单，不得擅自增减市场准入负面清单条目。

此外，制定市场准入负面清单时，有关部门要健全公众参与、专家论证和政府决定相结合的决策机制，充分听取各地区各部门意见，组织专家进行必要性和可行性论证，并向社会公开征求意见。涉及国家安全的，应事先报经中央国家安全委员会审查。

(三) 市场准入负面清单的调整程序

负面清单的调整是在负面清单实施后，由于负面清单的全国统一性和地方不具有修改负面清单的权利，要求设定明确流程，在各地根据地方的情况差异认为需要进行调整或是地方对于负面清单项目存在问题并且认为需要进行调整时，按照严格的流程进行，保证市场准入负面清单的权威性和法治化。

《关于实行市场准入负面清单制度的意见》对市场准入负面清单的调整程序进行了规定，市场准入负面清单制度实施后，要按照简政放权、放管结合、优化服务的原则，根据改革总体进展、经济结构调整、法律法规修订等情况，适时调整市场准入负面清单。经国务院授权，发展改革委、商务部要牵头建立跨部门的议事协调机制，负责市场准入负面清单制度实施的日常工作，并组织开展第三方评估。涉及重大条目调整和增加市场准入管理措施的，报国务院批准。依据法律、行政法规和国务院决定的有关规定调整市场准入管理措施，或涉及技术性、表述性等非实质性内容调整和减少市场准入管理措施的，由相关部门提出调整建议，经议事协调机制审查确定后，报国务院备案。涉及国家安全的，应事先报经中央国家安全委员会审查。

对于试点地区的负面清单调整，《关于开展市场准入负面清单制度改革试点的工作方案》中有相关规定，在2016年3月最新颁布的《市场准入负面清单草案》（试点版）（以下简称《草案》）中也给出了具体的规定：在试点过程中，请各部门根据《国务院关于实行市场准入负面清单制度的意见》要求，进一步梳理《草案》中由本部门（本系统）负责管理和实施的市场准入事项，及时提出清理、调整建议。涉及法律、行政法规和国务院决定修订的，涉及行政审批、行政许可等事项调整的，各部门应主动做好沟通衔接，遵照相关程序要求开展工作，以便对《草案》所列事项及时做出调整。对《国务院关于实行市场准入负面清单制度的意见》所指"法律、行政法规和国务院决定未作规定但确需纳入市场准入负面清单的新设事项"，经试点检验确需保留的，请按照《国务院关于实行市场准入负面清单制度的意见》要求，依照法定程序提请制定或修订法律、行政法规或国务院决定。对各部门新提出的清理、调整《草案》所列事项建议，发展改革委、商务部将会同有关部门按照《国务院关于实行市场准入负面清单制度的意见》规定的市场准入负面清单调整程序，加以研究论证，并以补充通知等形式提供试点地区在试点中探索检验。

此外，自贸区在试点过程中，各有关地区和部门要充分听取各类市场主体和公众意见，开展必要的政策解读和宣传，建立健全第三方评估机制，及时反馈改进和完善的意见。①

三　市场准入负面清单制度的配套措施

如前文所言，推行市场准入负面清单并非一项单独的改革，而是一项综合性极强的改革。市场准入负面清单制度的实施，涉及领域广、波及范围宽，需要一系列相关的配套制度措施。

（一）完善审批体制

十余年来，中国全面推进依法行政，不断深化行政审批制度改革，尤其是本届政府加速进行行政审批制度改革，先后分批次取消和下放行政审批事项，成效显著，并且逐步呈现出"从重数量向提高含金量转变，'从给群众端菜'向'让群众点菜'转变，从分头分层级推进向纵横联动、协同并进转变，从减少审批向放权、监管、服务并重转变"的趋向。在市场准入负面清单改革时代，行政审批体制的改革需要更加深入。

为此，根据《国务院关于实行市场准入负面清单制度的意见》指出，对许可类事项，各级政府及其有关部门要根据审批权限，规范审批权责和标准，按照《国务院关于规范国务院部门行政审批行为改进行政审批有关工作的通知》（国发〔2015〕6号）和《国务院办公厅关于印发精简审批事项规范中介服务实行企业投资项目网上并联核准制度工作方案的通知》（国办发〔2014〕59号）要求，精简前置审批。对于确需保留的行政审批事项，要按照简化手续、优化程序、在线运行、限时办结的要求，以信息化手段为支撑优化审批流程，建立健全标准明确、程序严密、运作规范、制约有效、权责一致的管理制度。特别地，涉及国家安全、安全生产等环节的前置性审批，要依法规范和加强。在全面清理行政审批事项的基础上，鼓励各级政府及其部门要依法公布行政审批事项清单，

---

① 国务院发展改革委：《商务部关于印发市场准入负面清单草案（试点版）的通知》，办公厅子站，http://www.sdpc.gov.cn/gzdt/201604/t20160411_797878.html，2016年3月2日。

明确审批事项名称、设定依据、适用范围、实施主体、办理条件、申请材料清单及要求、办理程序及时限等。加快建设全国联网的项目审批、核准、备案信息系统,实现行政审批和市场监管信息互通共享,建立"统一规范、并联运行,信息共享、高效便捷,阳光操作、全程监督"的网上联合审批监管平台,实现所有审批事项"一网告知、一网受理、一网办结、一网监管"。同时,加强政府外部监督力量,例如,立法机构的监督力量、社会尤其是利益相关者的监督力量或者媒体的监督力量,使行政审批透明化、合法化。

(二) 建立配套的准入和退出机制

市场准入负面清单制度的建立,还需建立健全与之相适应的科学系统的市场准入和退出机制。简而言之,要对企业进行权力松开手、放到位,在进行实质性准入管理时根据不同情况探索实行不同方式进行管理,在准入后,事中和事后监管中坚持放管结合原则,建立安全审查监管追责机制。

在准入端,根据《国务院关于实行市场准入负面清单制度的意见》,对市场准入负面清单以外的行业、领域、业务等,各类市场主体皆可依法平等进入,政府不再审批。对应该放给企业的权力要松开手、放到位,做到市场准入负面清单以外的事项由市场主体依法自主决定。要坚持放管结合,有关部门要统筹考虑国家安全、生态环境、群众利益、安全生产等方面的因素,完善综合考量指标体系,落实企业首负责任,依法加强监管,建立安全审查监管追责机制,形成政府监管、企业自治、行业自律、社会监督的新格局。可以区分不同情况探索实行承诺式准入等方式,进一步强化落实告知性备案、准入信息公示等配套措施。承诺式准入,是指各类市场主体承诺履行法定义务、承担社会责任、践行社会诚信并向有关部门提交书面承诺书后,即可准入;告知性备案,是指各类市场主体投资经营行为发生后,即向有关部门履行告知性备案义务;准入信息公示,是指各类市场主体要依法履行《企业信息公示暂行条例》规定的义务。

同时完善市场退出机制。对于违反法律法规禁止性规定的市场主体,对于达不到节能环保、安全生产、食品、药品、工程质量等强制性标准的市场主体,应当依法予以取缔,吊销相关证照。严格执行上市公司退市制度,完善企业破产制度,优化破产重整、和解、托管、清算等规则和程序,强化债务人的破产清算义务,推行竞争性选任破产管理人的办法,探索对资产数额不大、经营地域不广或者特定小微企业实行简易破产程序。简化和完善企业注销流程,试行对个体工商户、未开业企业以及无债权债务企业实行简易注销程序。严格执行金融、食品药品、安全生产、新闻出版等领域违法人员从业禁止规定。抓紧制定试行儿童老年用品及交通运输、建筑工程等领域违法人员从业禁止规定。[①]

(三) 建立配套的监管机制

当前中国政府监管体系在理念、体制和效果上面临重重挑战,在市场准入负面清单全面推行的当下,还有诸多不适应制度安排的地方。在理念上,有的政府部门"对审批很迷恋,对监管很迷茫";就体制而言,市场监管职权"横纵分割"导致风险碎片化;从效果看,市场监管职能的发挥,始终在"放任"和"管死"之间反复。

而监管问题是对市场准入负面清单制度实施的最大挑战。实施市场准入负面清单制度,在一定程度上是降低了企业市场准入的门槛。市场主体准入之后,政府部门的后续监管能否跟上、管住、管好,这是对当下政府部门监管服务能力的一大考验。

对于政府部门而言,其监管方式无外乎三种——"事前审批、事中监管和事后监管"。事前审批的放开,无疑为后续事中事后的监管增加了压力。因此,在市场准入负面清单制度的推行下,要更加重视事中监管对市场主体及时矫正和制止不当行为,有效防范和控制风险蔓延。同时强化事后监管惩罚的威慑作用。

在《国务院关于实行市场准入负面清单制度的意见》中,对于如何完善监管机制明确指示:各地区各部门要按照各司其职、依法监管的原则,加强对市场主体投资经营行为的事中事后监管。要按照简政放权、依法监管、公正透明、权责一致、社会共治原则,转变监管理念,创新

---

① 张维:《国务院:制定市场准入负面清单,完善市场退出机制》,法制网,2014年,http://www.fzhnw.com/Info.aspx? ModelId=1&Id=28980。

监管方式，提升监管效能，优化对准入后市场行为的监管，确保市场准入负面清单以外的事项放得开、管得住。有关部门要强化发展战略、发展规划、产业政策和标准规范等的制定、调整和管理，严格依法设定"红线"，加强事中事后监管。鼓励各地区在省、市、县三级政府推行监管清单，明确监管事项、监管依据、监管主体、监管权限、监管内容、监管方法、监管程序和处罚措施，构建法律约束、行政监督、行业规范、公众参与和企业诚信自律有机结合的监管格局。推动行业协会商会建立健全行业经营自律规范、自律公约和职业道德准则，建立健全与市场准入负面清单制度相适应的行业自律机制。此外，也需全面推开和细化"双随机、一公开"模式，建立企业信用联合激励与惩戒机制。[①]

（四）健全社会信用体系和激励惩戒机制

社会信用是负面清单制度的根基，缺乏社会信用市场准入负面清单的改革成效大打折扣，面临的将是清单失信、部门失信、企业失信，从而造成整个社会的失信。现阶段，中国信用体系建设取得了一些突破性的进展。比如，中国社会信用体系顶层设计基本完成，组织机制完善等基础工作取得突破性进展。以《社会信用体系建设规划纲要（2014—2020年）》和《关于建立完善守信联合激励和失信联合惩戒制度加快推进社会诚信建设的指导意见》等文件正式发布为标志，中国社会信用体系建设顶层设计基本完成。此外统一社会信用代码制度在中国也建立了起来。截至2018年3月底，全国法人和非法人组织存量代码转换率为99.8%，存量证照换发率为82%；个体工商户存量换码率为95%，为社会信用信息归集共享奠定重要基础，为商事制度改革和"放管服"改革提供重要支撑。[②]而且"信用中国"网站等平台向社会提供公共信用信息查询服务，实现了全国范围内的社会信用信息归集共享。

虽然中国社会信用体系建设取得了初步的改观，但全国范围内的社会诚信缺失和信用交易风险问题仍较突出。由于法治不健全、道德文化

[①] 李克强：《抓紧建立行业准入负面清单制度》，《证券时报》2016年5月10日，http://news.hexun.com/2016-05-10/183769705.html。

[②] 韩家平：《我国社会信用体系建设的现状与展望》，《时事资料手册》2018年7月18日。

建设滞后，市场经济体制尚不完善，违背法律法规、不执行合同契约、不兑现承诺和不遵守公共道德现象突出。这些失信现象已超出经济交易范畴，涉及社会交往、商务交易、政务诚信和司法公信等领域。与此同时，近年来中国实体经济经营困难，企业应收账款规模攀升，局部金融风险时有发生。这些问题，为中国全面实施市场准入负面清单制度带来了重大隐患。

为此，要进一步加快推进社会信用体系建设，加强信用信息公开和共享，依法依规运用信用激励和约束手段，构建政府、社会共同参与的跨地区、跨部门、跨领域的守信联合激励和失信联合惩戒机制，促进市场主体依法诚信经营，维护市场正常秩序，营造诚信社会环境。

第一，要健全社会信用体系，完善企业信用信息公示系统，将市场主体信用记录纳入"信用中国"网站和全国统一的信用信息共享交换平台，作为各类市场主体从事生产、投资、流通、消费等经济活动的重要依据。

第二，推动建立市场主体准入前信用承诺制，要求其向社会做出公开承诺，若违法失信经营将自愿接受惩戒和限制，并将信用承诺纳入市场主体信用记录。

第三，健全守信激励和失信惩戒机制，根据市场主体信用状况实行分类、动态管理。对诚实守信的市场主体，探索建立行政审批"绿色通道"，优先提供公共服务便利，优化行政监管安排，降低市场交易成本，并积极向市场和社会推介，引导各方面提供优惠和便利，使守信者获得更多机会和实惠，进一步提高守信收益；对于严重违反市场竞争原则、扰乱市场经济秩序和侵犯消费者、劳动者、其他经营者合法权益的市场主体，要列入"黑名单"，依法实行市场禁入；对拒不履行法定义务、严重影响司法和行政机关公信力，拒不履行国防义务、危害国防利益等严重失信行为，要依法依规实施行政性、市场性、行业性、社会性约束和惩戒措施，大幅提高失信成本。

第四，加强政府自身诚信建设，政府机构被列入法院失信被执行人或其他"黑名单"的，必须及时修复信用，动态归零。对地方政府招商引资优惠政策承诺不兑现、"新官不理旧账"、政府工作人员不作为乱作为等行为进行督促整改，将营商环境建设过程中地方政府和公务员因违法违规、失信违约被司法判决、行政处罚、纪律处分、问责处理等信息纳入政务失信记录，加大对失信行为的惩处和曝光力度，追究责任，惩戒到人。

第五，构建自主自新的信用修复机制。建立有利于自我纠错、主动自新的社会鼓励与关爱机制，鼓励"黑名单"主体通过主动纠正失信行为、消除不良社会影响等方式修复信用，认定部门（单位）可将信用修复情况作为"黑名单"退出的重要参考。有关部门（单位）认定"黑名单"时，应结合失信行为的严重程度，明确相关主体能否修复信用以及信用修复的方式和期限。对可通过履行相关义务纠正失信行为的"黑名单"主体，可在履行相关义务后，向认定部门（单位）提交相关材料申请退出。

（五）健全信息公示制度和信息共享制度

在市场准入负面清单管理模式下，准入端口的审批相对而言简化或者部分取消了，呈现出"宽进"的特色。而"宽进"式的市场准入改革，必然以"严管"式的市场监管为代价的。而严管的关键又在于企业信息公示制度的建立与完善。

实际上，2014年10月1日实施的中华人民共和国国务院令第654号《企业信息公示暂行条例》（以下简称《暂行条例》），首次设定各类经工商注册登记的市场主体必须在全国统一的网上平台[①]及时、真实地向社会公示信用信息的义务，同时设定各行政机关在同一网上平台上公示关乎市场主体信用状况的行政管理信息的职责，再配以国家工商行政管理总局一并出台的《经营异常名录管理暂行办法》《企业公示信息抽查暂行办法》《个体工商户年度报告暂行办法》《农民专业合作社年度报告公示暂行办法》《工商行政管理行政处罚信息公示暂行规定》5部规章用于规范具体工作。

扩展阅读3 据《企业信息公示暂行条例》所要求建立的信息公开制度

主要内容包含以下几个制度的建立。

---

① 全国企业信用信息公示系统，http://gsxt.saic.gov.cn。

第一，企业年度报告公示制度和及时信息公示制度。根据《暂行条例》中第八条规定，企业应当于每年1月1日至6月30日，通过企业信用信息公示系统向工商行政管理部门报送上一年度的年度报告，并向社会公示；当年设立登记的企业，自下一年起报送并公示年度报告。以及第九条中规定企业年度报告具体内容包括：（一）企业通信地址、邮政编码、联系电话、电子邮箱等信息；（二）企业开业、歇业、清算等存续状态信息；（三）企业投资设立企业、购买股权信息；（四）企业为有限责任公司或者股份有限公司的，其股东或者发起人认缴和实缴的出资额、出资时间、出资方式等信息；（五）有限责任公司股东股权转让等股权变更信息；（六）企业网站以及从事网络经营的网店的名称、网址等信息；（七）企业从业人数、资产总额、负债总额、对外提供保证担保、所有者权益合计、营业总收入、主营业务收入、利润总额、净利润、纳税总额信息。前款第一项至第六项规定的信息应当向社会公示，第七项规定的信息由企业选择是否向社会公示。经企业同意，公民、法人或者其他组织可以查询企业选择不公示的信息。对于未按照工商行政管理部门责令的期限公示有关企业信息或是企业公示信息隐瞒真实情况、弄虚作假的企业也有相关的处理规定。

第二，名录管理制度。名录管理制度是指市场监管部门将违反法定公示义务的企业纳入特定名单之中予以专项监管的事后监督制度。《企业信息公示暂行条例》中根据企业违反公示义务的程度，将名录管理制度分为经营异常名录制度、严重违法企业名单制度两种紧密衔接的制度。经营异常名录制度又包含列入、考察及移出三个环节，在《公示暂行条例》及《企业经营异常名录管理暂行办法》中详细规定了列入经营异常名录的具体情形。严重违法企业名单制度（又称"黑名单"制度），"黑名单"的列出形式上与负面清单类似，被列入经营异常名录的企业面临两种选择：一种是采取补救措施，积极履行相关的公示义务；另一种则是仍然怠于履行公示义务。在《暂行条例》中也对如何从"黑名单"中移除做出了关于企业行为和年限的规定。

第三，信息检查制度。由于政府资源有限，无法实现对所有企业公示信息的审查，本着可操作、公平原则，《企业信息公示暂行条例》第十四条规定：国务院工商行政管理部门和省、自治区、直辖市人民政府工商行政管理部门应当按照公平规范的要求,根据企业注册号等随机摇号,确定抽查的企业,组织对企业公示信息的情况进行检查;工商行政管理部门抽查企业公示的信息,可以采取书面检查、实地核查、网络监测等方式;工商行政管理部门抽查企业公示的信息,可以委托会计师事务所、税务师事务所、律师事务所等专业机构开展相关工作,并依法利用其他政府部门做出的检查、核查结果或者专业机构做出的专业结论;抽查结果由工商行政管理部门通过企业信用信息公示系统向社会公布。其中,在工商机关抽查制度方面,检查对象通过随机摇号的方式确定。国家工商行政管理总局和省(自治区、直辖市)级工商部门每年按照不定向抽取和定向抽取两种方式,合计抽取不少于辖区内3%的市场主体作为检查对象。其中,不定向抽取是指不设定任何条件,在全部市场主体中随机摇号确定检查对象,而定向抽取是指设定市场主体类型、所属行业等特定条件随机摇号确定检查对象①。

第四,信用约束制度。在《暂行条例》中,第十八条规定:县级以上地方人民政府及其有关部门应当建立健全信用约束机制,在政府采购、工程招投标、国有土地出让、授予荣誉称号等工作中,将企业信息作为重要考量因素,对被列入经营异常名录或者严重违法企业名单的企业依法予以限制或者禁入。对于守信的市场主体而言,是守信激励,在自由竞争的市场中,增加企业的获利机会和边际利益,从而引导企业重视自身信用建设,为守信激励机制;对于失信主体而言,是失信惩戒,侧重的是在以信用监管为纽带的市场监管"新常态"之下负有不良信用记录的企业在市场竞争中的相关竞争权益受到连带性的不利影响,为失信惩戒机制。失信惩戒机制是守信激励机制的后盾和保障,更是信用管理制度的基石。同时,信用约束制度安排不仅包括经营异常名录制度安排和严重违法企业名单制度安排,还包括部门联动响应机制安排和信用信息修复机制安排。

尽管《企业信息公示暂行条例》中对企业信息公示制度进行了详细的规定,中国对于企业信息公示的管理,仍然存在一些需要完善的地方:

---

① 刘艳红:《我国企业信息公示制度研究》,硕士学位论文,暨南大学,2015年。

部门间信息共享缺乏统一的归集、公示标准和完整的监管链条衔接；缺乏对企业信用信息运用的具体涵盖范围和细化标准；对信用信息数据挖掘和分析利用工作还处于初级阶段，存在数据量大但不知如何利用的问题；信用监管与行政执法还未得到较好融合；对信用信息管理部门缺乏相应的目标责任考核制度等。

在负面清单时代，更要实现企业信息公示制度与市场准入负面清单制度的衔接。《国务院关于实行市场准入负面清单制度的意见》指出：要依托企业信用信息公示系统，完善企业年报及即时信息公示、公示信息抽查、经营异常名录和严重违法企业名单等制度。企业从事生产经营活动过程中形成的信息，以及政府部门在履行职责过程中产生的能够反映企业状况的信息，要按照《企业信息公示暂行条例》等有关规定及时公示。对不按时公示或隐瞒情况、弄虚作假的企业采取信用约束措施，在政府采购、工程招投标、国有土地出让等方面依法予以限制或禁入。推动本行政区域和本领域的信用信息系统建设，并通过全国统一的信用信息共享交换平台实现信息互联共享。

此外，本书总结相关研究，对企业信息公示制度改革提出如下几点建议。第一，扩宽企业信用信息征集和公示范围。基于市场主体履行民商事合同和国家法定义务的对象主要划分为外部交易对象（包括与其开展商事活动的市场主体、金融机构、消费者）、内部雇员以及政府部门三大类别，市场主体与该三大类别主体分别发生民商事关系、劳动关系和行政关系，因此信息公示系统应当扩宽征集并公示市场主体处于上述三种关系中分别形成的不同信用信息。

第二，完善行政机关信息公示工作制度。行政机关应该加大宣传力度提高社会公众信用意识，培养企业主动公示企业信息的意识；完善行政机关信息公示责任制度；完善信息公示系统设置，对于企业登记的信息要及时更新，方便监管；补充出台公众查询市场主体不公开信息的规定，尤其对于处在负面清单中规定行业内的企业，对其加大监管力度，使公众能通过统一的渠道进行查询。

第三，完善企业公示信息检查制度。企业公示信息除了一些基本的企业信息外，关键在于其经营信息，所以要加大对经营数据的检查力度，看其是否存在偷税漏税行为或是不明来历的经营数据等；强化工商部门公示检查结果的工作责任机制，为检查制度设定责任追究机制，提高工商部门对企业信息公示的监管效率。

第四，完善信用约束制度实施细则。市场准入负面清单是对市场主体禁止或许可进入的领域、行业或业务进行罗列、规定，清单中的行业涉及国家安全、国家重大生产力布局、环境保护等重要领域，对企业的信用水平要求是十分重要的。所以必须完善政府对企业信用的约束制度，出台《暂行条例》信用约束实施细则，使其受到"一处违法，处处受限"的惩戒。同时，要完善相关法律法规配套规定，对于因违反企业信息公示制度被列入经营异常名录或严重违法企业名单的市场主体，要进一步限制或是禁止其从事政府采购、工程招投标、国有土地出让等行业或领域，真正触及该类市场主体的经济利益，发挥信用约束机制的应有作用。

（六）完善法律法规体系

市场准入负面清单实行"非禁即入"的管理模式，制定市场准入负面清单要全面落实依法治国的基本方略，其制定的根本依据就是法律、行政法规和国务院决定。然而现行法律体系下很多法律的相关规定是政府以审批形式进行市场准入的产物，不适应市场准入负面清单的精神。推行市场准入负面清单制度，对现行法律、法规和国务院决定提出了挑战。为此，《国务院关于实行市场准入负面清单制度的意见》指出：实行市场准入负面清单制度，要坚持改"旧法"与立"新法"并重。有关部门要依照法定程序全面清理涉及市场准入、投资经营的法律、法规、规章、规范性文件以及各类行政审批，应当修改、废止的及时加以修改、废止或提出修改、废止的建议。对未纳入市场准入负面清单的事项，要及时废止或修改设定依据。涉及突破现行法律的，由国务院提请全国人大或其常委会修改或者暂停实施相关法律后，再向社会公布；涉及突破现行行政法规的，由国务院修改或者暂停实施相关行政法规后，再向社会公布。同时，要加快与市场准入负面清单制度相适应的相关立法，确保市场准入管理措施职权法定、事中事后监管有法可依。

四 实行市场准入负面清单制度的理论基础

党的十八届三中全会以来，我国提出实施市场准入负面清单制度，具有明确的问题导向，是基于全面深化改革所面临的现实背景做出的改革部署，制度的实施有助于更好地实现市场在资源配置中的决定性作用。同时，制度的实施也有着深厚的理论支撑，是政府与市场相关理论在我国的发展结晶。

（一）有限政府理论

有限政府理论是发端于西方国家的自由主义的政府职能理论。[①] 有限政府理论的哲学基础与自由主义思想密切相连，自然权利理论认为人类具有一种不变的自然本性，通过对这种自然本性的确认，就可以确定人类应当享有相应的正当权利。这种理论认为，在人类进入国家状态之前曾存在过一个自然状态，自然状态下每个人都应拥有利用一切可能的办法来保卫自己的自然权利。人们之所以建立政府，是为了获得比在自然状态下更多的东西而不是相反。因此，在个人与政府的关系上，应该是个人第一，政府第二。而政治学理论上讲的"有限政府"就是两种要素：权力有边界和权力受制约。[②]

在西方思想家看来，一个自由的国家必然是一个权力受到合法限制的国家，因为"一切有权力的人都容易走向滥用权力，这是一条万古不变的经验"。由于权力具有侵略性和扩张性，不受限制的政府权力是社会中最肆无忌惮的力量，权力被滥用的可能性也自始至终存在。以权利制约权力是公民社会崛起和民主政治发展的必然要求。

公民社会的崛起和民主政治的发展，要求实行限权政治，即政府职能、权力有限。从洛克开始，自由主义者很大程度上认为，公民个人的权利与自由不可侵犯，政府存在的正当性和必要性在于更有效地保障公

[①] 杨光斌主编：《政治学导论》（第四版），中国人民大学出版社2011年版，第29页。
[②] 杨光斌：《一份建设"有能力的有限政府"的政治改革清单——如何理解"国家治理体系和治理能力现代化"》，《行政科学论坛》2014年第1期。

民个人权利。而卢梭提出人民主权说，认为人民拥有公意是政府合法性的唯一基础，即政府的权力必须经过民意授权，未经人民同意，政府的权力就没有合法性。在实际运作中，为保障政府权力的有限性，政府领导人需要经过选举产生，政府决策需要通过公民投票产生，政府要保证公民的知情权，并受人民监督，以权利制约权力。

简而言之，在处理政府与市场的关系时，所谓有限政府指的是，只要市场能做的，就应让市场发挥作用，只有市场不能做或失灵时，政府才应发挥作用，从而导致好的市场经济和有效市场。有限政府的主要职责就是维护和提供公共服务。"负面清单"正是符合了这一逻辑，对于负面清单之外的事项，行政权力不再禁止、市场主体可以凭借自身的需要自由进入。特别地通过负面清单制度，对于涉及重大公共利益的事项以清单形式列出交由政府，进行准入禁止或经许可后准入，而对于更多的清单以外事项完全交由市场主体自行决策，减少政府对市场的束缚，为其发展提供全方位服务，更有利于发挥市场在资源配置中的决定性作用，是有限政府理论在中国的又一次践行。

（二）新公共管理理论

自20世纪70年代末80年代初开始，西方各国掀起了一场声势浩大且旷日持久的政府改革运动。尽管各国改革的性质、规模和途径不同，但都具有一个已发展起来的共同议程，这就是"新公共管理"范式。并随着这股潮流的出现，政府职能也发生了一定的转变。新公共管理的理论认为，首先，要以市场为取向，重塑政府与公众的关系，这也是它的核心理念。政府不再是发号施令的权威官僚机构，而是以人为本的服务提供者，政府公共行政不再是"管治行政"而是"服务行政"。其次，在市场价值规律下，政府不再是凌驾于社会之上的、封闭的官僚机构，而是负有责任的"企业家"，公民则是其"顾客"和"客户"，政府服务应以顾客或市场为导向。① 企业把经济资源从生产率和产出较低的地方转移

---

① 李玮：《基于新公共管理理论我国行政管理改革思路》，《2016年第一届今日财富论坛文集》，2016年。

到较高的地方，企业运用新的形式创造最大限度的生产率和效率。然后，新公共管理主张在政府管理中广泛引入市场竞争机制，让更多的私营部门、非营利组织参与提供公共服务，以节约成本，提高服务供给的质量和效率。最后，改造公务员制度，创建新型政府，让他们参与政策的制定过程，并承担相应的责任。

从新公共管理理论对政府的实践要求看，政府应当逐渐从全能政府的角色中解放出来，政府不再也不需要、不应该对公共事务大包大揽，而是作为有限的政府有所为有所不为，提高行政效率和服务水平，转变职能，更加关心服务质量和效率。首先，政府把自己管不好、管不了的事交出去，在市场经济体制下摆正管理位置，实现正确定位，矫正"越位""错位"等现象。公共行政官员也不再在决策和治理过程中扮演核心角色。其次，通过不断创造机制和激励机构，通过私人和非营利机构来实现政策目标；另一方面，探索政府管理改革过程中适应市场经济发展的政府管理新职能，加强社会管理和公共服务，利用市场和社会力量，将市场竞争机制有效地融入公共服务领域之中，既能够保证有效地提高公共服务领域的整体质量和工作效率，又可以有效缓解政府对于公共服务设施投入资金的压力缓解。通过推动公共服务社会化，补足政府的或缺部分，解决不到位现象，使政府从"经济建设型"政府转向"公共服务型"政府，从"管制型"向"现代服务型"转变。

新公共管理理论也给中国公共行政权力变革带来了理论和实践上的指导意义。随着中国经济建设发展取得长足进步，中国社会需求呈现多元化趋势，政府提供的单一服务已经不能满足社会需求。党的十九大报告也提出，中国特色社会主义进入新时代，中国社会主要矛盾已经转化为人民日益增长的美好生活需要和不平衡不充分的发展之间的矛盾。为此中国政府也应该尝试从某些具体的公共服务提供领域中退出，转向公共服务政策制定和过程监管。在这一过程中，无疑需要重视市场作用，发挥市场的效率。在新公共管理理论下，政府职能应该从具体事务的"划桨者"，变成宏观方向把控的"掌舵者"，把参与市场经济活动的组织和个人的经济活动，控制在法律、法规、政策许可的范围内，以维护正常的市场秩序。通过树立"管理"和"服务"意识，努力使政府组织由"官僚机构"转变为公共服务的"管理机构"，重塑政府与社会的关系。

这就要求政府首先赋予市场主体尽可能广泛的自由准入权，然后赋予社会非政府组织尽可能广泛的自治权，最后再赋予自己必要的、通过严格实体法和程序法限制的管辖权；其次市场漫无边际，加之市场形势千变万化，依赖政府完全把握市场信息进行准入审批，会造成行政效率低下，公共资源的极大浪费；最后大量的市场准入事项可能成为政府自由裁量的空间，容易产生权力寻租、滋生腐败。因此，这就要求我们尽快解决政府应该做什么、不应该做什么的问题，积极转变职能，推进政府简政放权，政府职能应该从事前的审批更多地向事中、事后的监管和服务上转变，健全宏观调控体系。

　　在中国既往的市场准入制度中，最大的问题恰恰就是政府管得过多、过宽却又不到位。在某些领域，形成了"监管者漠视运营者，运营者漠视投资者，投资者漠视风险，所有人一起漠视市场"的怪异现象。① 但是，当前中国经济发展正处在关键的转型时期，已经进入提质增效的"第二季"，前置审批过多、市场准入门槛过高、行政性垄断过多等，价值取向上过于向交易安全倾斜。② 这不但损害了经济效益，提高了市场主体的进入成本差别待遇，很大程度上制约或阻碍了市场主体的培育和发展，成为经济高质量发展的桎梏。而且造成不同所有制、不同组织形式的市场主体的不平等竞争，不利于创造公开、公平、公正的市场竞争环境，严重制约了经济发展活力。

　　因此，实行市场准入负面清单制度是中国政府职能转变的重要抓手。通过负面清单模式，政府传统管理模式将会发生重要变化，将从传统市场管理者转向市场服务者、监管者的角色，体现了政府职能转变的要求。在政府职能转变背景下，政府向市场放权、向社会放权，不仅仅要降低市场准入的门槛，而且要将更多领域向民间资本开放。政府市场准入负面清单也应当以提高经济效益为目标，以积极鼓励和吸引各类资源参与经济活动为原则，宽进严管，积极培育规范、富有活力和效率的市场主体，努力创造公开、公平、公正的竞争环境，为经济社会发展提供重要

---

　　① 万喆：《负面清单制度将提升国家治理能力》，《中国新闻周刊》2016年2月2日。
　　② 姚冬琴、王红茹、李勇、马玉忠：《政府职能转变：从"全能政府"到"有限政府"》，《中国经济周刊》2013年11月19日。

的微观基础。同时，政府市场准入审批范围将大大缩小，有利于提高政府效率。一旦政府从大量烦琐事务中解脱出来，将有更大的空间提升效率，满足人民日益增长的美好生活需要。

(三) 政府与市场关系理论

经济学中，关于政府与市场关系的理论是一个永恒的话题。学者大都认为在市场经济体制下，市场机制和政府规制是实现资源有效合理配置、经济秩序得以维持的两大核心力量。进一步而言，在正常规范的市场中，市场机制对于资源的配置具有极高的效率优势。"新自由主义"学派更是认为完全竞争的市场通过充分竞争和合作，可以激励市场中各主体实现个体利益的最大化，通过"外部性"的作用而达到整体的最优，因此他们把完全竞争市场誉为最具效率的市场。在良性的市场中，市场机制通过特有的价格信号，引导市场主体做出选择行为，从而高效地达到资源的优化配置。市场机制主要通过价值规律、供求规律和竞争规律发挥作用。在公平竞争的市场环境下，市场通过这三大规律的驱动作用，有效配置资源，促进社会生产、交换、分配和消费的循序发展。[1] 并通过市场机制发挥自发平衡供求，调节资源配置，传递市场信号，促进技术创新，调节收入分配，降低交易成本等功能。[2]

在充分认识到市场对资源配置不可替代的理论和实践意义后，党的十八届三中全会提出"使市场在资源配置中起决定性作用"。这是因为"经济发展就是要提高资源尤其是稀缺资源的配置效率，以尽可能少的资源投入生产尽可能多的产品、获得尽可能大的效益。理论与实践都证明，市场配置资源是最有效率的形式。市场决定资源配置是市场经济的一般规律，市场经济本质上就是市场决定资源配置的经济。健全的社会主义市场经济体制必须遵循这条规律，着力解决市场体系不完善、政府干预过多和监管不到位问题。做出'使市场在资源配置中起决定性作用'的定位，有利于树立关于政府与市场关系的正确观念，有利于转变经济发

---

[1] 郭占恒：《市场在资源配置中起决定性作用的重大理论和实践意义》，《杭州日报》2013年12月5日。

[2] 洪功翔：《政治经济学》，中国科学技术大学出版社2012年版，第265—268页。

展方式，有利于转变政府职能，有利于抑制消极腐败现象"。①

同时"不以规矩，不能成方圆"，市场机制对资源优化配置作用的发挥，往往以稳定有序的市场秩序为基础。如果市场秩序良好，健全的价格信号体系就可以使各种资源的功能及其效用得到准确地显示，保证各种资源配置到最稀缺和功效发挥最大的地方。此外，规范的激励约束机制、透明的信息披露机制、良好的商业道德体系和相应的交易秩序，促进了交易中的各种摩擦和交易费用的下降，从而使社会成本最小化和交易和谐化，形成市场经济的良性循环。②反之，市场秩序一旦混乱，市场价格机制就会失灵，价格信息也无法正确而灵敏地反映供求关系，配置资源效率大打折扣，对企业微观经济活动和国家宏观经济管理的作用也受到阻碍。同时也会使企业和生产者信誉扫地，甚至破产，退出竞争领域，竞争机制也会失效。

而由于市场机制的无序性和盲目性的存在，市场失灵这一弊端不能由市场自行修复。因为竞争，经济主体往往不顾社会资源的约束拼命盲目投资和扩大生产，这就必然造成资源的浪费和破坏，这体现了生产者参与市场经济活动的无序性。由于市场中的每个生产经营者对于市场前景的判断并不能从宏观层面准确地把握，也无法控制经济变化的趋势，因此所有生产经营者的决策都会带有一定的盲目性。同时，这种无序性和盲目性往往带有一定隐蔽性，并且不断积累，量变促成质变，最后导致市场进行资源合理配置的优越性走向反面，酝酿着下一次市场危机。③

而正是由于市场失灵和市场缺乏自我修复能力，需要一双"看得见的手"，即政府规制力量去对市场缺陷做修复，弥补市场的不足。这对于中国政府的启示是一边坚持简政放权，推进经济体制的深化改革，发挥市场在资源优化配置中的决定性作用。同时，通过转变政府经济职能，对市场机制做必要的、有效的补充，切实把政府的经济管理职能转移到为市场主体服务和创造良好的发展环境上来，最大限度地促进市场展现

---

① 习近平：《关于〈中共中央关于全面深化改革若干重大问题的决定〉的说明》，《人民日报》2013 年 11 月 16 日。

② 纪宝成：《论市场秩序的本质和作用》，《中国人民大学学报》2004 年第 1 期。

③ 赵韵玲、刘智勇：《市场主体准入制度改革研究》，中国人民大学出版社 2010 年版。

其机制的优越性，充分发挥市场对资源配置的决定性作用。

在市场准入领域，更要在市场行为发生之初，发挥市场资源配置的效率。而市场准入负面清单制度的一项原则是"法无禁止即可为"，清单以外的事项，各类市场主体皆可依法平等进入，赋予市场主体更多的主动权、自主权，有利于形成各类市场主体依法平等使用生产要素，能够极大地发挥市场在资源配置中的高效率。同时对于涉及重大公共利益的行业、领域、业务，市场准入负面清单将其列入清单，严格地依法进行禁止或者限制准入，更加重视政府规制对市场机制的补充作用，防止在这些关键领域市场失灵所带来的不良影响。而且，通过实施市场准入负面清单制度，政府更多地在准入中和准入后进行监管和服务，对于维持公平、有序、规则的市场环境十分必要。可见，实施市场准入负面清单制度，很好地结合了市场机制和政府规制的作用，有助于使市场在资源配置中起决定性作用和更好发挥政府作用。

五 实行准入负面清单制度的现实意义

从国际环境看，虽然近年全球经济复苏超出市场预期，但面临的不稳定性和不确定性仍然突出，深层次的结构性矛盾尚未得到根本解决。全球经济仍在复苏过程中，主要国家纷纷进行经济结构调整，全球经济再平衡新格局正在形成，加上周边国家竞争和国内成本上升等原因，中国出口动力正在减弱，依赖外需实现经济增长的模式难以维系。产业上，一方面，东南亚、南亚等新兴市场国家借鉴中国改革开放成功经验，通过税收优惠、超国民待遇和综合成本优势，吸引承接大量国际产能转移，对中国中低端制造业形成了分流。另一方面，美欧等西方发达国家凭借完备的市场体系、更高的劳动生产率和优越的制度环境，大力实施"再工业化"战略以吸引高端制造业回流。在这样的国际环境中，近年来中国传统制造业的综合性优势有所下降，若不能在短期内培育出基于全球价值链的核心竞争力，未来必将承受越来越严峻的挑战。因此，继续通过制度创新，激发市场活力，培育市场创新应对国际竞争。

从国内情况看，经过40多年的快速发展，中国已经成长为全球第二大经济体，2017年人均GDP已超过8800美元，① 中国的综合经济实力和国际地位明显提升。但也要看到，当前中国正处在经济增速换挡期、结构调整阵痛期、前期刺激政策消化期"三期叠加"的关键时期，拉动中国经济增长的传统动力正在减弱，寻找新的经济增长动力已经迫在眉睫。2014年以来，国内经济形势发生了重大改变，2015年中国GDP增长率下降到6.9%，为1990年以来的历史最低点。② 经过多年的高增长之后，中国经济结构失衡日益凸显，投资消费结构比例不合理，地方政府债务风险逐渐积聚，房地产市场面临较大调整，能源资源环境约束不断强化，依靠固定资产投资拉动的增长模式越来越难以为继。实际上，中国经济进入了一种新常态。在经济新常态下，第一，经济增长速度会下降，失业率将会上升，摩擦性失业和结构性失业的现象将会长期存在。第二，经济结构面临转型和优化，从原来只关注数量增长转向更专注质量增长；由原来出口拉动型和政府投资拉动型转向消费拉动型和民间投资拉动型；服务业、高附加值产业和绿色环保行业成为重点发展产业。第三，经济增长驱动力从原来要素驱动、投资驱动转向创新驱动。在经济新常态下，创新能力已成为中国经济增长的重要驱动因子，如何激发社会的创新能力，成为新常态下中国政府的重要工作。③

因此，面对世界经济增长缓慢、国内经济下行压力加大等情况，中国需要积极创新宏观政策调控方式以应对挑战。市场准入负面清单制度作为一项颠覆性的改革措施，④ 是党的十八届三中全会对市场与政府关系的认识达到新高度的重要体现，也是提高市场的地位和转变政府职能的战略安排。制度的实施具有以下几点重大意义。

（一）明确边界发挥市场的决定性作用

当下政府仍然极大依赖于准入前的审批，把事前审批当作调控市场的唯一抓手，甚至花大力量对具体事务进行审批。政府在市场准入方面

---

① 《2017中国人均GDP超8800美元2022年或成高收入国家》，光明网。
② 国家统计局公布数据。
③ 夏磊：《通过"负面清单"重构政府和市场的关系》，《光明日报》2015年8月22日。
④ 崔文良：《正确处理市场与政府关系》，中国人大网，http://www.npc.gov.cn/npc/xinwen/rdlt/sd/2014-01/10/content_1823177.htm，2014年1月10日。

还是在扮演"全能型政府"的角色,导致了审批制使用范围的泛化。然而,审批制度的实行方法主要在于审查与许可,侧重于对实体条件的把握,不可避免地具有烦琐、耗时的特性。对于市场主体而言,企业取得的市场准入资格,有的需要经过上百项政府事前审批,审批时间长、审批的环节过多,对同一事项的多头审批和重复审批等弊端突出。这样的市场准入程序不仅对市场主体进入市场造成了障碍,还制约了市场发挥资源配置的决定性作用,同时也降低了行政效率,不利于更好地发挥政府作用。

通过实行市场准入负面清单制度,明确政府与市场的边界,赋予市场主体更多的主动权,有助于发挥市场的决定性作用和提高政府行政效率。除了清单事项政府禁止市场主体进入或者限制条件进入外,清单以外各类市场主体都可以依法平等进入。市场准入负面清单制度降低了行政成本和可自由裁量权,把以前由政府管理的事务交给市场自主决策,有利于各类市场主体放开手脚,释放市场最大潜力,发挥资源配置的决定性作用。同时,以"清单"方式明确政府与市场的边界,使政府从大量不必要的具体审批中解放出来,并将精力放在少部分清单事项的审批上,从而有利于政府从大量繁杂的具体事务的审批中抽身出来,将政府的有形之手从微观转向宏观服务,转向建设法治化营商环境、维护公平竞争的市场秩序,从根本上促进政府职能转变。

(二)实现市场准入管理的透明化、规范化、制度化

中国目前还没有统一的市场准入管理规范,有关准入规定分散在不同的法律、行政法规等规范中。政府审批制仍是现阶段中国市场准入的主要手段,而市场准入的主体和交易对象都是千变万化的,法律又不能不赋予政府在审批时具有相当的自由裁量权,因此,诸多根据"实际情况""特殊考虑"衍生出新的审批条件和方式,以及名目繁多的"审批""营业执照""许可""准许""特许""批准""鉴定""备案"等见诸各种法律文件。因此,相关法律法规的规定显得庞杂、分散。这样的情形一方面造成企业不方便查阅,准入前要在各类法律法规、《产业结构调整指导目录》《政府核准的投资项目目录》《限制用地项目目录》《禁止用地项目目录》《禁止进口货物目录》《禁止出口货物目录》等清单、目录

中，核查是否触及相关禁止或限制界限；另一方面，散诸各处的规定还往往相互矛盾、不统一，市场主体缺乏明确的"交通灯"、无所适从。以成立快递企业分支机构为例，根据《快递市场管理办法》，快递企业设立分支机构，如果是当地独立法人单位，需要省级邮政管理局申请办理快递经营许可证；如果是申请设立总部分支机构，总部已经取得的快递经营许可证，分支机构还不能直接使用，需要提前向总公司的发证机关提出快递经营许可证增设分支机构的申请。这就与《邮政法》第五十四条"邮政企业以外的经营快递业务的企业设立分支机构或者合并、分立的，应当向邮政管理部门备案"的规定相冲突，使得快递企业设立分支机构需要审批程序，完全改变了备案的性质和意义，将备案制变成前置审批。

以市场准入负面清单衔接整合各类市场准入办法，实现了市场准入管理的透明化、规范化、制度化。通过清单将分散于行政审批事项清单、《产业结构调整指导目录》、《政府核准的投资项目目录》以及现行法律、法规中的禁止准入的事项和需经许可后准入的事项，统一综合到市场准入负面清单之中，更加清晰地为市场主体点亮"交通灯"。而且，市场准入负面清单清晰明了地列出了有关市场准入的禁止类事项和许可准入类事项，以及相应的管理办法，有利于减少政府寻租空间。此外，通过清单事项的责任部门划定，也为政府职责划定了更加清晰的界限。

（三）实现市场准入主体的地位平等

以前，政府对市场主体的市场准入主要靠审批，如分为鼓励、限制、禁止等三类，对市场主体投资行为施以区别性的引导政策，导致各市场主体的待遇并不公平，甚至差别很大。主要表现在：一是民营企业能够进入的领域明显少于国有企业，而且民营企业能进入哪些领域以及一些具体要求，政府规定不详或者没有规定，导致了地方政府自由裁量权大；二是一些行业设定了较高的准入门槛，政府的审批程序较为复杂，甚至不透明，大大提高了中小企业进入这些行业的成本；三是各地市场准入还缺乏一个统一的标准，对于全国层面缺乏统一规定的"盲区"，地方政府有权力通过设定地方性法规来获得行政许可的权力，或者通过设立政府规章的形式来获得临时性行政许可的权力，这容易被地方政府用以打地方保护主义的擦边球,从而违背了市场经济公平竞争的准则。

而市场准入负面清单制度,体现的是"非禁即入"的负面管理理念。这一理念背后,体现的是"公平"。实施市场准入负面清单制度是政府管理方式和理念的一个重大变革,将有利于营造一个公平的竞争环境。

一是在清单面前,实现了"人人平等",不搞特殊待遇。市场准入负面清单适用于各类市场主体基于自愿的初始投资、扩大投资、并购投资等投资经营行为及其他市场进入行为。对各类市场主体不搞特殊待遇,都要依据市场准入负面清单的分类情形,统一地做到:禁止准入事项,市场主体不得进入;许可准入事项,由市场主体提出申请,行政机关依法依规做出是否予以准入的决定,或由市场主体依照政府规定的准入条件和准入方式合规进入;负面清单以外的,各类市场主体皆可依法平等进入。

二是在清单以外的领域,做到了"英雄不问出处"。在市场准入负面清单制度下,清单以外各类市场主体皆可依法平等进入,各市场主体的准入标准是一致的,各类市场主体之间没有歧视。而且未来在市场准入负面清单制度的基础上,还将进一步"废除对非公有制经济各种形式的不合理规定,消除各种隐性壁垒,制定保障各类市场主体依法平等进入自然垄断、特许经营领域的具体办法"。

三是在市场准入负面清单制度下,市场准入负面清单由国务院统一制定发布,地方政府需进行调整的,由省级人民政府报经国务院批准。这使市场准入在全国范围内有了统一的标准。地方没有权限进行市场准入负面清单的制定工作,采用的蓝本都是全国统一的市场准入负面清单。这样市场准入的管理实现了在全国层面的统一,使全国范围内的市场准入有了统一的标准,这也是公平竞争市场环境形成的重要前提,也是落实《行政许可法》的必然要求。以市场准入负面清单为全国市场准入的统一标准,以此标准营造公平竞争环境和构建统一市场准入规则,有助于消除各地存在的形形色色的隐性壁垒,促进各类要素的有序自由流动。

综上,市场准入负面清单制度的实施,意味着中国在市场准入领域确立了统一公平的规则体系,清单之外的行业、领域、业务等,各类市场主体皆可依法平等自主选择是否进入,各级政府不能再随意设置准入门槛,为市场主体的创业创新提供了更大空间,真正实现"规则平等、权利平等、机会平等",这项改革不仅彰显了中国建设高水平开放型经济新体制的勇气和决心,还将进一步增强各类市场主体特别是民营经济的活力,有利于促进各类市场要素有序自由流动、资源高效配置,加快形成强大统一的国内市场。

(四) 有助于构建更高水平的开放性经济体制

实行市场准入负面清单制度可以降低贸易摩擦影响,是构建更高水平的开放性经济新体制的创新举措。当下中美贸易摩擦背景下,实施市场准入负面清单一方面有利于激活市场活力,为企业投资提供便利、稳定、可预期的准入环境。优化负面清单管理模式作为中国创新宏观政策调控方式的重要内容,有利于放宽市场准入,激发市场活力和经济发展内生动力,稳定企业预期,调动民间投资的积极性,促进中国经济转型。[1] 另一方面有利于加快建立与国际通行规则接轨的现代市场体系,促进国际国内市场要素有序自由流动。此外,实行统一的负面清单制度,使全国范围内的市场准入有了统一的标准,有利于促进国内大市场的建设,国内外要素的有序自由流动将得以实现,有利于充分利用国内国际两个市场、两种资源,构建更高水平的开放性经济新体制。

---

[1] 田丰:《负面清单管理模式需解决三大问题》,中国新闻网,2014年2月13日。

第 三 章

清单治理：市场准入负面清单制度

清单治理在现代社会具有突出的优越性，清单治理方式被运用于国家治理的各个领域，而市场准入负面清单则是其中较为独特的一张清单，是中国的一次制度创新实践。此部分，从清单治理与国家治理的角度，阐述了市场准入负面清单的制度特征如何体现国家治理创新的理念，从而实现国家治理创新，指出了制度实施对于中国国家治理创新的价值所在。

一 国家治理理论

国家治理被认为是现代国家所特有的一个概念。国家治理是建立在理性政府建设和现代国家构建的基础上，通过政府、市场、社会之间的分工协作，实现公共事务有效治理、公共利益全面增进的活动与过程。中国关于国家治理的研究起步较晚，而由于治理、国家治理、政府治理、社会治理等概念之间界限的模糊，相关学术研究和内涵认识呈现出多样性特征，未成共识。习近平指出，国家治理体系和治理能力是一个国家制度和制度执行能力的集中体现。国家治理体系是在党领导下管理国家的制度体系，包括经济、政治、文化、社会、生态文明和党的建设等各领域体制机制、法律法规安排，也就是一整套紧密相连、相互协调的国家制度；国家治理能力则是运用国家制度管理社会各方面事务的能力，包括改革发展稳定、内政外交国防、治党治国治军等各个方面[①]。

在中国，体制转轨、经济转型使国家治理面临的对象和环境具有新的特征，传统治理模式和方法显然已越来越不能适应新形势的需要。随着实践探索的推进，发现国家治理仅仅依靠政府管理是越来越难，现实治理成本高居不下、治理绩效认可度不高，这些实际上是治理主体单一化的结果。改革开放以来中国政府在推进行政管理体制改革，不断改革和完善社会管理体制，从根本上讲，就是不断提升社会、市场等其他主体参与国家治理的过程。

为了解决国家治理面临的难题，国内学者习惯性从西方治理理论中寻找解决答案。而随着研究的深化发展，西方治理理论与中国本土治理理论的错位现象逐步凸显，国家发展和治理的实践表明，治理理论只有在本土化的基础上才能实现理想的重塑。那么，在国家治理本土化过程中，如何进行创新达到与时俱进、入乡随俗？

党的十八届三中全会决议将"推进国家治理体系和治理能力现代化"作为全面深化改革的总目标，同时提出"要实行统一的市场准入制度，在制定负面清单基础上，各类市场主体可依法平等进入清单之外领域"。对于国家治理中的市场领域，随着中国经济的持续发展，社会形势愈加复杂，市场管理难度日益增大的背景下，这实际上就是在这个决议里，已经把负面清单管理，作为一项国家治理的一种重要的方式方法确立下来了。[②] 它是我们新时期治国理政的重要方法，同时也是国家治理体系现代化的一个重要的体现。负面清单管理模式是政府改善治理的一个平台、抓手和路径。[③] 这不仅仅是完善市场、行业等规范，更深刻显示了新常态下治理方式的新思路，显示了国家对政府在新治理方式中的新定位，显示了国家对政府在新定位下对于治理能力的新要求，这概括成一句话就是"有所为有所不为"。不论是"宽松上限，严格下限"或"鼓励竞争，明确边界"，国家治理能力将在考验中得以提升，只有合乎市场真实需求

---

① 习近平：《切实把思想统一到党的十八届三中全会精神上来》，新华网，2013年12月31日。

② 王利明：《负面清单：一种新的治国理政方式》，《发展》2015年第1期。

③ 张维：《"负面清单"管理模式全国开花》，《法制日报》2014年9月19日。

和社会整体福利的治理方式，才是最好的。①

二 清单治理

中国在国家治理能力和体系现代化过程中提出了"负面清单"这一治理手段。所谓清单，就是将事项通过条目形式列举出来。在私域中，采购单、账单与合同是最常见的清单形式；公域中的清单则以公共利益为基础，往往是治理主体的权力、权利、责任和主体间边界的集合，如"权力清单"。

从此开始，清单治理在中国国家治理领域产生"探索浪潮"。不仅是负面清单这一项治理工具，李克强总理为国家治理一时给出三张清单——"权力清单、责任清单、负面清单"。推行政府权力清单制度可以解决政府职能越位、缺位、错位问题，以"清单治理"促进政府的"自我革命"。同时为了落实政府责任，激活市场和社会的活力，责任清单和负面清单制度应运而生，与权力清单共同构成了中国国家治理中的清单制度，形成了中国治理领域的"清单治理浪潮"。

随着国家治理实践和治理经验的不断丰富，清单制度逐渐体现出来的优越性，使其成为当前中国厘清政府、市场与社会关系，实现国家治理的"善治"与"现代化"的重要制度设计。同时三张清单，特别是负面清单作为中国国家治理变革的重要内容，一方面有助于与实际接轨，另一方面也可以成为影响周边、辐射"一带一路"的重要制度输出。近年来，中国所实施的"一带一路"倡议、亚洲投资开发银行的战略举措，其目标和诉求不仅是解决国内的经济发展问题，还包括中国国际影响力的提升。要获得国际认同也不仅是经济发展成就的认同，还包括治理理念和工具的认同。负面清单模式更容易被其他国家理解和接受。负面清单模式在全国范围内的推行，标志着这一国际先进的治理工具在中国治理现代化中被广泛接纳和采用。中国的治理工具和理念被国际接受的程度越高，我们在世界舞台的追随者就会越多，中国的世界性引领作用也会随之不断增强。从党的一届三中全会开启的改革开放以来，中国发生

---

① 万喆：《负面清单制度将提升国家治理能力》，《中国新闻周刊》2016年2月2日。

了翻天覆地的变化，取得了令世界瞩目的成就。这也证实，开放取向在国家治理创新中的意义。

三　负面清单治理特征

市场准入负面清单作为中国国家治理体系和治理能力现代化重要手段，在于其制度本身所体现出的治理特征是符合现代治理理念所在的。除了清单制度本身所带来的优越性以外，市场准入负面清单作为中国市场准入领域的一项重大改革措施，对标的是现实的治理难题，其制度设计具有以下几点特征。

法不禁止即可为，依法列单。法律法规是制定市场准入负面清单的根本依据和措施来源。市场准入负面清单实行"非禁即入"的管理模式，制定市场准入负面清单要全面落实依法治国的基本方略，其制定的根本依据就是法律、行政法规和国务院决定。

一单尽列。实现了市场准入禁限事项"一网打尽、一单尽列"，做到了真正意义上的"非禁即准"。国务院以负面清单的形式明确列出在中国境内禁止和需经许可投资经营的行业、领域、业务等，将所有分散各处的规定在一张清单上集成，这样的列单方式做到了"一网打尽、一单尽列"。

全国统一。市场准入负面清单实现了全国层面统一准入办法和各类市场主体统一准入标准的管理，是中国对统一市场准入管理的一次前所未有的尝试。

重心后移。市场准入负面清单制度作为推进中国治理能力和治理体系现代化的重要手段，是一个"牵一发而动全身"的改革，制度设计不是只是追求"宽进"，更在意通过直接涉及配套的改革实现市场准入领域的"严管"，将现有体系的管理重心后移，实现"事前、事中、事后"的全方位治理。

正是由于市场准入负面清单制度以上治理特征的存在，使得这一制度相对于以往的准入管理制度，更加符合中国国家治理体系和治理能力现代化的要求。

四 负面清单治理理念

纵观古今中外，国家治理的演进都遵循着从传统到现代的演进过程，因而其发展演进是有规律可循的。本书认为现代社会国家治理面临着更加多元、复杂的治理背景，国家治理的创新有向依法治理、整体治理、协同治理、系统治理演进的趋势。俞可平将治理的合法性看作现代社会善治的第一要素。[1] 依法治理，已经成为判断国家治理创新、现代化的必要性、标识型条件。整体性治理理论强调的是政府部门对资源的整合，并通过有效的沟通与协调，达成治理的目标。[2] 同时，实践早已证明，政府治理与市场治理都存在其局限性，无法实现资源配置的帕累托最优。国家治理需要来自公共和私人机构的多方主体协同参与制定、执行和管理规则，为共同面对的挑战提供长期解决方案。[3] 协同治理成为继传统公共行政、新公共管理之后的公共管理主流范式。[4] 此外，国家治理变革并不是单一的变革，而是一个复杂的系统工程，涉及治理主体间横向、纵向结构关系的调整，同时还涉及如何以具体的公共需求为出发点，在以系统治理的理念高效实现公共利益的问题。[5] 党的十八届三中全会《决定》也多次提及"系统治理"，要求按照国家治理现代化的目标坚持实施系统治理。

实际上，市场准入负面清单制度具有的"法不禁止即可为，依法列单""一单尽列""全国统一""重心后移"四个特征，分别对应着现代国家治理的"依法治理""整体治理""协同治理"和"系统治理"四种治理理念，在实践中分别通过对市场和政府两个层面的作用，将治理理念转化成治理创新的效果（见图 3）。

---

[1] 俞可平：《治理与善治》，社会科学文献出版社 2000 年版。
[2] Dunleavy P., Margetts H., Bastow S., et al., "New Public Management is Dead: Long Live Digital-era Governance", *Journal of Public Administration Research & Theory*, 2006, 16 (3): 467–494.
[3] Simon Zadek, *The Logic of Collaborative Governance: Corporate Responsibility, Accountability, and the Social Contract*, Harvard University, 2006, p. 3.
[4] 何翔舟、金潇：《公共治理理论的发展及其中国定位》，《学术月刊》2014 年第 8 期。
[5] 娄成武：《中国社会转型中的政府治理模式研究》，经济科学出版社 2015 年版。

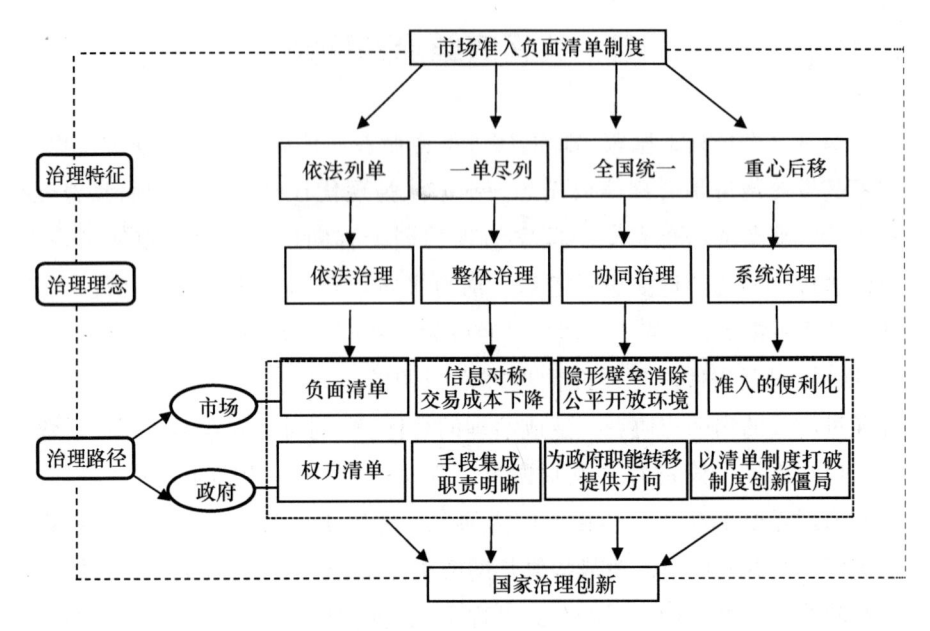

图 3　市场准入负面清单制度与国家治理创新

（一）依法治理理念

市场准入负面清单奉行"非禁即入"的法治理念，作为一种市场准入管理模式，负面清单既是依法治理理念的具体落实，又是依法治理理念的法制创新。

对于市场来说，市场准入负面清单是私法自治、依法治理理念的集中体现。"非禁即入"从理念上看，主张减少公权力对私人领域的过度介入，扩大市场主体依法享有的行为自由。其强调政府对市场主体准入的限制，必须有法律依据，并提供充分、合法的理由。在法定的准入限制之外，市场主体可以进入。尤其是市场主体可在法定范围内自主决定自己的事务，自由从事各种民事行为，实现自己的利益。从正面清单到负面清单的转变，充分体现了民法精神或私法精神，承认个人有独立的人格，承认个人为法的主体，承认个人生活中有一部分是不可干预的。

对于政府来说，市场准入负面清单的内容是依法禁止或需要许可的，政府针对清单内容，依法禁止或许可市场主体从事有关事项，政府这方面的权力在权力清单中有所体现，是依法把权力关进制度的笼子，用法律作为政府准入审批的标尺。因此,"负面清单""权力清单"是一个问题的两个方面。

(二) 整体性治理理念

在市场准入负面清单制度下,为了做好制度的衔接工作,市场准入负面清单还将对行政审批事项清单、《产业结构调整指导目录》和《政府核准的投资项目目录》等目录的相关规定进行梳理,根据情况分类纳入禁止类清单和许可类清单之中。这样的列单方式做到了"一网打尽、一单尽列",既清晰地表明了市场准入的"红线"所在,又明确地给市场主体点亮了"交通灯"。市场准入负面清单制度是中国对统一市场准入管理的一次前所未有的尝试,也是以破解市场治理领域"碎片化"为出发点的整体性治理的实践。

对于市场而言,这样的列单方式做到了"一网打尽、一单尽列",既清晰地表明了市场准入的"红线"所在,又明确地给市场主体点亮了"交通灯"。这可以避免市场主体与政府管理部门、政府各管理部门之间的信息不对称,进一步提高透明度,使得外资企业、民营企业等不同的市场参与主体共享信息,减少由于市场交易中的有限理性、信息不对称、外部不经济性等因素导致的种种交易费用,减少过度竞争给社会资源造成的极大浪费,提高交易效率和降低交易成本。

对于政府而言,通过负面清单"一单尽列",实现管理手段的整合、集成,治理效率的极大提升。市场准入管理部门基于清单进行监管信息的互通、交换和共享,为加强事中事后监管提供信息支撑,使得政府监管更加科学化、规范化和阳光化。而且以负面清单这种形式整合划定政府职责边界,极大地压缩了权力寻租空间,有助于克服权力放纵和腐败,降低制度成本。

(三) 协同治理理念

实现市场准入负面清单全国统一,不仅是不同治理层级和地域范围上的统一,也是对内外资市场准入的统一。市场准入负面清单由国务院统一制定发布,这使市场准入在全国范围内有了统一的标准。与此同时,市场准入负面清单也实现了内外资市场准入的统一,它是适用于境内外投资者的一致性管理措施，是对各类市场主体市场准入管理的统一要求。

对于市场而言，实行负面清单制度，可以建立起全国统一的市场准入规则，为市场发挥决定作用提供更大、更自由的空间。在市场准入负面清单制度下，清单以外各类市场主体皆可依法平等进入，各市场主体的准入标准是一致的。未来在制度全面实施后，还将进一步废除对非公有制经济各种形式的不合理规定，消除各种隐性壁垒，制定保障各类市场主体依法平等进入自然垄断、特许经营领域的具体办法。市场准入负面清单制度通过全国统一协调的治理方式，建立统一的准入规则，消除了市场壁垒，能够有效促进市场治理的公平正义。

对于政府而言，通过市场准入负面清单对政府职能范围进行确定，将不符合市场准入负面清单思想的职能区别出来，为下一步政府职能转移提供明确方向。进一步压缩权力寻租空间和自由裁量空间，为不同层级政府协同提供了重要前提，有助于开启政府、市场、社会协同治理的新模式，能够实现政府、市场、社会等各类主体之间的良性互动，优势互补，以达到治理的协调、优化，实现善治。

（四）系统性治理理念

市场准入负面清单是对市场准入领域的系统性改革，在进行市场准入负面清单改革的同时，推动了直接涉及和配套的市场准入制度改革的方方面面，特别是它促使了政府将治理的重心从事前的审批、向事中事后监管和服务转移。配套改革有利于社会信用体系、激励惩戒机制、信息公示制度和信息共享制度的健全，市场准入负面清单制度的实施，综合产生了很多"意外"的效果，体现了负面清单的延伸性，蕴含了系统性治理的理念。

对于市场而言，通过改革配套落实告知性备案、准入信息公示等手段，以及进一步深化商事制度改革，实施"三证合一""一照一码"等方式，能够使得市场主体准入成本下降和准入周期缩短，极大地便利市场主体的准入。

对于政府而言，市场准入负面清单制度"牵一发而动全身"的特点，决定了制度一旦推行，对于当前政府管理方式和理念会带来一定程度的冲击。随着市场准入负面清单制的全面推行，以往不少政府管理中存在的"尾大不掉""顽固性"管理弊端,或因制度的全面实施于无形中被解决。比如,伴随着负面清单事项网上审批、统一编码,而产生的一大效果是各地审批事项总数、类别的网上留痕,将是历史上首次将各地审批执行数量在同一平台上呈现,这会直观地呈现出各地"放管服"改革的成效。同时市场准入负面清单制度下有效监管的实现,必须依赖于市场主体和部门之间、部门与部门之间的信息共享,为此配套进行的"统一代码制度""黑名单制度""信息公开制度"等,将可能打破长期以来在市场主体与政府部门、部门与部门间的信息隔阂。

五 负面清单:国家治理现代化的重要举措

如果说清单治理来源已久、源远流长,那么负面清单治理,特别是市场准入负面清单治理,则是清单治理在现代社会的一次重大的模式改良。"市场准入负面清单"可谓中国国家治理领域"清单革命"中,最为独特、创新的一张清单。作为中国国家治理领域中两张负面清单[①]之一,市场准入负面清单是中国将负面清单管理理念从"外"至"内"进行的一次引申和扩充,这是历史上和国际上一次鲜有的对现行市场准入领域的制度变革。在国家治理创新的大时代背景下,市场准入负面清单制度这一次制度改良,体现出的治理特征契合了国家治理的创新方向,有助于推进中国国家治理体系和治理能力现代化的进程。

---

① 两张清单指《外商投资负面清单》与《市场准入负面清单》。这一分类由《国务院关于实行市场准入负面清单制度的意见》(国发〔2015〕55号)提出。

实践篇

为了解决目前市场准入领域存在的计划经济体制遗留问题所引发的弊端，党的十八届三中全会《决定》提出，要"实行统一的市场准入制度，在制定负面清单基础上，各类市场主体可依法平等进入清单之外领域"的改革总要求，将负面清单管理模式在中国市场准入领域推广、运用。2015年10月19日《关于实行市场准入负面清单制度的意见》的发布，正式地对实行市场准入负面清单制度做出了顶层设计，明确了总体要求、主要任务和配套措施。至此，中国正式引入市场准入负面清单制度。十九大报告又进一步强调要"全面实施市场准入负面清单制度"。

在本篇，本书将从市场准入制度的实践发展入手，结合外商投资负面清单制度的先行实践，对市场准入负面清单的制定、试点探索以及制度的全面实施的问题进行梳理、阐释。

第 四 章

国内外市场准入制度演进

本书介绍的负面清单,被冠以"市场准入负面清单"之名,表明了其是负面清单管理模式在市场准入领域的应用。而中国市场准入制度的现状和发展过程如何,本章在此进行一个总体脉络的梳理,并对国际上其他国家经验进行分析总结。

如前文介绍,本书认为市场准入制度包括一般市场准入制度、特殊市场准入制度和外商准入制度。其实质目的是政府确认市场主体进入市场的合法性,建立和维护市场秩序,规范市场主体的组织和行为。[①] 中国市场准入制度是在计划经济体制向市场经济体制转变过程中形成的,带有计划经济向市场经济过渡的特点,[②] 是政府对经济运行进行宏观调控和微观监管的一种职能和方式。

一 中国市场准入制度发展阶段

中国现行市场主体准入制度是在改革开放以后逐渐建立起来的。20世纪70年代以前,中国实行的是计划经济体制,所有的经济行为都由国家调控。伴随着中国社会主义市场经济制度的不断完善,中国市场准入管理制度改革亦逐步深化,从计划性管理转向尊重市场规律、减少政府对市场的直接干预。目前为止,市场准入制度演进历程大概分为改革开

[①] 王明刚、苏跃彬、李云凤:《完善我国市场主体准入制度的若干思考》,《生产力与研究》2004年第11期。

[②] 蒋志刚:《浅论我国市场主体准入制度的完善》,《2003年度湖南省工商行政管理系统获奖论文汇编》,2004年,第299—303页。

放前与改革开放后两个阶段,在改革开放后又包括过渡时期和社会主义市场经济体制建立和发展时期。①

(一) 改革开放前期

1949—1979 年,中国实行计划经济。在中华人民共和国刚成立之时,由于抗日战争和解放战争对国内经济造成极大破坏,通货膨胀、人民购买力低下使大批工人失业,各方面百废待兴,此时建立高度集中的计划经济,集中全国的经济力量发展经济成为政府的必然选择,再加上苏联在计划经济体制下社会主义建设的成功作为范例,直接影响中国计划经济体制的选择。在计划经济体制下,所有的经济要素和经济行为都由国家调控,不存在实际上的市场准入制度,政府对于市场的管理表现为如下特点。

第一,市场结构单一,不存在严格意义上的买卖双方和经营者。在计划经济体制中,政府直接干预经济,企业不能选择从事的行业、领域,直接由国家把生产资料交给企业,企业按照国家计划生产,企业没有自主经营权,更没有独立法人地位,所以此阶段不存在市场经济意义上的"企业",而是作为生产单位,更没有买卖市场。商品价格由各级政府规定,不反映商品价值,更不随市场供求关系变化而变化,商品的流通依赖行政分配和调拨,② 总体呈现出市场结构单一的特点。

第二,对企业进行管理登记,不存在市场准入制度。计划经济体制下,中国对企业市场准入的规制主要是登记管理,并对企业经营方式、经营范围、注册资金、企业名称、经济性质等作了严格的限制,审批程序复杂,前置审批权限大,审批环节过多,审批时限长。③ 没有相关的法律、法规对市场进行准入规定,更没有具体的流程规定,该阶段不存在

---

① 《中国市场准入制度的沿革与趋势——国家工商总局副局长刘玉亭在"市场准入与公平竞争"2005 上海国际研讨会上的演讲》,国家工商总局外商投资企业注册局,http://www.saic.gov.cn/ywdt/ldhd/hd/xxb/200511/t20051124_42858.html;龚臣:《中国经济发展的三阶段论》,《中国市场》2013 年第 31 期。

② 贾国雄、曾朝夕:《计划经济构想与现实选择的悖论及其在中国的形成》,《西南交通大学学报》(社会科学版) 2005 年第 6 期。

③ 王菊芳:《试论我国市场准入制度的发展现状与改革取向》,内蒙古大学,2006 年。

市场准入制度。

总体而言,行政严格管控下的市场存在以下问题。市场结构单一,生产效率低下,市场主体没有自主经营权,从事既定的行业、业务,报酬既定,缺乏利益激励,生产积极性低,同时滋生寻租行为。对于市场准入而言,生产单位直接获政府许可进入,在形式上,与市场准入制度有一定的相似性,均是获得政府的许可,但行业限制使政府直接决定市场中存在哪些行业,企业进行何种业务,这对于其他行业的兴起和发展产生限制,不利于经济的发展。

因此,计划经济体制积聚起尖锐矛盾。如计划决策的日趋集中和现实经济生活中生产和消费日趋复杂之间的矛盾,按照政府计划进行生产,无法完全生产出人们需要的产品,需求的多样性、多变性与计划的滞后性之间产生矛盾,信息的不对称,又使政府无法知晓所有人需要的产品;公有制经济的基本矛盾,经济体的公利要求和从业者追求私利之间的矛盾,政府追求公共利益,从业者追求私人利益,大一统的生产使人们追求自身利益最大化,使生产效率降低,增加寻租的可能;按劳分配的基本矛盾,理论上成立和现实中无法计算的矛盾等,按劳分配在理论上是正确的,但在现实中无法对不同职业进行按劳分配,有的职业花费时间少,但产生的价值高,如需要智力解决问题等,在这一点上市场经济按照产生价值进行分配显得更为合理、有效。[1] 这些矛盾推动了市场经济的产生,因此中国改革开放以后,大力推行市场体制改革,深化行政审批和市场管理。

(二)改革开放后期

1978年12月党的十一届三中全会后中国开始实行对内改革、对外开放的政策,从1979年起中国进入改革开放时期。在此阶段,中国采取以级别管辖和属地管辖为原则的纵向分散登记体制,作为市场准入规则之一的行政审批制度确立,并且逐步成为政府管理市场主体的主要形式,这在客观上提高了政府对市场的管制效率及质量,也将政府外部问题内

---

[1] 张昆仑:《从计划经济的三大矛盾推导在资源配置中发挥市场的决定性作用》,《福建论坛》(人文社会科学版),2015年第1期。

部化，推动政府职能转变。在中国社会主义经济体制建设和发展的过程中，政府与市场的关系在社会主义市场经济体制建立阶段和发展与完善阶段呈现出阶段性特征。

1. 过渡阶段

20世纪70年代末到80年代后期，是计划经济向市场经济的过渡时期，亦是企业登记制度恢复时期。该时期市场准入有以下特点。

第一，市场准入制度初具雏形。该时期中国逐步缩小指令性计划的范围，重新恢复了对工商企业的登记制度，允许个体工商户在国家法律和政策允许的范围内经营工业、手工业、建筑业、交通运输业、商业、饮食业、服务业、修理业及其他行业，工商企业按所有制的差异进行登记，市场主体由此从仅限于国家和集体所有扩展到个体工商企业。但从法律体制来看，此阶段法律尚未明确工商企业的民事主体地位，只是进行了营业登记管理；从交易对象的市场准入制度来说，此阶段尚未颁布产品质量法和产品责任法，知识产权保护体系刚刚开始建立，对产品和服务的许可、认证制度也才起步。

第二，对工商企业主要是中外合资企业的市场准入作了具体的规定。这些法规的颁布与实施，对鼓励个体私营经济的发展、吸引外资和促进经济发展创造了条件。但由于受传统体制和观念的影响，当时的制度安排主要是进行营业登记，没有赋予工商企业民事主体地位，工商企业仍不具有法人地位。[1] 关税方面，维持着较高的关税水平，控制境外产品和服务市场准入的手段主要是关税壁垒。

第三，行政审批制度逐渐确立。行政审批制度是政府干预市场经济的一项制度，是在行政命令和行政指导的社会管制方式越来越不适应社会政治经济的发展需要的情况下出现的，中国是在改革开放后的20年中逐渐建立起庞大的行政审批制度，所以在行政审批制度中存在计划经济成分，而其后行政审批制度的不断改革即为消除计划经济的社会管制理念。[2] 严格的企业审批制带有计划经济特点。

此过渡阶段政府主要进行了思想上的转变，逐步解决了社会主义市

---

[1] 王菊芳：《试论我国市场准入制度的发展现状与改革取向》，内蒙古大学，2006年。

[2] 张康之：《行政审批制度改革：政府从管制走向服务》，《理论与改革》2003年第11期。

场经济建立过程中遇到的各种问题，建立起基本的框架。在此期间，市场准入表现为行政许可主义。① 在市场准入制度建设处的初级阶段，还存在以下几点问题。

一是企业尚未成为真正的市场主体。在过渡时期，还未能形成产权制度和企业法人制度，企业同样不具有独立的民事权利能力和民事行为能力，虽然企业对于所从事的行业比计划经济时期拥有更多的选择，但在法律上还不是独立的个体，这时企业在法律纠纷面前没有相关的法律进行裁决，无法可依，所以此阶段企业还不是真正的市场主体，需要完善相关法律，赋予企业独立法人资格。

二是市场的不完善。在价格方面，虽然对企业所从事的行业进行放宽，但是由于市场的不完善使作为有效资源配置信号的价格扭曲；在法律方面，市场处于无序状态，缺乏市场经济有效运行所必需的法律体系；在政府方面，存在一些官员利用权力进入市场经济并在一定程度上干扰市场经济，降低市场信息的真实性；在生产者和消费者方面，缺乏市场经济的基本知识和经验，行为缺乏理性。②

三是企业登记缺乏相应的法律作为支撑。政府对企业进行登记管理，缺乏详细的法律进行明确的规定，使不同的地方之间存在差异，不利于企业的跨地区经营，从而妨碍经济发展。

四是缺乏对新兴行业、企业的相关管理措施。政府扩大企业进入的领域，政府直接限制企业可从事行业、领域，但对于新型行业的产生，缺乏相应的管理措施，这进一步反映在行政审批上。在市场进入上对企业进行一定的限制，不利于科技的发展与创新。所该阶段的市场准入相对处于静态，缺乏动态性，不利于对新兴企业的灵活管理和激发创新型企业进入市场，这就需要政府进行制度创新。

---

① 自由设立主义是最早的企业设立原则，意指政府对企业的设立不施加任何干预，企业的设立完全依设立者的主观意愿进行。特许设立主义是指企业须经特别立法方可设立。核准主义，指企业的设立需经过政府行政机关的审批许可，然后再经政府登记机关登记注册方可设立，登记机关在登记注册时，要进行形式审查和实质审查。准则主义，是指法律规定企业设立要件（分形式要件和实质要件），企业只要符合这些要件，经登记机关依法登记即可成立，而无须政府行政机关的事先审批或核准，登记机关的审查责任则主要是形式审查。

② 方汉明：《论中国向社会主义市场经济过渡时期政府、市场与企业的关系》，《复旦学报》（社会科学版）1994年第6期。

2. 完善阶段

在社会主义市场经济体制建设和完善阶段，市场准入制度的演进可分为以下几个阶段。20世纪80年代后期到90年代中期，社会主义市场经济体制确立时期；20世纪90年代中期到2012年，市场准入管理制度进一步完善时期；2013年至今，新一轮市场准入管理制度改革全面展开时期。

20世纪80年代后期到90年代中期，社会主义市场经济体制确立时期，亦是企业法人制度确立时期。这一时期演进程序总体为先确定企业准入条件及特征，确立企业法人资格，后改变准入登记方式，从营业登记向企业法人登记转变，在企业确定进入条件和方式之后，从法律层面对企业法人资格做出更科学的规定，赋予企业法人相应的权利与义务，并与企业组织形式相关联。所以，此阶段为市场准入的转型摸索阶段，为之后市场准入制度变迁设定了基本框架。在此阶段的几个重要转变为：

第一，1993年《公司法》实施，标志着与社会主义市场经济体制相适应的市场准入制度初步形成。作为市场准入制度的核心内容，《公司法》的意义在于：确立了真正的法人机制。它明确了市场主体，能够独立支配公司财产，能够独立地承担民事责任也是财产责任，是对企业基本特征的确定；确立了市场主体之间的平等原则，即公司按责任进行划分，分为国有和股份有限公司，与股东性质和所有制没有直接关系；确认了股权的概念，且股权可以转让，从而为按市场机制实现资源配置最优化提供了可能；对市场主体的行为、内部制度、管理机构进行了规范，如董事会、监事会设立。《公司法》是在计划经济大一统之后对企业进行初步的分类，以及企业涉及的内部设置和企业设立、破产等流程设置。①

第二，《企业法人登记条例管理条例》等系列政策的颁布，逐步打破原有计划经济体制下的严格管控型的市场准入管理模式。1988年，国务院颁布《关于投资管理体制的近期改革方案》，第一次系统地提出了投资体制改革的基本任务和改革措施。同年《企业法人登记管理条例》颁布

---

① 王菊芳：《试论我国市场准入制度的发展现状与改革取向》，内蒙古大学，2006年。

并实施,该条例对企业的开业、变更、注销登记等程序做出详细规定,并且首次对事业单位、科技性的社会团体从事经营活动进行登记管理,并设立公示和证照管理以及后期监督。此外,《中外合作经营企业法》和《私营企业暂行条例》的颁布,标志着中国企业准入登记从营业登记向企业法人登记转变。1992年,以党的十四大提出建立社会主义市场经济体制为开端,原有计划经济体制下的严格管控型的市场准入管理模式开始被打破。

第三,1994年《公司登记管理条例》颁布,将组织形式与企业法人确立相关联,标志着市场准入管理制度基本确立。该条例与先前的《企业法人登记管理条例》相比,在以下三个方面作了较大的变动:将注册资金制改为注册资本制,以与现代企业制度的基本组织形式——公司制度接轨;取消从业人数等不必要且不易确定的登记事项;增加公司股东或发起人的登记事项,明确公司的法律关系,从而将公司的组织形式与取得企业法人资格程序结合起来,使中国的企业法人登记制度更加趋向科学、合理。尤为重要的是,该条例对企业法人的权利与义务作了更科学的规定,即投资者可以自主选择所投资企业的组织形式,由法律来规定其组织形式是否具有企业法人资格,而不是先行确定是否需要具有企业法人资格,再确定组织形式。[①] 此阶段表现为市场准入许可主义,即政府通过组织形式来确定企业是否进入市场,政府准许进入方式是后来市场准入制度改革的主要侧重点,由此市场准入管理制度基本确立。

20世纪90年代中期到2012年,市场准入管理制度进一步完善时期。这一时期,为适应加入WTO和与国际标准接轨的要求,中国新制定了大量法律法规,并废止了一些制约市场发展的政策法规,开始逐步统一市场准入标准。2003年8月,中国颁布实施《行政许可法》,确立了以形式审查为主的市场审查制度。对申请材料齐全、符合法定形式的,要求当场登记,体现了准则制的要求。2004年,《国务院关于投资体制改革的决定》印发,提出了深化投资体制改革的指导思想、目标和具体措施,重新明确了审批、备案、核准三种主要投资管理方式的使用范围。2005年

[①] 盛世豪:《试论我国市场准入制度的现状与改革取向》,《中共浙江省委党校学报》2001年第3期。

新修订的《公司法》，取消了股份有限公司的设立审批、降低了公司注册资本、放宽了出资方式、首次允许设立一人公司，实现了从审批制与准则制并存向准则制的转变，适应了市场经济体制的要求。之后经过10年多的努力，中国"市场引导投资、企业自主决策、银行独立审贷、融资方式多样、中介服务规范、宏观调控有效"的新型投资管理体制初步建立起来，并在实践中不断完善。这一时期在对国内与企业的设立与登记管理基础上，扩大市场准入涉及范围，从宏观层面进行改革，对企业投资管理方式进行了规范。

2013年至今，新一轮市场准入管理制度改革全面展开时期，逐渐开启负面清单时代。2013年，党的十八届三中全会为深入推进市场准入管理制度改革勾画了新的蓝图，明确了新的任务。《决定》提出要紧紧围绕使市场在资源配置中起决定性作用深化经济体制改革，大幅减少政府对资源的直接配置；要"深化投资体制改革，确立企业投资主体地位"；"实行统一的市场准入制度，在制定负面清单基础上，各类市场主体可依法平等进入清单之外领域。探索对外商投资实行准入前国民待遇加负面清单的管理模式"，由此，通过制定负面清单改革市场准入管理制度的思路得以明确，也成为未来改变的主要方向。

总结而言，在社会主义市场经济建立和完善阶段，中国市场准入管理制度更加开放、透明、公平，三类主体管理格局已经形成。[①] 虽然中国已经开始通过改革减少政府对市场的直接干预，但在实际运行中，改革效果并不尽如人意，仍然存在较多问题，直接或间接地限制了市场活力的发挥。完善阶段，仍主要有以下几点问题。

一是市场准入门槛整体过高。近年来工商登记制度改革和行政审批制度改革在一定程度上释放了市场主体活力，但与市场经济成熟的国家相比较、与市场主体强烈的发展需求相比，中国的市场准入门槛仍然较高。中国市场进入制度立法以行政许可为主，使得行政主体有较大的自由裁量权，倾向于设立较高的准入标准和条件，进而影响市场主体进入市场的活跃度和速度。这也产生一定的"天花板"和"玻璃门"效应。

---

① 郭冠男、李晓琳：《市场准入负面清单管理制度与路径选择：一个总体框架》，《中国经济转型》2015年第7期。

所以政府降低企业进入市场的条件，将有利于市场主体积极进入市场，增加市场主体的活跃度和提高市场竞争水平。①

二是涉及市场准入管理的法律法规庞杂。法律制度是大系统，他们之间互相影响、互相制约，各个系统之间也有千丝万缕的联系。因此任何一个系统的问题都不是孤立的，而是与整个系统的问题有关，市场准入制度亦是如此。市场准入制度包括相关的法律、法规等，彼此之间分开制定，在一定程度上存在彼此制约或矛盾等。现行的企业登记立法比较分散，不仅妨碍了企业登记制度系统体系的构建，也不利于对经济活动主体进行监督与管理，②针对企业、合伙登记的法规有《公司登记管理条例》《合伙企业登记管理办法》，从规则登记的法律文件来看，有企业法人登记的一般性法律文件《企业法人登记条例》；另外，还有从登记中的某一环节着眼进行规制的，如《企业名称登记管理规定》《企业法人登记管理条例》等。不同法律文件的内容既存在相互重叠的弊端，又有疏漏的法律"空白"和"盲点"。③此外，中国市场准入领域法制整体还不够健全，法治观念尚未深入人心，存在各种非法经营的企业，这不仅是企业法治观念缺少，也体现了政府的监管不到位。

三是市场准入管理体系复杂。市场进入审批涉及多个部门，各自负责不同的内容，由于信息的不对称，企业在办理审批程序时经常遇到部门间审批存在重叠、交叉或其他矛盾，使办理人在部门间往来数次，审批程序复杂、冗长，耗费时间等问题，这是政府市场管理体系的复杂和部门间职责不清等原因所致。虽然，随着网络的发展，电子政府成为解决的一种方法，各地政府也在极力开展网上审批、搭建一站式服务平台等。但由于现今虚拟化的电子政务发展还未能实现全面覆盖，而且存在关键流程无法网络化等问题，这就需要政府弥补网络程序中难以进行网上审批的关键环节的管理和监控。而政府的监督管理方式也存在缺陷，地方保护主义时有发生。政府对于市场准入的管理方式现阶段多为事前

---

① 李军彦：《建立负面清单　放开市场准入——解读〈关于实行市场准入负面清单制度的意见〉》，《中国城乡金融报》2015年12月21日。
② 于晓芳：《我国市场准入制度之法律问题思考》，中国社会科学院，2013年。
③ 盛世豪：《试论我国市场准入制度的现状与改革取向》，《中共浙江省委党校学报》2001年第3期。

管控，对事中、事后的监管不足。①

四是行政干预仍然过多。管理手段较依赖于准入前的审批，有的部门甚至将事前审批当作调控市场的唯一抓手，花大力量对具体事务进行审批，扮演"全能型政府"的角色，导致了审批制使用范围的泛化。对于市场主体而言，企业取得市场准入资格，有的需要经过上百项的政府事前审批，对同一事项的多头审批和重复审批等弊端突出。这样不仅为市场主体设置了障碍，制约了市场发挥资源配置的决定性作用，同时也降低了行政效率，不利于更好地发挥政府作用。

综上所述，就整个市场准入制度演进而言，其演变特征主要表现为：政府逐步减少对资源的直接配置；企业的自主权利逐渐扩大；市场准入制度演进朝着能更好地激发市场活力和引进更多优秀企业方向发展；政府市场准入的管理范围逐渐减少，开始从事前监督转为事中和事后监督；市场准入的演进主要表现为政府对行政审批制度项目的减少和一些项目的修改与删除；从采取以级别管辖和属地管辖为原则的纵向分散登记体制，将转变为全国统一市场准入负面清单。

二　国外市场准入制度演化及启示

中国市场经济起步晚，存在诸多尚需完善的地方，而总结国外相对成熟的市场准入制度的做法和经验，可以为中国市场准入制度的实施提供借鉴之处。但中国具有自身特定的历史传统和中国特色的政治制度，再加上中国生产力尚不发达，在学习国外先进经验的同时，也应注意"为我所用"，不照搬照抄他国模式。

（一）美国的市场准入制度

1. 美国市场准入制度的发展阶段

美国现行的市场准入制度的形成和完善大致经历了三个阶段。

第一阶段为传统市场自由准入阶段，大致从美国建国到19世纪末。

---

① 《刘玉亭撰文谈关于宽进严管"严管"的几个问题》，《中国工商报》，http：//www.saic.gov.cn/ywdt/ldhd/jhyls/xxb/201403/t20140303_142648.html。

美国作为一个移民国家,早在 19 世纪末期就参照其原殖民宗主国英国实行注册审批制度,初步建立了市场准入制度。在主体的准入条件方面极其宽松,只要是美国公民,有一定开办资金,就可以申办企业。[①] 在对外贸易方面,也基本采取完全自由放任的市场准入原则。因为当时处于自由资本主义阶段,法制也不尽完善,所以企业经营什么的都有,政府也缺乏分类管理。这一时期申办的企业,多数是以家族姻亲为主体,合伙出资办公司,规模小,资金少,经营范围狭窄,经济效益不好,破产或被兼并的企业随时都会出现。[②]

第二阶段为垄断与反垄断阶段(或严格控制准入阶段),大约从 20 世纪初到 20 世纪 30 年代。19 世纪后半期开始的工业化时代,美国从一个地方性的分散的农业经济国家转变为一个迅速膨胀的工业化国家,企业规模不断扩大,经济力量通过合股、合伙、托拉斯、合并等方式不断集中。[③] 这一时期,在石油、钢铁、亚麻子油、制酒、火柴、烟草、橡胶等领域,托拉斯组织纷纷成立。托拉斯组织的高度垄断,进一步威胁着中小企业的生存,引起了公众的反感和恐惧。迫于公众压力,美国国会于 1980 年通过了谢尔曼反托拉斯法——美国反托拉斯法律中第一部也是最基本的法律。之后,1914 年保护小工商业者的《克莱顿法》出台。在制定反垄断法的同时,也改变对公司注册的规定,由过去审批设立改为申请设立,由过去不区分经营范围的粗放管理过渡到按行业设置经营范围。[④] 这一时期,美国的市场准入制度属于严格控制型,但值得注意的是,它所控制的主要是境外主体和交易对象的准入,其目的是保护国内产业。[⑤]

第三阶段为现代市场自由准入阶段,从 20 世纪 30 年代持续至今。1933 年,罗斯福当选总统后,实行了"新政"。其中最重要的举措之一就是促使国会通过《相互贸易协定法案》,在国际上推行自由贸易政策。根据这种政策,美国在境外市场准入方面采取了主动减让关税,修改国内

---

① 郑琦霞:《特殊市场准入制度研究》,宁波大学,2010 年。
② 张新明:《美国市场准入制度研究与借鉴》,《经济纵横》1997 年第 11 期。
③ 郭跃:《美国反垄断法价值取向的历史演变》,《美国研究》2005 年第 1 期。
④ 张新明:《美国市场准入制度研究与借鉴》,《经济纵横》1997 年第 11 期。
⑤ 侯茜:《中国市场准入制度法律问题研究》,重庆大学,2003 年。

立法，开放国内各产业市场，然后反过来要求其他国家给予相应的待遇。① 第二次世界大战后，美国继续恢复经济，迫于转轨和就业的双重压力，又不得不把发展中小企业提到议事日程上来。于是，在1953年正式提出了市场自由准入概念，对传统的企业申请设立制度进行完善。实行市场自由准入后，取消了对经营范围和注册资金的限制。② 这种现代市场准入制度一直持续到今天。

在世界上所有国家当中，美国较早的采用了负面清单管理模式，在与日本签订的《友好通商航海条约》中，就规定了双方都应该在一定条件下适当给予另一方享有国民待遇的权利，但是有一些行业必须排除在外，例如，银行、水运、空运、造船、公用事业等。因此这里提到的"银行、水运、空运、造船、公用事业等"就可以被看作是最早的负面清单的形式。第二次世界大战之后，美国逐渐扩大使用负面清单的范围，在同其他国家签署贸易航海条约当中都使用了该项措施，到了20世纪末，负面清单管理模式不断完善，美国开始与其他国家分别签署双边投资协定BIT条约，在BIT条约中都会把禁止行列通过附件的形式表示出来，便形成了真正意义上的负面清单。从20世纪80年代起，美国根据BIT范本进行多次修改，使负面清单更加全面。美国在其签订的各类协定中积极引入准入前国民待遇＋负面清单模式，例如美国—保加利亚BIT、美国—阿根廷BIT等，美国作为世界自由贸易的倡导者，还把负面清单管理模式在他的区域性多边贸易组织当中不断推广，例如，《北美自由贸易协定》、《跨大西洋贸易和投资伙伴关系》（TTIP）、《跨太平洋战略经济伙伴协定》（TPP）等，这些都有力地推动了世界贸易自由化和投资自由化的进程。

为了让谈判双方有选择或保留的空间，确保东道国对本国经济必要的管理控制权，美国近年来在双边投资条约和自由贸易协定的缔约实践中，通过"不符措施"条款，允许缔约双方在协商一致的情况下，通过附件清单方式，列明缔约各方采取或维持与市场准入条约义务不符的措施，同时允许这些措施延续或即时更新或在不扩大不符程度的范围内予

---

① 同上。
② 张新明：《美国市场准入制度考察》，《中国工商管理研究》1997年第12期。

以修订。以美国晚近的相关条约文本为例,"不符措施"的附件清单通常由清单一、二、三组成,每个附件清单又由说明性文本和缔约国各自的清单条目组成。附件一是现有不符措施清单,包括所有在协定生效后东道国希望保留的不符措施。附件二是未来可以实行新的限制性措施的产业部门和活动,不论目前不符措施是否存在于这些部门和活动中。附件三专门针对金融服务部门,可仅包括现存措施,亦可包含未来采取的不符措施。[①]

美式负面清单虽然给人的感觉是外国公司可以投资清单以外的任何行业,但在具体操作中,美国的安全审查可阻止特定的外资并购交易。美国对外资的安全影响最为敏感,1988年美国国会通过了埃克森—费罗里奥修正案,授权总统在证据可信的情况下"中止或禁止在美国发生的任何被认定会威胁美国国家安全的外国并购、收购或接管业务"。1993年通过的《伯德修正案》规定,任何被外国政府控制或者代表外国政府利益的实体并购行为,都必须接受总统或总统指定机构的强制安全审查。在安全审查方面,美国模板提出,缔约方有权采取其认为必要的措施来维护安全利益。美国对广播、电信、能源开采等行业实施直接或间接限制,并在负面清单中明确禁止外国资本进入国内航空运输、核能生产与利用、内河航运等部分行业。[②]

2. 美国市场准入制度的特点

第一,市场准入制度的目的是为国家经济发展服务。美国实行自由的市场准入制度对美国整体经济发展有利,同时微观层面采取灵活而模糊的标准。企业登记管理制度充分体现政府根据发展市场经济的要求,鼓励人们参与经济活动的总体导向。政府积极创造条件,提供方便,让每个公民都有机会去创业,不设置种种障碍。企业登记的目的只是进行税收管理,为政府宏观决策提供依据,以及增强企业依法经营意识,维护正常的社会经济秩序。

第二,实行"大部放开,少数管住",开办企业条件宽松,企业登记

---

① 钱晓萍:《"少数民族事务"市场准入国际条约"负面清单"规则研究——以美国晚近的缔约实践为对象》,《中央民族大学学报》(哲学社会科学版) 2015 第 1 期。
② 郝红梅:《负面清单管理模式的国际经验比较与发展趋势》,《对外经贸实务》 2016 第 2 期。

手续简便。首先，美国企业开办的法律规定必须注明的项目很少，只有开办企业必须具备、政府必须掌握的重要项目才进行审查和注明。其次，美国政府对多数企业的开办条件没有过多要求，但对少数涉及公众利益的行业和品种，审查较为严格，比如，开办房地产、餐饮、食品等企业，要经过有关部门的严格审查，才可得到一个特种行业号。最后，在企业登记中，政府对企业的登记注册实行书面式审查制度，对企业的申请材料只要符合法律规定，就进行总体认定，一般不进行现场勘察。因此，在美国开办企业，领取执照是一件比较容易的事情，比如，美国允许设"一人公司"，也允许设立"一美元"公司，即对开办投资主体的人数和注册资本金几乎没有要求，成立的程序极其简单，一般公司填写表格项目完整，花50美元注册费即可在30天之内领到营业执照。[1]

第三，国际市场准入方面，美国负面清单的透明度相对较高。美国要求相关部门必须完全的公开所有的信息。而且美国在提高负面清单透明度方面，也一直走在世界前列，例如，2012年版的范本在透明化方面比2004年版的范本更进一步，要求进一步加大信息透明化，公文做到全部公开，如果有相关的调整和更改，必须要及时地传达和通知。[2] 在美国的影响下，很多国家的负面清单透明度也越来越高，我们国家随着2013年实施负面清单管理模式以来也在不断地修订和修改，正朝着高透明度的方向不断发展。[3]

3. 启示

从美国市场准入制度的发展阶段和实践中可以得到以下启示。

第一，市场准入要宽严相济。要围绕发展市场经济的总体要求，借鉴美国政府的做法，并根据有关法律规定，在支持和促进企业发展上，尤其是集体企业、乡镇等中小型企业，以及私营企业、个体工商户，要采取"入口宽松，后发严格"的管理政策，用法律划一个大圈子，在圈子内活动是自由的，走到圈子外边则不允许，并依据法律法规进行制裁。

---

[1] 张新明：《美国市场准入制度研究与借鉴》，《经济纵横》1997年第11期。

[2] 崔凡：《中国高水平投资自由化谈判模式的确定及其深远影响》，《国际贸易》2013第8期。

[3] 谭文君：《负面清单管理模式对我国服务贸易竞争力的影响研究》，对外经济贸易大学，2018。

但对那些涉及国家垄断、社会治安和人民健康的行业和项目，要认真审查经营条件和资质；对股份公司、企业集团等法律关系比较复杂的企业组织形式，相对集中管理力量，增强管理力度。

第二，创造公平公开的环境。公平公开的市场环境是市场经济发展的内在要求，是企业强化竞争的机制，实现优胜劣汰的前提条件，也是政府对宏观经济管理的主要职责，美国在这方面有其独到的做法。我们应改变过去由于企业所有制不同、企业组织形式不同、隶属关系不同而在登记注册中形成不平等的做法，对各类企业在开办条件、登记程序、核准事项上给予平等待遇。从企业设立开始，努力为其创造公平、公正、公开的竞争条件，使企业在同一起跑线上开展竞争活动。

第三，健全企业登记管理办法。美国法律为联邦法和州法并行，由联邦、州、郡、市四级法律组成。企业登记管理的法律完备，法律体系也比较健全，企业从产生到消亡的整个过程都有法律进行调整。企业开办虽然比较容易，但开办后，国家通过法律对其进行监督管理，一旦触犯法律，国家依法进行制裁，从而保证了整个经济活动的有序进行。

第四，加强对特殊商品的监管。美国的商品流通体制比较健全，而且流通环节比较少，有许多方面值得我们学习和借鉴。要加强政府对流通领域的直接或间接干预，特别是对重要商品的流通，如重要生产资料、食品、药品等，制定具有普遍性的规定，从严打击假冒伪劣行为，从而加强对重要商品和行业的监管与调控。[①]

(二) 英国的市场准入制度

1. 英国市场准入制度的发展进程

英国属于典型的英美法系国家，其市场准入体系的基础是健全的个人信用体系。英国的公司署负责对企业注册登记的管理和法律最终解释，其主要职责包括：市场准入方面法律法规制定的建议和执行；全国公司成立的登记注册，以及公司变更、注销；全国公司运行的监督管理等。其在英国市场准入管理中的地位，相当于中国的市场监管总局。其特殊市场领域的准入流程为，先在公司署登记注册，取得营业执照之后，到

---

① 张新明：《美国市场准入制度研究与借鉴》，《经济纵横》1997年第11期。

所属地政府的专门职能部门进行专项审批（如医药卫生部门、农业部门、环境保护部门），取得专项审批之后则企业完成准入过程。

此外，英国还是公司越权无效原则的发源地。① 这一原则大致可以总结为以下："公司为一种营利性的社会法人组织，必须以其组织章程为基础，在组织章程所规定的经营范围内开展经济或经营活动；公司超越其组织章程，从事其经营范围以外的活动，其行为越权；对于这种越权，法律赋予其无效的后果。"随着市场经济和法人制度的不断完善，公司目的"越权无效"原则的弊端日渐明显：其一是将法人的经营活动严格局限于特定范围之内，严重制约了法人谋求自身发展的生机和活力，法人面对稍纵即逝的商机，难越雷池一步。其二是交易安全无保障。其三是导致法律规避行为大量出现，交易成本大为增加。为此，英国逐渐改变了对经营目的的限制。到了现代，英国终于在立法上出现松动，使"越权无效原则"呈现全面衰落之势。特别是1972年《欧洲共同体法》颁布以来，受该法影响，越权原则发源地的英国在《欧共体公司法第一指令》的压力下，将1985年修正案第108条第35节改作"公司的能力不受公司章程的限制"。②

2. 英国市场准入制度的特点

英国在市场准入制度所呈现的特点，特别是市场主体方面主要有如下几点：第一，市场准入制度程序规范、统一、便捷。英国开发了全国统一的登记业务软件系统，建立了全国统一的数据库，各种企业形式的设立无须经任何部门的批准，且设立程序非常简单，可通过网络、信函等多种方式进行登记，所需费用低廉，英国的管理部门对企业的资格、条件没有特殊要求。

第二，公司设立、变更、注销手续简便。公司设立，只需办理三项文件，一是提供公司备忘录；二是提供股东、董事、秘书情况，填写统一的表格；三是提供一个登记地址和经查询无重名的名称。公司登记注册仅记录公司的名称、投资人、注册地址、申报资金（无须验资）、将从

---

① 朱广新：《法定代表人的越权代表行为》，《中外法学》2012年第3期。
② 郑勇明：《完善我国市场主体法律制度的思考——关于中国与英国市场主体法律制度的比较研究》，《中国工商管理研究》2004年第10期。

事的行业，登记一个全国统一的注册号。关于公司设立的专项行政审批，全部实行事后审批，其目的是鼓励投资创业。如设立医药制品公司，先在公司署登记注册，取得营业执照后，再到所在地政府部门审批，取得法定的专项审批后，才可以生产。① 公司变更营业执照内容或董事、秘书，须在规定时间内告知公司署，填报统一的表格。公司注销，一般由公司向公司署说明，公司署发给其注销证明；注销须在报纸上公告；债券、债务由公司自己负责。

第三，对外国投资基本没有限制。英国积极倡导自由贸易，对服务贸易和货物贸易的管理基本放开，除个别行业（如军事、高科技等敏感产品和设备等）的生产外，政府不干涉企业的对外经济贸易行为，企业在经营品种、项目、资金金额、投资方向等方面基本上没有限制，外国公司及个人都可以在英国注册并参与竞争。②

第四，强化企业信用监管，行业协会参与规范市场行为和秩序。英国信用服务全部由私营机构提供，政府在企业信用体系中仅进行信用管理立法，并监督执行。③ 英国政府在有限政府理念的职能和权力缩减影响下，将市场监管的部分职能交给行业自律组织，如英国银行协会，它是英银行业的主要代表协会，制订一套银行业市场标准，包括会计准则、如何防止犯罪行为，有关法律规定的解释等，是其会员及英国银行业其他机构的行为准则。④

3. 启示

第一，英国政府的市场干预程度低，注重对市场主体的事后监管。英国政府采取经济上的自由主义，对经济活动干预少，仅承担"守夜人"的角色。虽然第二次世界大战后凯恩斯主义对英国经济发展产生了比较大的影响，国家对经济的宏观调控呈现出增强的趋势，政府在较大的范

---

① 赵韵玲、刘智勇：《市场主体准入制度改革研究》，中国人民大学出版社2010年版。
② 郑勇明：《完善我国市场主体法律制度的思考——关于中国与英国市场主体法律制度的比较研究》，《中国工商管理研究》2004年第10期。
③ 《对英国市场主体准入与监管制度的学习与思考》（上），《工商行政管理》2015年第10期。
④ 郑勇明：《完善我国市场主体法律制度的思考——关于中国与英国市场主体法律制度的比较研究》，《中国工商管理研究》2004年第10期。

围介入经济生活并对经济活动进行干预和调节,但与德、日等国家相比,英国政府对经济的宏观调节成分比较小,干预的程度要低得多,一般说来,只要是市场本身能够解决的事,政府都不介入。英国坚持从本国实际出发,制定符合本国国情、具有本国特色又与国际惯例接轨的企业登记注册制度,设置了权威且集中的登记注册机构,市场准入门槛低,企业登记也更加方便。但是,英国市场主体准入的快捷,并不意味着放松监管。根据英国公司法,公司成立后必须定期向公司注册机构提交年度申报表、年度账目、抵押、公司变更等资料;同时,政府经常主动了解企业,一旦发现企业违法违规,则需严厉处罚。

第二,充分发挥行业自律组织作用。英国行业自律组织发展比较健全,已成为权威性社会中介机构,一方面,在监管和规范市场行为中发挥着不可忽视的作用,另一方面,这些自律组织与政府联系密切,对政府政策措施有很强的影响力。

(三)欧盟的市场准入制度

欧盟的前身为欧共体,其宗旨在于通过建立无内部边界的空间,加强经济、社会的协调发展和建立最终实行统一货币的经济货币联盟,促进成员国经济和社会的均衡发展。1993 年 11 月 1 日起,欧共体改名为欧洲联盟。欧盟是一个由多个欧洲国家组成的国际组织,它的立法与一个主权国家的立法有本质上的区别。所以欧盟的市场准入制度主要通过其内部通行的公约、通告、条例、判例来表现。在欧盟国家内部,各国政府为了充分保护消费者的利益和社会整体的安定,一是制定了相当严格的产品责任法,二是在市场准入方面,既给予企业多重选择的权利,又从严处理市场监管中发现的问题。[①]

1. 欧盟市场准入制度的发展进程

1986 年以前,欧盟对进入欧盟市场的每一类产品均制定详细的指令(即技术法规)。由于产品类别繁多,需要制定的指令过多,加之每个指令制定周期过长,已无法满足建立欧洲统一大市场的政治需要。1986 年,

---

[①] 王翰铭:《欧盟市场准入机制初探——关于强化我国市场准入工作的思考》,WTO/TBT 论坛。

欧盟决定制定新的方法指令以取代过去的产品指令，作为欧盟实施市场准入的法律依据。1993年7月22日，欧共体理事会出台"关于经协调的技术指令合格评定程序在不同阶段使用的各种模式及加附与使用CE标志规则的决定"，CE标志宣告产品符合安全、卫生、环保和消费者保护等一系列欧洲指令的要求，是产品通向欧盟市场的通行证。

在欧洲，各国政府为了充分保护消费者的利益和社会整体的安定，在市场准入方面，欧盟通常按照产品在使用过程中可能发生伤害、直接影响人身安全的风险大小将产品分为两大类：自由类产品和强制监管的产品，并提供企业自检、第三方自愿确认和第三方强制性确认三种途径让制造商将其制造的合格产品投放市场和投入使用。①

欧盟国家商签投保协定历史早、数量多、影响大，28个成员国共对外签署了近1200个投资保护协定，约占全球现存有效投资保护协定的半壁江山。伴随国际形势变化与新一轮国际投资规则的重塑，近年来"欧式"投资保护协定逐步显现出"美式"投资保护协定特征，即由正面清单过渡到负面清单。2009年之前，这些协定基本未涉及投资准入与准入前国民待遇问题，因此多采用正面清单模式。如欧韩自由贸易协定与美韩自由贸易协定截然不同，欧韩自由贸易协定采用"正面清单"，而非"负面清单"模式。根据欧盟统计资料显示，在所有欧盟签署的自由贸易协定中，欧韩自由贸易协定服务贸易涉及面最为宽广，几乎涵盖美韩自由贸易协定涉及的所有领域，韩国给予欧盟服务提供者近乎美国服务提供者相同的市场准入待遇。2009年《里斯本条约》是欧洲一体化进程的里程碑，其生效意味着欧盟取得对外缔结国际投资协定的专属权。此后，欧盟致力于推进对外商签署涵盖投资保护和投资准入的双边或多边投资协定进程。2012年4月，欧盟与美国联合发表关于国际投资的"七条原则"，强调各国政府要给予外国投资者充分的市场准入及准入前和准入后国民待遇。这标志着欧盟投资管理体制改革又向前迈出一步，准入前国民待遇将成为欧盟签署国际投资协定时所遵循的重要原则。2013年10月，负面清单外资管理模式在欧盟与加拿大签署的"全面经济贸易协定"（CETA）中已有所体现，并且"准入前国民待遇＋负面清单"外资管理

---

① 王海东：《从欧盟技术法规看其市场准入制度》，《监管与选择》2002年第5期。

模式有望成为加速中欧双边投资协定（BIT）谈判的推手。① 由此可见，欧盟外资管理模式已逐步实现由正面清单向负面清单的跨越。

2. 欧盟市场准入制度的内容和特点

欧盟的市场准入制度实际上包括几个部分：一是企业自律，也可以叫企业自我声明。即对安全性较好的产品，政府放松对其监管，企业只要进行自我声明后均可进入市场，但是一旦发现问题，处罚将是非常严厉的；二是市场自我调节。对安全性较好的产品，企业可以自己检验，也可以委托技术机构检验。技术机构有很多，检验的成本也不同。经过技术机构检验，企业可以在其产品上加贴 CE 标志的同时，声明通过某技术机构的验证。技术机构的验证水平不同，社会信誉也不同，企业得到水平高、信誉好的技术机构的验证后，容易得到消费者、用户和监管者的认可；三是政府部门的依法监管。对于与安全健康密切相关的产品，政府要从严监管，甚至对进入市场的每一件产品。② 在欧盟市场上，产品必须使用统一的 CE 合格标志，欧盟国家以此作为市场准入机制广泛运用的宏观管理手段。所有的新产品、从第三国进口的用过的以及二手产品、进行过实质性修改的产品，都必须加附 CE 标志，才可进入市场。③

3. 启示

第一，市场准入制度注重公共利益与安全。欧盟从成员国共同的利益出发考虑市场准入制度安排，既要顾及欧盟内各市场主体的经济效益，也要顾及欧盟广大消费者的公共利益和安全。虽然各成员国经济发展水平有较大的差异，但在欧盟的协调下，最终都采取了较自由的市场准入制度，在欧盟内部基本实现了商品、劳务的自由流动。

第二，欧盟建立统一的市场，注重准入标准的制定。为了实现内部商品、人员、劳务、资本的自由流动，消除内部贸易壁垒，欧盟取消了各国各自使用的不同标准，制定了多个统一的标准，主要集中在交易对象的准入标准上。欧盟采用新方法指令，提出指导原则和合格评定方案，

---

① 陆振华：《中欧投资协定谈判：欧盟主张负面清单方式＋国民待遇原则》，《21 世纪经济报道》2013 年第 4 期。

② 王海东：《从欧盟技术法规看其市场准入制度》，《监管与选择》2002 年第 5 期。

③ 王翰铭：《欧盟市场准入机制初探——关于强化我国市场准入工作的思考》，WTO/TBT 论坛。

建立产品安全法律体系，制定机构及实验室认可体系，实行统一的技术标准和强有力的市场监督，且成员国之间相互承认。比如，欧盟工业品市场准入体系由技术法规、技术标准和产品认证制度三部分组成。在产品的认证问题上，根据欧盟的法令，凡列入欧盟新方法指令使用范围的工业产品必须由制造商在产品上附加合格标志后，方能进入欧盟市场，并允许在欧盟各国流通。因此，标志被称为产品进入欧盟市场的通行证。而主体的准入问题却主要留给各成员国规范。

第三，欧盟内部建立自由统一市场，对外则采用有限度的自由准入标准。早在欧共体成立之初，就明确地提出，其目的在于建立一个欧洲统一市场，实现欧洲经济一体化。而1993年欧盟的宗旨则进一步明确要向欧洲经济、政治同盟发展，最终实现欧洲统一的宏伟目标。目前，欧盟已经制定了一个统一的单一市场，通过标准化的法律制度，其中适用于所有会员国、保证人、货物、服务和资本的迁徙自由。但是，欧盟奉行的是有限度的自由主义市场准入制度。与欧盟内部的自由市场准入相比较，面对美国、日本，甚至中国，欧盟持审慎的态度，表现在具体的市场准入制度上，欧盟虽然也适用较低的关税标准，但非关税措施更为苛刻；在对待欧盟外商品、劳务进入欧盟市场的问题上，欧盟采取的是保护主义做法和较严格的市场准入标准。[1]

（四）日本的市场准入制度

1. 日本市场准入制度的发展进程

日本的市场准入制度大致经历了两个阶段。第一阶段是在20世纪80年代之前，日本实行了广泛的规制，并由政府部门实施对市场的规制，中央各部兼具主办者和规制者的双重身份；而掌握实际权力的政府官僚也兼具规制政策的制定者和实施者的双重身份，集中掌握着政府规制的权力。政府通过灵活、非正式的"行政指导"方式来发放各种许可和执照，对需要支持的部门有选择地配置信贷，并向各产业传播信息，促进产业间的研究合作。政府的这种非正式的"行政指导"中暗含着奖惩的可能性，即使它们并非与某种特定的奖励或威胁有着直接的联系。因此，

---

[1] 王菊芳：《试论我国市场准入制度的发展现状与改革取向》，内蒙古大学，2010年。

大部分的企业对政府的行政指导都会遵照执行。

第二阶段是 20 世纪 80 年代之后，日本政府对市场准入制度进行了规制改革，有学者称之为日本的"战略性加强"的规制改革阶段。在此阶段，日本政府强烈地倾向于重塑改革，实施战略性再规制。"战略性"指的是政府并没有为自由化而自由化，而是在某些特殊市场有选择地引入竞争，同时保证国内企业得以生存和繁荣，尽可能防止其崩溃。对于市场变化，日本政府仅是有选择地做出反应，只有在那些被他们确认了竞争是有益的领域，自由化才会开始实施。而"加强"则意味着日本政府并没有退出干预，而是通过对关键控制机制的加强来重新安排特殊的干预政策组合，重新组织干预手段。日本的规制改革虽经历了两个阶段，但是仍没有对官僚组织进行显著的重组或者对其进行权威分化，政府仍然保持集中型的规制权威。①

日本在近年来签订的双边投资条约与协定中也广泛采用负面清单模式，如 2002 年 3 月 22 日签署，2003 年正式生效的《日本国政府和大韩民国政府关于投资自由化、投资促进和投资保护协定》，日本与越南，日本与秘鲁双边投资协定均采用负面清单模式。日本在对外签订投资协定时通常结合自身特点（如经济发展阶段与产业结构等），确定对采取与补贴有关措施的保留，对外国人参与国有资产处置权的保留，基于互惠基础处理外资与土地所有权和租赁有关事项的保留，采取与维护、指定和取消公共垄断相关措施权利的保留。

具体来看，《日本国政府与大韩民国政府关于投资自由化、投资促进和投资保护协定》中负面清单行业列表涉及与农业、林业和渔业相关的第一产业，石油工业、矿业、供水和供水系统行业、铁路运输、水路运输、航空运输、电信行业等。这与《日本国和越南社会主义共和国关于投资自由化、投资促进和投资保护协定》中负面条款内容基本一致。

日本在外资准入方面也基本采用了负面清单的方式来表达对不符措施的保留。负面清单的具体内容都体现了日本在外资准入方面的灵活性和实际限制程度。② 除了与泰国签订的投资协定采用肯定列表的方式，日

---

① 郑琦霞：《特殊市场准入制度研究》，宁波大学，2010 年，第 22 页。
② 朱丽娜：《解密日本外资管理》，《国际市场》2014 年第 3 期。

本与别国签订的含有投资条款的协定中基本都采用了负面清单的模式。①负面清单的颁布机构一般有中央政府、郡省州政府和除郡省州之外的其他地方政府这三类。负面清单的内容包括两类。一类是现有措施清单，清单中的内容可以延期、变更和修改，但不允许纳入新的措施，不得增加现有措施的不符程度。第二种清单列举了特定的部门和事项，并允许采用新的不符措施。负面清单的变更、修改、添加要在实施之前尽到通知义务，紧急情况下也要尽快通知对方，并且有义务与对方国家进行磋商。日本对未来可加入负面清单的保留措施涉及航天工业、武器及爆炸物制造、渔业、能源产业、广播业、公共执法6项产业。这表明负面清单可以涵盖的内容比较宽泛，只要双方协商一致，除了暂时不能开放的领域，还可以将目前暂不存在的部门、特殊的投资体制等纳入负面清单作为保留项目。日本的负面清单主要集中在服务业。负面清单的内容按照部门划分为服务业、制造业、农林渔业、矿业和所有部门。其中服务业的不符措施占全部措施的72%。负面清单按照限制程度不同又可划分为履行行政程序、禁止准入、股权限制、有条件许可和其他5类，其中要求履行必要行政程序的占全部清单内容的52%，说明日本的负面清单对外资的限制以要求履行行政程序为主。虽然日本与各国的协定中保留措施大致相同，但是各国之间还是有一些差异。比如日本与马来西亚、文莱和印度等国的协定中，保留了采取与补贴有关的措施的权力，补贴的用途并没有明确指出，但日本与菲律宾、墨西哥的协定中明确指出该项保留仅限于研发补贴。这意味着日本在制作双边协定的负面清单时，考虑到了各国的经济特点与本国的利益。

2. 日本市场准入制度的内容和特点

日本政府在经济领域实施市场准入制度的过程中，实行的是宏观管理与微观管理相结合、准入与监管相结合、政府与社会力量相结合的管理办法，致力于创造良好的市场环境。

第一，宏观管理与微观管理相结合，制订行业发展规划，严把准入关。日本政府为维护市场秩序，防止过度竞争和重复建设，通常制定行

---

① 孙婵、肖湘:《负面清单制度的国际经验及其对上海自贸区的启示》，《重庆社会科学》2014年第5期。

业发展规划。对设立准入的行业和商品,日本实行严格的审批制度。如1973年制定的《关于调整大型零售商场零售活动的法律》规定,营业面积超过3000平方米的店铺需由经产省审批,营业面积在500—3000平方米的店铺须由地方政府审批。在设立大规模店铺时,其所有者及相关零售企业需向经产省提交报告,经产省召开审议会,听取各方意见后进行审议。

第二,准入与监管相结合,制定全程监管体系。在允许经营业主入市经营后,日本政府还采取了详细的监管措施,避免"重审批,轻监管"的问题。如日本政府高度重视对农产品供应领域的监管,主要做法包括:从生产环节入手,建立农产品产地追溯制度;通过加强流程管理,确保食品安全;推行农产品质量认证,建立农产品品牌信誉;建立质量检测体系,其建设费用由财政支付。再如,对日常消费品流通陆续实施流通追溯制度,建立商品流通查询系统。

第三,政府力量与社会力量相结合,充分发动社会力量。在日本,相关经济团体、协会、商会等民间组织从维护行业利益角度出发,协助监督企业的政策执行情况,对违规经营、危害行业利益的行为或是直接采取惩罚措施,或是上报有关执法机构予以取缔。商协会不仅规范企业行为,而且在制定行业标准、维护市场秩序、促进行业发展等方面,均发挥着具体监督落实的作用,帮助政府分忧解难。此外,在政策制定过程中,商协会也会从企业利益、行业发展角度提出修改、完善流通政策的建议和意见。[①]

3. 启示

一是重视法律体系的完善。日本相关法律涉及市场行为的方方面面,任何从事生产经营的活动都有其相应的法律规范要求,法律的刚性和可操作性强。二是重视市场主体素质的提高。日本成熟的市场经济体制以及注重抓源头的做法,促使市场主体普遍具有自觉守法经营、诚信经营的良好素质,生产环节自我规范管理意识强,流通环节很少发生侵害消费者权益等违法行为。三是健全监管机制。政府在依法履行监管职能,创造公平竞争市场环境的同时,注重强化企业的自我管理,发挥行

[①] 赵韵玲、刘智勇:《市场主体准入制度改革研究》,中国人民大学出版社2010年版。

业协会在促进行业发展和规范、维护市场经营秩序中的重要作用，发挥消费者和社会监督的作用，形成由政府监管、企业自管、行业自律、社会监督相结合的"四位一体"长效监管机制，有效保障市场经营秩序规范，维护市场主体和消费者的合法权益，促进了社会经济的健康发展。

（五）墨西哥的市场准入制度

1. 墨西哥市场准入制度的发展进程

墨西哥曾是一个被西班牙、美国等国殖民的国度，独立后又经历了长时间的内战和动乱，直到20世纪30年代中期，才结束内部冲突开始发展现代工业。第二次世界大战之后的墨西哥大力发展进口替代型经济，到80年代初，墨西哥已成为一个新兴工业化国家，1945—1980年，其国内生产总值年均增长率达6.7%，人均收入超过2500美元。

这一时期的高速发展与政府采取的市场准入制度有很大关系。其一，对国有企业的市场准入提供了极大的便利条件，对私有企业予以大量限制。特别是随着石油资源的大规模开发，利用国有企业发展石油工业部门，国家给予其大量优惠，使其在国际市场上能占一席之地。其二，采用内向型的产业政策。政府用高关税、进口许可证、外汇管制等措施严格限制境外产品进入本国市场。其三，通过大量的政府补贴鼓励进口。

但在1982年8月，墨西哥成为第一个宣布无力偿还外债的第三世界国家，由此引发了旷日持久的第三世界债务危机。此后，国内生产总值增长率急剧下跌至0.4%，通货膨胀率在1982年几乎达到100%。专家们普遍认为：这种保护原则下的市场准入制度已不适应时局的发展；以民族保护主义为主导的进口替代模式已走到尽头。因为，国有企业在保护政策下，效率低下、在国际市场上缺乏竞争力；国家干预经济过甚，制约了市场机制的作用，导致对石油工业部门依赖过于严重，经济部门发展不平衡，一旦面临国际石油市场的剧烈波动，国内市场就会受到极大冲击。在这种背景下，新自由主义经济改革势在必行。

1988年，墨西哥实施了新自由主义改革。改革的根本都涉及市场准入的问题。① 墨西哥是世界上签订自由贸易协定最多的国家之一，也是发展中国家最早与世界上两大贸易集团——北美自由贸易区和欧盟——签署自由贸易协定（FTA）的国家。迄今为止墨西哥已与美加（即 NAFTA，1992 年 12 月，以下均为协议签署日期）、哥伦比亚（1994 年 6 月）、欧盟（1997 年 12 月）、智利（1998 年 4 月）、以色列（2000 年 4 月）、欧洲自由贸易联盟（2000 年 11 月）、乌拉圭（2003 年 11 月）、日本（2004 年 9 月）、秘鲁（2011 年 4 月）、中美洲（2011 年 11 月）等国家和地区签署了自由贸易协定。通过向众多 FTA 伙伴开放市场和开展自由贸易，墨西哥的经济和贸易发展获得了巨大的推动力。同时，作为发展中国家，墨西哥也十分注重对本国重要产业的保护。在墨西哥对外签署的各个自由贸易协定中，均含有普遍性的例外和保障条款。此外，除与以色列达成的 FTA 外，墨西哥签署的其他协定均在附件中以负面清单形式对特定产业的现行不符措施、未来有权采取的保留措施以及国家层面保留的产业做出限定。

2. 墨西哥市场准入制度的内容和特点

1988 年实施的新自由主义改革涉及市场准入问题的主要包括以下几个方面。第一，转变政府职能，放松国家管制。为了积极发挥市场机制的作用，国家对国有企业实施了大规模的私有化运动。不仅制造业、矿业、农业、银行业、交通运输业、公路码头等公共设施都被涉及，而且速度极快，仅在 1989 年至 1992 年 5 月，私有化的收入就超过 195 亿美元，占国内生产总值的 6.3%。

第二，负面清单所涉原则广泛，措辞灵活，有过渡期安排。墨西哥在 NAFTA 中涉及的原则共有 6 种，分别为当地要求、国民待遇、市场准入、高管要求、业绩要求及最惠国待遇，其中以当地要求、国民待遇和市场准入三种原则的不符措施最多。墨西哥在签署 NAFTA 时措辞灵活，大量使用一些宽泛、不具体的语言表述，将更多可能的不符措施包括进来。例如，"保留采取或维护任何措施的权利"，这样的表述广泛用于 NAFTA 附件 2 中；"保留自行决定权"，NAFTA 附件 7 就大量使用了这样灵活的措辞，使得墨西哥在以后拥有更多的自由裁定权。另外，考虑到

---

① 侯茜：《中国市场准入制度法律问题研究》，重庆大学，2003 年。

墨西哥是北美自由贸易区唯一一个发展中成员，NAFTA 为墨西哥安排了适当的过渡期，以鼓励和保护墨西哥国内经济的发展。例如，在金融服务领域，对金融机构的设立和运行的限额规定到过渡期结束后才取消。这样的过渡期安排，能够让墨西哥处于比较劣势的产业有充分的时间进行调整和发展，逐渐适应国际竞争市场。①

第三，注重境内外一致性，安全性与适应性兼具。如墨西哥在北美自由贸易协定的负面清单中，对规章通知、公布等做出了极为严格的要求。其中，列明的每项不符措施条款，均有国内与之对应的相关法律、法规依据，包括《促进墨西哥投资和管理外国投资法》《石油化工法》和《外国投资和促进指导原则》等。并且，负面清单中详细说明保留措施所使用的国内法律条目。另外，由于美国对外资的安全影响极为敏感，因此在美国贸易投资与合作的具体操作中，还存在一定的安全审查，用以阻止特定的外资并购交易，提高负面清单管理模式的安全性，并且均列明不符措施的国内法依据。墨西哥国家保留的产业均是《墨西哥合众国政治宪法》《公共通信法》等国内法律所限定的；在附件中也详细地说明了保留措施所适用的国内法条目。值得注意的是，在三国的行业与产品分类标准不一的情况下，负面清单中还专门列出"行业分类"一栏，说明该行业在《墨西哥行业与产品分类》（国家统计、地理与信息协会1988 年发布）中的代码和相应名称，尽可能地保证该保留措施或承诺在墨西哥国内的适应性。

3. 启示

墨西哥市场准入制度发展的价值取向是符合世界经济发展潮流的，但在改革过程中仍需更加深刻地认识自身发展中国家的现实国情，把握好"度"。

第一，市场主导和政府宏观调控的平衡。市场机制条件下，应以市场为主调控经济，但政府调控的能力也不能小觑。美国极度自由开放的市场准入制度也是以规范的市场管理为后盾的，市场主体自由进入市场后，仍然须严格遵循市场秩序，这才能保障市场的安全稳定运作。墨西哥政府在大大开放市场的同时，相应的市场管理没有跟上，导致市场约

---

① 孙瑜：《墨西哥负面清单的产业选择及其借鉴》，《对外经贸实务》2015 年第 2 期。

束的失控。此外,墨西哥政府在私有化过程中,将大量涉及国计民生的国有企业卖给外国资本,也削弱了政府对某些经济部门的宏观调控能力。还有,无节制地吸引外资,完全、迅速地实行外汇自由,使金融市场中短期游资太多,1993年的证券外资达76.8%,外资的管理难度极大,一有风吹草动,金融市场便难以为继。[1]

第二,对外开放与保护本土的平衡。一国市场对外开放的程度应该取决于该市场的承受能力,所谓承受能力就是国内市场主体面临境外市场主体竞争压力之下的生存与发展的能力。当国内企业竞争实力不足时发展中国家从自身利益出发,仍应该给予适当的保护。墨西哥在 NAFTA 谈判期间,就很不重视对本国农业的保护,致使后来美国的农产品几乎占领了整个墨西哥市场,给了墨西哥农、牧企业致命打击。

第三,开放步伐与节奏的把控。墨西哥的开放步伐是相当激进的,1986—1994年短短几年间,墨西哥就将进口商品的市场准入程度提到了美国和欧盟的水平,甚至纺织品和钢铁的市场准入程度还超过了美国和欧盟。1989—1994年,墨西哥出口仅增长了2.7倍,进口却增长了3.4倍;1989年的贸易逆差仅6亿多美元,1994年就达到185亿美元。对一个发展中国家来说,墨西哥的开放步伐与经济实力的增长速度不相适应,其结果必然是灾难性的。尤其是对中国这样一个人口众多,各地经济发展很不平衡的发展中国家而言,也许"渐进式"的开放更为合适。

(六) 印度尼西亚的市场准入制度

1. 印度尼西亚市场准入制度的发展进程

1989年,印度尼西亚投资准入管理实现了从正面清单模式向负面清单模式的转向。早在20世纪70年代,印度尼西亚投资协调委员会(BKPM)就已颁布优先投资清单,对投资实施正面清单管理模式。[2] 1989年,印度尼西亚废止1987年颁布的优先投资清单,颁布实施《禁止投资行业清单》。《禁止投资行业清单》的实施标志着印度尼西亚对投资准入管理从正面清单模式转变为负面清单模式。其后的1991年、1992年、1993

---

[1] 侯茜:《中国市场准入制度法律问题研究》,重庆大学,2003年。

[2] Amien Warsita, *Policy on Foreign Investment in Indonesia*, Malaya L. Rev. 362 1978, p. 376.

年、1995年、1998年、2000年、2007年、2010年、2014年、2016年，印度尼西亚先后对投资负面清单进行了多次修改。其中，2000年修改后的负面清单的名称更改为《禁止和限制投资行业》，2007年修改后的负面清单的名称则更改为《禁止和限制投资行业清单》。依据印度尼西亚《2007年投资法》第1条的规定，"行业"是指"经济领域中生产产品或提供服务的全部经营活动"，"投资"是指"所有投资活动"。依据《国务院关于实行市场准入负面清单制度的意见》，中国市场准入负面清单列出的为"禁止和许可投资的行业、领域、业务等"。两相对比，如不考虑我们已将针对外商投资准入的特别管理措施纳入外商投资负面清单，则印度尼西亚投资负面清单与中国市场准入负面清单所列事项应并无二致。

印度尼西亚投资负面清单由总统制定发布。在《2007年投资法》颁布之前，并没有任何印度尼西亚法律规定负面清单制度。2007年前的每一版投资负面清单的序言中尽管列明《1945年宪法》第4条第1款、《1967年外国投资法》和《1968年国内投资法》等法律为其制定的主要依据，但这些法律中并没有条款涉及负面清单。[①] 2007年，印度尼西亚颁布《2007年投资法》，将外商投资和国内投资一并纳入该法规范范围，并废止《1967年外国投资法》和《1968年国内投资法》。《2007年投资法》第12条第1款明确规定："除被宣告为禁止或者限制开放之经营行业或者领域之外，所有经营行业或者领域均向投资开放。"它首次以法律形式明确规定了投资负面清单管理模式。该法第12条第4款还规定："宣告为禁止或者限制开放之经营行业的标准和要求及其清单由总统条例规定。"依据《2007年投资法》第12条第4款，印度尼西亚2007年总统条例第76号颁布《负面清单的制定标准和要求》。[②]

此后，印尼于2010年颁布最新版负面清单，即2010年第36号总统令《禁止类、限制类投资产业目录》，外资可以进入大多数行业。第36号总统令附件列有"附件1：封闭投资领域"和"附件2：有条件开放投

[①] 这3件法律的中文译本可分别参见杨眉主编《印度尼西亚共和国经济贸易法律选编》，中国法制出版社2006年版，第1—12、13—19、20—24页。

[②] 该条例的名称为 Kriteria Dan Persyaratan Penyusunan Bidang Usaha Yang Tertutup Dan Bidang Usaha Yang Terbuka Dengan Persyaratan Di Bidang Penanaman Modal（《禁止和限制投资行业制定的标准和要求》），本书将其简称为《负面清单的制定标准和要求》。

资领域"两大部分。

2. 印度尼西亚市场准入制度的特点

印度尼西亚同我国相比有很多相似之处，都是发展中大国，都在进行产业结构优化和转变经济增长方式的工作。但是印尼作为一个发展中国家，在实施负面清单制度的市场准入规则方面已经提前走了很长时间。印尼的负面清单内容比较详细，包含了不同类型的企业在不同的投资领域的不符措施，主要又分为十大类，整体分析印尼的负面清单有重点集中于外资和强调投资差异化这两大特点。重点考虑外资是因为将大部分限制措施都用在了外国投资者身上，这样就能够更大程度保护本国相同行业从业者的切身利益，尤其是因为印尼的第一产业很发达，这样能够充分保护本国农民利益。而强调差异化投资是因为印尼在进行国内产业结构优化调整，需要针对不同行业不同领域的投资者进行差异化对待。印尼自2007年开始对内外资统一实行负面清单管理制度后，已经逐渐走向成熟，全面考量印度尼西亚的投资负面清单制度的发展历程，有以下特点值得总结。

第一，专门针对投资准入，禁止投资行业和限制投资措施特定具体。印度尼西亚投资负面清单仅围绕投资活动，列明了投资领域的禁止性行业和有条件开放行业，对于非投资事项和投资后监管措施一律未纳入。印度尼西亚投资负面清单列明的禁止投资行业和限制投资行业的限制措施特别具体。对于禁止投资行业，印度尼西亚投资负面清单直接列明行业。例如，2016年负面清单中"禁止性行业清单"列明的前三项禁止性行业分别为"大麻种植""野生动植物濒危物种国际贸易公约附录1列明的鱼类捕捞"和"打捞沉船贵重物品"。对于限制投资行业，则列明具体限制措施。2016年负面清单将限制行业分为两大类：一是有条件开放的行业，即仅适用于中小微型企业及合作社或与其合伙形式参与的行业；二是特定条件开放的行业，即附加了其他限制措施的行业。这些其他限制措施包括外国资本限制、特定地点要求、特殊许可要求、100%国内投资要求和东盟合作框架下的资本限制五类。对于特定条件下开放行业，在行业对应的"条件"一栏中直接列明其受到何种限制。例如，2016年负面清单中"特定条件开放行业清单"中第一个行业为"水稻"，"条件"一栏中为"外国投资上限为49%"。

第二，实现了外商投资和国内投资的"非禁即入"。印度尼西亚投资负面清单不仅包含了外商投资负面清单，更包含了国内市场投资准入负面清单。以 2016 年负面清单为例，附件 1 "禁止投资行业"所列行业，不管是外国资本还是国内资本，一律禁止进入。附件 2 "有条件开放的行业：仅适用于中小微型企业及合作社或与其合作形式"同样既适用于外国资本也适用于国内资本。附件 3 "特定条件开放的行业清单"从其整体来看，基本原则仍然是不区分外国资本和国内资本，而是对列入行业所附加的限制条件予以具体列明。列明要求 100% 国内投资的行业，实际上就是外资禁入行业；列明外资持股上限的，实际上就是限制外资进入行业；仅列明限制条件为原料要求、地点要求、特别许可要求、特定机构垄断经营要求或者国企持股比例要求的行业，则是不分外国资本和国内资本，一律应受到所列条件限制。

第三，明确相应法律依据。印度尼西亚投资负面清单具有明确的法律地位，是正式的法律渊源之一。印尼政府在有关负面清单上的立法先行的思想主要体现在以下两方面。一是对于负面清单内容有详细的条例说明、内在标准等。印尼 2007 年颁布的《投资法》，这部《投资法》将此前印尼国内的《国内投资法》和《外国投资法》两部法律进行整合，第一次明确规定了内外资在法律上享有同等地位。此外还提出了对负面清单本身进行调整的标准、程序以及条件。二是对于负面清单本身的完善、修订进行了规定。不仅在内容上对负面清单的目的和原则做出了说明，而且还在形式上对负面清单的呈现标准和修订程序进行了规定。这不仅有利于政府和市场主体对于负面清单的制度的理解和运用，还有利于保持负面清单制度本身的权威性，进而最大限度的发挥负面清单的作用。[①]

第四，附件列表编制明确直观，内容开放程度更高。印度尼西亚投资负面清单均由序言、具体条款和附件三个部分构成。其中，序言和具体条款对清单的制定目的、制定依据、附件的构成、清单的效力范围和有效期等作了规定。附件则构成了印度尼西亚投资负面清单的主体。附件中以列表方式分别对禁止投资行业和限制投资行业进行了具体列明。

[①] 顾晨：《印度尼西亚"负面清单"改革之经验》，《法学》2014 第 9 期。

从内容上讲，印度尼西亚投资负面清单每一版的内容都有所变化，但从内容分类来看，与中国市场准入负面清单一样，分为两类：禁止准入类（禁止投资行业）和许可准入类（限制投资行业）。总体来看，早期印度尼西亚投资负面清单的内容变化比较大；近年来内容变化已不大，但总体趋势是更加开放。

3. 启示

从印度尼西亚负面清单覆盖范围看，其将国家安全、能源、传媒、基础网络等战略性行业纳入负面清单，从其负面清单中列明的不符措施种类看，包括股本比例要求、经营年限、合资要求或股份转让要求等，要求备案或申请特殊许可，保留部分事前审批。并且，尽管从当前负面清单的发展趋势看，多数国家取消了业绩要求，但发展中国家大多数还保留了此项内容。从印度尼西亚负面清单实施情况看，负面清单的长短并不能决定开放水平和程度，但在透明度和可预见性方面的要求日益提升。此外，负面清单在一国的准入实践改革中仅是重要一步，仍可逐步调整和改善，并且后续外资准入、备案、审批等程序的繁简程度以及具体操作步骤仍是影响一国外资开放水平的重要参数。

三　市场准入制度演进共性特征

早在第二次世界大战后，美国大多基于某个具体的领域或条约，在国际贸易中提出"市场准入"的概念。严格地说，在此之前，西方各国早已开始研究市场准入的问题，但国际市场一体化为市场准入的研究带来了新的内容。整体来说，发达国家的研究着眼于通过推广市场准入制度，建立一体化的国际市场；而对于发展中国家则是立足于本国实际，注重如何在新的国际规则之下，保护并发展本国的经济。国际市场准入发展主要有以下几点共性或趋势。

第一，市场准入制度的目的都是为本国（地区）经济发展服务。市场准入制度是国家调控经济关系的法律的组成部分，它与经济法中的其他组成部分一样，以社会公共利益为本位，其社会功能是稳定市场秩序、促进国民经济全面发展、提高社会整体福利。所以，前面所描述的情况，如准入标准的自由程度、内外有别，其实都是为本国内经济发展服务的。

总之，具体到行业或部门，法律、法规的内容是可以有不同、有创新的，不必因循别国的成例，只要其结果能够符合本国实际，促进经济发展。

第二，市场准入制度的安排与国家地区经济实力、法制健全程度有密切关系。很明显，越是经济发达、产品和服务竞争力强、国内法制完善的国家或地区，越是崇尚自由的市场准入制度。美国不仅在国内市场上，而且在国际市场上都大力推行自由的市场准入原则，而且客观上说，尽管美国也通过模糊、灵活的标准来调整境外主体与交易对象进入美国市场的程度，但结果上美国市场上的主体和产品的数量与种类确实也名列世界第一。相反，发展中国家因竞争力有限，为保护本国产业的发展，总是对境外主体和交易对象的进入进行严格的市场准入管制，从而提高了市场准入成本，反过来又影响了经济效益。但是超越自身的经济实力，实行不相适应的市场准入制度，无异于拔苗助长，结果也会适得其反。

第三，市场准入制度呈现出内松外紧的特点。无论发达国家、发展中国家，无论宣称采取何种市场准入政策，实际上各国地区的市场准入制度都是内外有别的，即给予国内市场主体和交易对象的市场准入标准不同于给予境外主体和交易对象的标准。发展中国家这种现象比较明显，如墨西哥即使在加入 WTO 及 NAFTA 以后，也对外资进入石油工业的市场有严格限制，连美国这样号称最开放自由的国家，也对境外主体进入通信、银行、农业、采矿等市场有相当的限制，其限制程度远比国内主体苛刻。[1]

第四，整体上都趋于制度化和"宽进严管"的发展态势。国际上而言，美国作为联邦制国家，各州市场准入虽有细微不同，但总体实行的都是"大部分放开，少数管住，宽严相济"的市场准入制度；英国作为典型的英美法系国家，其市场准入制度的特点是"放低门槛、后置审批"，设立一般有限责任公司的门槛很低，有关经营范围一般不要求前置审批。德国与法国作为大陆法系国家的代表，崇尚以完整成文的法典作为市场准入的依据，遵循"依法办事、按规准入"，政府企业双方都要按照约定的法律和规章进行市场准入或进入市场。其中，发现受自由市场经济理念影响，无论英美法系国家还是大陆法系国家的市场准入制度，

---

[1] 侯茜：《中国市场准入制度法律问题研究》，重庆大学，2003年。

都大致遵循一个趋势——"减少前置审批，重视市场自主性"，实行"宽进严管、宽严相济"的准入，并在过程中强调"依法办事、按规准入"。

　　随着市场经济在中国逐步建立和发展完善，市场经济深入人心。中国现行的市场准入制度是20世纪70年代末期随着改革开放的实行而逐渐建立起来的，20世纪90年代后，中国市场准入制度的构建和创新更是进入快车道，特别是党的十八届三中全会后为发挥市场在资源配置中的决定性作用，国内市场准入方面的制度建设进一步完善，整个市场准入环境更加宽松。在服务业特别是金融业方面，要确保放宽银行、证券、保险行业外资股比限制的重大措施落地，同时要加快保险行业开放进程，放宽外资金融机构设立限制，扩大外资金融机构在华业务范围，拓宽中外金融市场合作领域。在制造业方面，目前已基本开放，保留限制的主要是汽车、船舶、飞机等少数行业，现在这些行业已经具备开放基础，下一步要尽快放宽外资股比限制特别是汽车行业外资限制。

第 五 章

市场准入负面清单制度探索

市场准入负面清单的本质要求在于通过负面列单的形式，将中国市场准入领域的禁止和许可事项明确划定范围，对属于范围以外的领域，交由市场主体自主决策，依法平等进入。市场准入负面清单制度在中国是如何开展实践的，而清单应该如何制定，确保尽量简化，确属必要？本章对以上问题进行回答。

一　清单制度发展历程

中国市场准入负面清单制度改革按照先行先试、逐步推开的原则，在部分地区推行市场准入负面清单制度，积累经验、逐步完善，尤其是在自贸区的实践，探索形成全国统一的市场准入负面清单及相应的体制机制，从2018年起正式实行全国统一的市场准入负面清单制度。从最初的负面清单概念的引入，到各地自由探索负面清单制度，最后到国家统一实践，中国市场准入负面清单制度发展可以分为三个阶段——探索阶段、试点阶段和全面实施阶段（见表3）。

表 3 中国市场准入负面清单制度改革阶段

阶段	时间	事件	备注
探索阶段	2013 年 11 月	广东省佛山市南海区行政审批"负面清单"	负面清单最初进入国民视野,各地开始自由探索负面清单制度
	2013 年 12 月	吉林省探索放开民企准入出台负面清单目录	
	2013 年 12 月	山西省也明确提出将保险与民营经济领域引入负面清单	
	2013 年 12 月	浙江省行政审批改革推行"权力清单+负面清单"	
	2013 年 12 月	福建省推动试行台资准入负面清单	
	2014 年 6 月	北京市昌平区出台产业准入负面清单	
	2014 年 6 月	四川成都高新区探索负面清单管理模式	
	2014 年 6 月	福建厦门探索制定民间资本投资准入负面清单	
试验阶段	2014 年 7 月	《国务院关于促进市场公平竞争维护市场正常秩序的若干意见》发布	明确提出要制定市场准入负面清单,全国负面清单概念出现
	2015 年 9 月	通过《关于市场准入负面清单制度的意见》	首次提出市场准入,全面引入负面清单管理,意味着中国市场准入将全面开启"负面清单时代"

阶段	时间	事件	备注
	2016年6月	国家发展改革委、商务部会同有关部门汇总、审查形成的《市场准入负面清单草案》（试点版）	先行在天津、上海、福建、广东4个省（市）进行试点，主要是检验草案涉及事项的合法性、合理性、可行性和可控性，探索管理新理念、新方式、新机制①
全面实施阶段	2018年起	实行全国统一市场准入负面清单制度	全国正式进入负面清单时代

资料来源：根据媒体公开报道、期刊整理。

  改革三个阶段具有各自的特色。在初期的自由探索阶段，负面清单概念刚刚引入中国，各地将负面清单作为一个"时髦用语"用于"五花八门"的领域当中，虽然各地运用模式各异，但也在许多具体的领域中进行了很多有意义的实践。比如北京市昌平区出台的产业准入负面清单，实际上已经具备了市场准入负面清单的雏形。这些地区的自由探索形成的经验或者改革体验，为市场准入负面清单的推广和落实奠定了一定的基础。特别是在地方吸引了一批关注市场准入负面清单的改革实践者和专家学者，为制度实践建言献策。进入试验阶段，实际上中央叫停了地方未经批准的自主试验，市场准入负面清单成为试点地区的"专有名词"，各地进行的其他有关市场准入的"负面清单"探索暂停。这一阶段中，试点地区成为改革的"排头兵"，两批试点统一的主要任务是"试清单，试制度，试落地机制"。这样市场准入负面清单制度在中国具有了统一的改革框架，市场准入负面清单成为一个特定的名词，防止了负面清单概念的滥用，地方的改革探索也在一个更加规范的框架下进行。根据《国务院关于实行市场准入负面清单制度的意见》，中国于2018年全面实

---

  ① 第一批试点开展工作后，包括浙江、湖北、重庆等11个地区成为第二批试点。

施市场准入负面清单制度，虽然截至目前，制度全面实施进程放缓，但全面推行来日可期。这一阶段中，全国各地将形成统一的市场准入负面清单制度，全国各地一张清单（允许一定程度的地方差异），将达成中国首次市场准入领域的统一管理方式。

二　清单如何制定

根据《国务院关于实行市场准入负面清单制度的意见》要求"市场准入负面清单由国务院统一制定发布；地方政府需进行调整的，由省级人民政府报经国务院批准"，可见清单制定是一个"由上而下"的改革推进工作。制定清单的权力属于中央，地方无权自行发布市场准入负面清单，地方有关市场准入负面清单制定的探索，必须是以国务院统一制定发布的"市场准入负面清单"为基准，有关清单的"特殊要求"须报经国务院批准。那么，市场准入负面清单究竟是如何制定出来的呢？

（一）现行法律法规梳理

市场准入负面清单按照李克强总理提出的是"要让企业明了不该干什么，可以干什么，'非禁即入'，以形成公开透明、预期稳定的制度安排，促进企业创新活力充分迸发"。根据多方研究，本书认为"非禁即入"是负面清单的基本精神。而这在清单制定上的体现，则是市场准入负面清单的条目源自法律法规。

在清单制定的初期，本书作者作为课题参与者，组织成员对当时所有现行有效的全国人大、全国人大常委会制定的法律（包括一些规范性文件）、国务院（包括条例、意见、通知、决定），以及国务院各部门（包括管理办法、规定等）进行了梳理。其中：法律部分，共601部相关法律和有关法律问题的决定的梳理，包括现行有效的法律343部和有关法律问题的决定258部；国务院制定或颁布法规条例部分，共3865部，行政法规3700部和团体规定165部；国务院各部门制定的规章部分，国务院各机构的部门规章6063部，行政法规2660部。

而由于法律法规中的禁止或限制内容繁多，准确而不遗漏地把属于市场准入领域的事项纳入清单之中实属难题。为更直观表现相关法律法规中可能涉及的市场准入领域禁止或限制的内容，本书以下节选了《中华人民共和国保险法》（2015 年修正）（以下简称《保险法》）进行举例：

《中华人民共和国保险法》(2015 年修正)（节选）

第三章 保险公司

第六十七条 设立保险公司应当经国务院保险监督管理机构批准。

国务院保险监督管理机构审查保险公司的设立申请时，应当考虑保险业的发展和公平竞争的需要。

第六十八条 设立保险公司应当具备下列条件：

（一）主要股东具有持续盈利能力，信誉良好，最近三年内无重大违法违规记录，净资产不低于人民币二亿元；

（二）有符合本法和《中华人民共和国公司法》规定的章程；

（三）有符合本法规定的注册资本；

（四）有具备任职专业知识和业务工作经验的董事、监事和高级管理人员；

（五）有健全的组织机构和管理制度；

（六）有符合要求的营业场所和与经营业务有关的其他设施；

（七）法律、行政法规和国务院保险监督管理机构规定的其他条件。

第六十九条 设立保险公司，其注册资本的最低限额为人民币二亿元。

国务院保险监督管理机构根据保险公司的业务范围、经营规模，可以调整其注册资本的最低限额，但不得低于本条第一款规定的限额。

保险公司的注册资本必须为实缴货币资本。

第七十条 申请设立保险公司，应当向国务院保险监督管理机构提出书面申请，并提交下列材料：

（一）设立申请书，申请书应当载明拟设立的保险公司的名称、注册资本、业务范围等；

（二）可行性研究报告；

（三）筹建方案；

（四）投资人的营业执照或者其他背景资料，经会计师事务所审计的上一年度财务会计报告；

（五）投资人认可的筹备组负责人和拟任董事长、经理名单及本人认可证明；

（六）国务院保险监督管理机构规定的其他材料。

第七十一条 国务院保险监督管理机构应当对设立保险公司的申请进行审查，自受理之日起六个月内作出批准或者不批准筹建的决定，并书面通知申请人。决定不批准的，应当书面说明理由。

第七十二条 申请人应当自收到批准筹建通知之日起一年内完成筹建工作；筹建期间不得从事保险经营活动。

第七十三条 筹建工作完成后，申请人具备本法第六十八条规定的设立条件的，可以向国务院保险监督管理机构提出开业申请。

国务院保险监督管理机构应当自受理开业申请之日起六十日内，作出批准或者不批准开业的决定。决定批准的，颁发经营保险业务许可证；决定不批准的，应当书面通知申请人并说明理由。

第七十四条 保险公司在中华人民共和国境内设立分支机构，应当经保险监督管理机构批准。

保险公司分支机构不具有法人资格，其民事责任由保险公司承担。

……

第七十七条 经批准设立的保险公司及其分支机构，凭经营保险业务许可证向工商行政管理机关办理登记，领取营业执照。

……

第七十九条 保险公司在中华人民共和国境外设立子公司、分支机构，应当经国务院保险监督管理机构批准。

第八十条 外国保险机构在中华人民共和国境内设立代表机构，应当经国务院保险监督管理机构批准。代表机构不得从事保险经营活动。

第八十一条 保险公司的董事、监事和高级管理人员，应当品行良好，熟悉与保险相关的法律、行政法规，具有履行职责所需的经营管理能力，并在任职前取得保险监督管理机构核准的任职资格。

保险公司高级管理人员的范围由国务院保险监督管理机构规定。

……

第八十四条 保险公司有下列情形之一的，应当经保险监督管理机构批准：

（一）变更名称；

（二）变更注册资本；

（三）变更公司或者分支机构的营业场所；

（四）撤销分支机构；

（五）公司分立或者合并；

（六）修改公司章程；

……

第九十五条　保险公司的业务范围：

（一）人身保险业务，包括人寿保险、健康保险、意外伤害保险等保险业务；

（二）财产保险业务，包括财产损失保险、责任保险、信用保险、保证保险等保险业务；

（三）国务院保险监督管理机构批准的与保险有关的其他业务。

保险人不得兼营人身保险业务和财产保险业务。但是，经营财产保险业务的保险公司经国务院保险监督管理机构批准，可以经营短期健康保险业务和意外伤害保险业务。

保险公司应当在国务院保险监督管理机构依法批准的业务范围内从事保险经营活动。

第九十六条　经国务院保险监督管理机构批准，保险公司可以经营本法第九十五条规定的保险业务的下列再保险业务：

（一）分出保险；

（二）分入保险。

……

第一百零七条　经国务院保险监督管理机构会同国务院证券监督管理机构批准，保险公司可以设立保险资产管理公司。

保险资产管理公司从事证券投资活动，应当遵守《中华人民共和国证券法》等法律、行政法规的规定。

保险资产管理公司的管理办法，由国务院保险监督管理机构会同国务院有关部门制定。

……

第一百一十六条　保险公司及其工作人员在保险业务活动中不得有

下列行为：

（一）欺骗投保人、被保险人或者受益人；

（二）对投保人隐瞒与保险合同有关的重要情况；

（三）阻碍投保人履行本法规定的如实告知义务，或者诱导其不履行本法规定的如实告知义务；

（四）给予或者承诺给予投保人、被保险人、受益人保险合同约定以外的保险费回扣或者其他利益；

（五）拒不依法履行保险合同约定的赔偿或者给付保险金义务；

（六）故意编造未曾发生的保险事故、虚构保险合同或者故意夸大已经发生的保险事故的损失程度进行虚假理赔，骗取保险金或者牟取其他不正当利益；

（七）挪用、截留、侵占保险费；

（八）委托未取得合法资格的机构从事保险销售活动；

（九）利用开展保险业务为其他机构或者个人牟取不正当利益；

（十）利用保险代理人、保险经纪人或者保险评估机构，从事以虚构保险中介业务或者编造退保等方式套取费用等违法活动；

（十一）以捏造、散布虚假事实等方式损害竞争对手的商业信誉，或者以其他不正当竞争行为扰乱保险市场秩序；

（十二）泄露在业务活动中知悉的投保人、被保险人的商业秘密；

（十三）违反法律、行政法规和国务院保险监督管理机构规定的其他行为。

经过简单梳理就可以发现：在此短短两章的《保险法》中，分别涉及了对保险公司设立、保险公司分支机构设立、保险公司从业人员、保险公司业务范围等林林总总各项禁止或限制（许可）规定（如表4）。可以直观地感受到，对于这些"五花八门"的禁止限制，如何确定哪些是属于市场准入负面清单事项是第一个难题，如何对属于清单的事项进行归并是另一个难题。而这里仅仅列举了按照"国民经济行业分类与代码（GB/4754—2011）"分类的二级行业"J70 保险业"一个领域的一部相关法律法规。

表4　《中华人民共和国保险法》禁止或限制（许可）内容分析

编号	类别	禁止或限制内容
1	企业设立	"设立保险公司应当经国务院保险监督管理机构批准。"
2	设立条件	"（一）主要股东具有持续盈利能力，信誉良好，最近三年内无重大违法违规记录，净资产不低于人民币二亿元；……"
3	书面申请材料	"（一）设立申请书，申请书应当载明拟设立的保险公司的名称、注册资本、业务范围等；……"
4	开业申请（颁发经营保险业务许可证）	"国务院保险监督管理机构应当自受理开业申请之日起六十日内，作出批准或者不批准开业的决定。决定批准的，颁发经营保险业务许可证；决定不批准的，应当书面通知申请人并说明理由。"
5	保险公司境内设立分支机构	"保险公司在中华人民共和国境内设立分支机构，应当经保险监督管理机构批准。"
6	营业执照	"经批准设立的保险公司及其分支机构，凭经营保险业务许可证向工商行政管理机关办理登记，领取营业执照。"
7	保险公司境外设立子公司、分支机构	"保险公司在中华人民共和国境外设立子公司、分支机构，应当经国务院保险监督管理机构批准。"
8	外国保险机构设立代表机构	"外国保险机构在中华人民共和国境内设立代表机构，应当经国务院保险监督管理机构批准。代表机构不得从事保险经营活动。"
9	保险公司管理人员任职资格	"保险公司的董事、监事和高级管理人员，应当品行良好，熟悉与保险相关的法律、行政法规，具有履行职责所需的经营管理能力，并在任职前取得保险监督管理机构核准的任职资格。"
10	日常经营	"保险公司有下列情形之一的，应当经保险监督管理机构批准：（一）变更名称；（二）变更注册资本；（三）变更公司或者分支机构的营业场所；……"

编号	类别	禁止或限制内容
11	业务范围	"……保险公司应当在国务院保险监督管理机构依法批准的业务范围内从事保险经营活动。"
12	设立保险资产管理公司	"经国务院保险监督管理机构会同国务院证券监督管理机构批准，保险公司可以设立保险资产管理公司。……"

资料来源：作者整理。

这样从现行有效的法律法规中梳理有关市场准入的各项禁止限制（许可）事项，并按行业汇总作为清单制定的原始材料。此项工作的结果，显然不能直接作为清单制定的结果，只是一项基础性工作。一是法律法规禁止限制（许可）事项过多、过杂、过乱，简单梳理的结果显然不能直接纳入负面清单，需要进一步甄别。二是对梳理结果缺乏必要的合并，不同来源的禁止或限制（许可）内容或有重叠或有冲突，需要进一步合并。三是烦琐的梳理过程，难免出现人工错误，加之市场准入界限初期缺乏权威界定，人工判断的结果主观性很强。

但是此清单草稿的探索具有一定的价值，成为之后各种调整优化负面清单的基础和起点。更重要的是在法律法规的梳理过程中，各方对市场准入负面清单的认识进一步加深，对清单制定的理解更加准确。在此项工作进程中，作者提出来一项贯穿市场准入负面清单制度始终的疑问——"市场准入如何界定"。

比如在经营业务是否算入市场准入领域方面，针对经营业务的禁止或限制（许可）事项究竟是否纳入清单值得商讨。如《保险法》所规定的"关系社会公众利益的保险险种、依法实行强制保险的险种和新开发的人寿保险险种等的保险条款和保险费率，应当报国务院保险监督管理机构批准"，此类不属于投资和企业设立限制（许可）而是在业务开展过程中的管控措施，究竟是属于事前的准入限制（许可），还是事中事后的监管内容。最终《国务院关于实行市场准入负面清单制度的意见》发布，明确了是"以清单方式明确列出禁止和限制①投资经营的行业、领域、业务等，清单以外的，各类市场主体皆可依法平等进入"。这明确了清单是包含了"经营业务"方面的准入禁止限制事项。可即便如此，在具体领域中，这些事项较容易与可从清单中剔除而放至事中事后监管的事项混淆不清，这也为清单的制定和执行增添不小的难度。

（二）与权力清单的衔接

在法律法规梳理的进程中，此工作还暴露出了另一项"缺陷"。由于是直接从法律法规原文中提取的禁止限制（许可）事项，这导致相关条目的表述与当下审批事项的表述不能完全对应，如果直接作为负面清单执行会影响到其操作性。届时，改革恰逢中央政府首次"晒"出权力清单。② 此时，国务院各部门行政审批事项汇总清单中有关市场准入的审批经统计汇总后，被作为清单许可类的"蓝本"，并与法律法规梳理的结果进行合并、调整，最终形成了市场准入负面清单草案的雏形。但是此草案"雏形"由于清单许可类主要是根据国务院各部门的权力清单整理而来，其中不少仅是属于中央的权限内容，许多地方权限的内容并没有考虑。③ 比如，有关"兽药及兽用生物制品生产经营许可"一条中，国务院各部门行政审批事项汇总清单仅涉及"强制免疫所需兽用生物制品的指定生产"，但对于属于地方事权的"非国家强制限制免疫兽用生物制品经营审批"④ 却没有涉及。同时，由于如前面所言清单制定是一项"由上而下"推进的改革，这造成了当下清单版本对于地方事权的考虑不够的

---

① 根据国家发展改革委最新修订，已将"限制准入类"修改为"许可准入类"。其主要考虑在于：依据 WTO 协定服务贸易领域相关规定，"限制市场准入"指一国做出市场准入承诺的部门（除非在减让表另有列明的）通过采取数量配额、垄断、专营服务、经济需求测试、特定类型法律实体、股比限制等方式限制市场准入的特定情形。而市场准入负面清单现有的限制类事项大部分是依据国内法规设置的规制措施，并非上述市场准入限制情形，如以"限制准入类"公布，容易引起误解，修改后更好地能与国际惯例相衔接。

② 2014 年 3 月 17 日，国务院审改办在中国机构编制网公开了国务院各部门行政审批事项汇总清单。

③ 后续的权力清单版本中增补了"中央指定地方实施行政许可汇总清单"，弥补了权力清单在地方一级的空缺。

④ 举此例仅为说明当时工作推进可能造成的对地方事权考虑的疏忽，并不代表清单制定的最终结果。"非国家强制限制免疫兽用生物制品经营审批"一项在目前清单版本中未纳入。

问题。

在国家发展改革委、商务部牵头负责，地方试点积极配合下，各方以此草案"雏形"为蓝本屡次开展讨论、研究，最终中国初步于2016年公布了首版市场准入负面清单——《市场准入负面清单草案》（试点版）。①此后根据各方意见的汇总，结合试点工作的反馈，2018年国家发展改革委会同商务部印发《关于开展市场准入负面清单（试点版）全面修订工作的通知》，正式启动了《清单草案》（试点版）的修订工作，《市场准入负面清单》（2018年版）并在2018年底公布于世。

三　清单草案试点落地应用

2016年4月，根据《国务院关于实行市场准入负面清单制度的意见》（国发〔2015〕55号）的部署，发展改革委、商务部会同有关部门汇总、审查形成了《市场准入负面清单草案》（试点版）（以下简称《草案》），在当时四个试点省市天津、上海、福建、广东试行。

《草案》根据《国务院关于实行市场准入负面清单制度的意见》确定的法治原则、安全原则、渐进原则、必要原则、公开原则汇总审查形成，初步列明了在中华人民共和国境内禁止和限制（许可）投资经营的行业、领域、业务等。《草案》共328项，包括：禁止准入类96项，限制准入类（已改为许可准入类）232项。《草案》所列事项截止于2015年12月31日。自2016年1月1日起，国务院决定取消、新设或调整行政审批事项的，决定修订《产业结构调整指导目录》和《政府核准的投资项目目录》的，以及对禁止和限制（许可）市场主体投资经营的行业、领域、业务等事项做出新规定的，以最新规定为准。

面对首版清单，试点地区首先做的是：凡负有市场准入管理职责的部门和单位，都要全面梳理禁止和限制（许可）市场主体投资经营的行业、领域、业务等，按照《国民经济行业分类》的统一分类标准，根据当前审批事项梳理结果，提出本部门、本单位对《市场准入负面清单

---

① 《〈国家发展改革委商务部关于印发市场准入负面清单草案〉（试点版）的通知》，http://www.mofcom.gov.cn/article/h/redht/201604/20160401296884.shtml。

（草案）》的修改建议。

因此，在试点工作开展前期，各试点不可回避的一项任务是将清单与本地现行市场准入管理事项进行对照。天津作为第一批试点之一，工作开展较早。2016年6月底，国家发展改革委、商务部批复《天津市开展市场准入负面清单制度改革试点总体方案》（以下简称《总体方案》）后，天津市成立了由市长任组长，分管副市长任副组长，市有关部门主要负责同志为成员的天津市场准入负面清单制度改革试点领导小组，将"试清单"作为"试清单、试制度、试落地机制"改革试验思路的首环，先后3次组织市级50多个部门和16个区政府，对照清单草案，系统梳理和规范各部门各区现行的市场准入管理事项，明确各部门各区不得自行制定市场准入管理事项，原有的要提升为地方性法规或政府规章，做到现行市场准入管理事项底数清。目的主要是试行《市场准入负面清单草案》（试点版），看清单本身是否适合可行。一是检验清单草案的内容是否合法合理，是否符合改革方向，是否可以取消。二是检验清单草案的内容是否全面，是否存在遗漏的禁止或许可类市场准入事项。三是检验地方现行的市场准入管理措施是否与清单草案一致，地方特色的内容是否可以纳入清单草案中。

通过各方试点探索，初步发现试行《市场准入负面清单草案》（试点版）、充分发挥新制度的优势，天津方面提出还存在以下几方面问题亟待解决。[①]

一是市场准入负面清单草案内容宽泛。清单草案中部分事项表面上看与市场准入不直接关联，但进一步思考，这些事项可能又会影响市场主体的投资经营行为。例如，清单草案提出，"禁止在历史建筑上刻画、涂污""禁止擅自设置、移动、涂改或者损毁历史文化街区、名镇、名村标志牌"等。如果按照这种思路，目前很多的管理措施都可以纳入清单草案，如"禁止擅自占用道路和公共场所从事经营活动""禁止破坏、侵占人民防空设施""禁止涂改、玷污、遮挡或者擅自拆除、移动地名标志"等。这样对市场准入负面清单理解容易泛化，会导致清单不断扩容。

二是一些现行的市场准入管理事项没有被纳入清单草案。如国务院

[①] 作者根据对天津市市场准入负面清单制度试验调研获取材料整理。

令明确保留的旅馆业特种行业许可、渔港内危险品货物装卸许可，国家相关部委设定的公路工程项目法人备案、农业转基因生物生产、加工许可等行政许可事项等。

三是清单草案与地方性法规存在不一致情况。比如，烟花爆竹生产在清单草案中属于许可准入事项，但按照《天津市烟花爆竹安全管理办法》规定，则属于禁止准入事项；《天津市盐业管理条例》经过第五次修正删除了食盐运输和零售的条款和罚则，但在负面清单中存在限制食盐托运或自运条款。因此建议在新修订的市场准入负面清单中，预留政策出口，允许地方性法规、地方政府规章确定的市场准入管理事项，列为市场准入负面清单的地方性条款。

四是还存在以部门规章形式新出台的市场准入管理事项。比如，2016年交通运输部等7部委出台了《网络预约出租车经营服务管理暂行办法》，对网约车行业设置了网络预约出租汽车经营许可证、网络预约出租汽车运输证和网络预约出租汽车驾驶员证三项准入，地方据此进一步细化市场准入条件。因此建议国家层面进一步加强对部门规章的规范管理，严格限制以部门规章出台新的市场准入管理事项，切实维护市场准入负面清单的统一性和权威性。

试点地区所指出的不足，为进一步优化清单做出了贡献。而《市场准入负面清单草案》（试点版）作为中国首版公开的市场准入负面清单，虽操作性有所欠缺，其价值在于首次展现市场准入清单的框架模式，并作为试点工作推进的"切入点"，为各方研究市场准入负面清单制度提供了一个明确的"靶向"，为市场准入负面清单实行提供了一个"起点"，也为以后的调整优化提供了空间。

按中央统一部署要求，从2015年12月1日至2017年12月31日，在部分地区试行市场准入负面清单制度，积累经验、逐步完善，探索形成全国统一的市场准入负面清单及相应的体制机制，从2018年起正式实行全国统一的市场准入负面清单制度。同时，市场准入负面清单的编制完善是一项长期工作，是依据市场发展情况不断调整的动态过程。

在清单的编制过程中，要认识到市场准入负面清单囊括的范围很广，但不是包罗万象的。把握哪些应纳入市场准入负面清单管理，应进一步明确以下几个问题。第一，市场准入负面清单针对的是市场准入环节的管理措施，不包括非市场准入事项和事中事后管理措施。在清单制定操作层面，就是要"统一标准"，严格界定市场准入与非市场准入的界限，对于非市场准入的管理措施，要及时从清单中清理。甚至对于属于市场准入的管理措施，经过研究论证能够以准入后监管措施代替的，也可以探索将其从清单中清理的办法，尽可能在安全可控的范围内建设更加开放统一的市场准入体系。第二，按照渐进原则，对市场上出现的新技术、新产品、新业态、新商业模式等，本着鼓励创新、降低创业门槛的原则，不急于纳入市场准入负面清单管理。各部门可据此原则，提出暂不纳入市场准入负面清单管理的事项。第三，按照有针对性的原则，不要把对市场主体普遍采取的注册登记、信息收集、用地审批等措施纳入市场准入负面清单。第四，建立电子清单，做到实时动态调整。并对于清单在列的管理事项，做到只要经过国务院决定取消的，不必待清单调整，自行排除在市场准入负面清单之外。

四 清单修订公布

根据《国务院关于实行市场准入负面清单制度的意见》，2018年中国将全面实施市场准入负面清单制度。为确保此项重大改革顺利实施，国家发展改革委、商务部发布《关于开展市场准入负面清单（试点版）全面修订工作的通知》（发改办经体〔2018〕469号，以下简称《修订通知》），通知各有关部门、各地区对2016年印发的《市场准入负面清单草案》（试点版）[以下简称《清单》（试点版）]开展市场准入负面清单全面修订工作，以求形成《市场准入负面清单》（2018年版）（征求意见稿）[以下简称《清单》（2018年版）]。

此次清单修订工作，在原有《清单》（试点版）的基础上，进行了几项优化。一是逐条评估了清单事项。按照《修订通知》明确的清单修订标准，对《清单》（试点版）原有事项、部门提出增列事项，从是否符合清单定位要求、是否合法有效、事项表述是否准确等方面进行逐条评估，对不符合清单定位要求的予以移出或删除，对清单事项表述进行了规范。二是优化调整了主题词。《清单》（试点版）原有328大项，以主题词形式列出。此次修订对主题词进行了优化表述和合理归并。优化调整后，

《清单》(2018年版)共有主题词232项,减少了96项。三是增加了地方实施性措施栏目。《清单》(2018年版)增加了地方实施性措施栏目,主要对以下两类情况的相关具体措施进行说明:依据法律、行政法规和国务院决定的有关规定设立,但审批权限在地方或已下放到地方的市场准入事项;地方性法规等对清单所列事项在操作层面有进一步细化规定且确有必要在清单中进行说明的。四是与有关目录进行了直接衔接。《产业结构调整指导目录》中的淘汰类项目和限制类新建项目在清单中直接列出,并对部分主题词进行了优化调整;《政府核准的投资项目目录》按最新修订版(2016年)在清单中直接列出;《互联网市场准入禁止限制目录》纳入清单统一发布。

　　同时,在修订过程中,为保证清单的科学性和地方、部门落地的操作性,也提出了对各地区、各部门参与的要求。要其对《清单》(2018年版)进行校核,全面梳理地方实施性措施和地方事项:一是清单校核,各部门依据职能对《清单》(2018年版)中所列市场准入事项进行逐条校核确认,对修订事项说明表所列内容逐条确认,对需部门提出申请后保留事项说明表、需部门确认表述事项说明表所列事项提出意见。二是梳理地方实施性措施,各部门依据职能逐条对照梳理《清单》(2018年版)中所列市场准入事项,审批权限已经下放到地方的,逐条研究提出具体审批权限下放的行政层级和主管部门,统一梳理形成列入地方实施措施书面意见。清单未列入的审批权限在地方或已下放到地方的市场准入事项,由行业主管部门提出增列意见。地方性法规等对清单所列事项在操作层面有进一步细化规定的,由各省、自治区、直辖市发展改革委、商务厅(局)统一梳理,并对列入《清单》(2018年版)的必要性进行评估,形成列入地方实施性措施的书面意见。三是梳理地方事项,地方性法规设立的市场准入事项和因行政管理需要,由省、自治区、直辖市人民政府规章设立的临时性准入事项,如未在《清单》(2018年版)中列出的,可按照要求,梳理填报《地方事项汇总表》。

　　在清单事项修订过程中,国家发展改革委、商务部制定了统一的修订标准,以确保清单更加符合"一单尽列"的原则。同时,通过对清单事项的合并、修订,进一步做到形式简洁、表述准确、内容清晰、文字规范。在对《清单》(试点版)进行修订的基础上,《清单》(2018年版）于 2018 年 9 月完成了基本修订，国务院已经批准，目前已经公布。

对于新版清单而言，《清单》（2018 年版）的定位将更加准确。在修订过程中，明确遵循列入清单的事项应当符合《国务院关于实行市场准入负面清单制度的意见》对市场准入负面清单制度的定位，不符合清单定位要求的事项不应列入。一是列入清单的事项针对的对象属于或部分属于持续开展生产经营的市场主体，只针对非市场主体的事项不应列入清单；二是列入清单的事项针对的环节是市场准入环节，针对准入之后的事项不应列入清单；三是列入清单的事项针对的活动是投资经营行为，针对非投资经营行为的事项不应列入清单；四是列入清单的事项针对的是全国、省级等行政区域范围内的行业、领域、业务，针对非行政区域范围的特定地理区域、空间的事项原则上不应列入清单。

而且，在修订过程中，清理了不少设立依据法律层级不够的事项，尽可能保证所有清单的市场准入事项的设立依据应符合《国务院关于实行市场准入负面清单制度的意见》以及《立法法》《行政许可法》等规定，由法律、行政法规、国务院决定或地方性法规设定。但是，对于尚未制定法律、行政法规和地方性法规，如确有行政管理的需要，确需立即实施市场准入许可的，省、自治区、直辖市人民政府规章可以设定临时性市场准入事项。部门规章或其他规范性文件等不得设定市场准入事项，已经设定并经评估确需暂时列入清单的，应按程序报请国务院批准。因特殊原因需采取临时性准入限制的，经国务院同意，可作为特别事项条款，与市场准入负面清单直接衔接。

第 六 章

外商投资负面清单制度自贸区实践

负面清单源于外商投资领域,是在双边投资协定的附件中以"不符措施"和"保留条款"的形式出现的。负面清单制度在中国的实践,也是在外商投资领域先行的。自贸区先行探索负面清单制度,形成的可复制可推广经验,有助于负面清单制度创新、营造良好的营商环境、激发市场活力。本章从外商投资负面清单实践的角度,分析了中国在负面清单管理方式上的探索和经验积累,为实行市场准入负面清单的管理模式提供参考借鉴。

一 自贸区实行外资负面清单意义

2013年上海自贸试验区最先开始编制外商投资负面清单。随后,2015年版的《自由贸易试验区外商投资准入特别管理措施(负面清单)》已经由上海自贸试验区独享转变为上海、广东、天津、福建4个自贸试验区先行实施。2017年版《外商投资负面清单》的适用范围则扩大至上海、广东、天津、福建、辽宁、浙江、河南、湖北、重庆、四川、陕西11个自贸试验区。作为中国已获批的12个自贸区(港),[①] 特别是设立时间较早的上海、广东、福建和天津自贸区,在探索外商投资负面清单的过程中,已经取得了不错的成就,形成了一批可复制可推广的经验。

[①] 2018年4月13日,习近平宣布党中央决定支持海南全岛建设自由贸易试验区,支持海南推进中国特色自由贸易港建设。届时,中国自贸区(港)总数为12个。

第六章 外商投资负面清单制度自贸区实践

在中国在以全面开放匹配全面改革,而求和平发展崛起、实现现代化"中国梦"战略目标的长期努力中,实行负面清单管理制度是未来可以与TPP互动、加入高规格国际自由贸易规则形成过程的一个良好铺垫。[①] 不仅如此,这一改革又以中国的具体国情和发展阶段的现状为国内现实背景,通过深入探索负面清单制度,可以形成更加开放透明的投资管理模式,充分激发经济活力。在自贸区率先探索这一制度,具有以下重要意义。

第一,负面清单制度是自贸区制度创新的典范,是制度创新的破冰突破口。相比投资审批制度,负面清单模式为金融创新和专业服务创造了相对宽松的投资环境,真正做到了投资者导向,只要在负面清单以外的内容,投资者均可向工商局登记。上海政府参事室主任王新奎在上海举行的"中国经济50人论坛"上表示,"上海建设自贸区,改革的重要方向就是终结审批制,逐步建立以准入后监督为主,准入前负面清单方式许可管理为辅的投资准入管理体制"。值得一提的是,负面清单管理模式是一种真正意义上的制度创新。[②] 当前中国经济仍然面临严重的供给约束和供给抑制,这是我们在深化改革中所必须解决的实质性问题,而市场准入制度作为一项制度供给正是其中的破冰口之一。此项制度建设将有望大幅降低投资、创业的门槛,从供给侧充分激发各类市场主体的潜力与活力,这就形成了全新的管理思维和理念,有利于进一步"放开搞活",解放生产力。[③]

第二,成为政府职能和管理模式有效转变的改革试验田,为全国推广积累经验,奠定基础。《中国(上海)自由贸易试验区总体方案》指出,自贸区要探索建立投资准入前国民待遇和负面清单管理模式,建设具有国际水准的投资贸易便利、监管高效便捷、法制环境规范的自由贸易试验区,使之成为推进改革和开放型经济构建的"试验田",形成可复制、可推广的经验,发挥示范带动、服务全国的积极作用,促进各地区

[①] 贾康、彭鹏:《市场准入负面清单制度的多重意义》,《上海证券报》2015年11月27日,http://finance.sina.com.cn/stock/t/20151127/043523865963.shtml。

[②] 谢楠:《上海自贸区的负面清单研究》,《中国商贸》2014年第23期。

[③] 贾康、彭鹏:《市场准入负面清单制度的多重意义》,《上海证券报》2015年11月27日,http://finance.sina.com.cn/stock/t/20151127/043523865963.shtml。

共同发展。当前阶段,由于制度尚不成熟,应在执行过程中积累经验、防范风险,形成可复制推广的成功经验,才让制度试验成果走出28.78平方千米的中国(上海)自由贸易区,推广到更多地区,提升区域经济尤其是欠发达省市吸引外资的竞争力。试验区大胆、积极、谨慎的先行先试,也是在为后期的全国顺利推广奠定良好的基础。

第三,自贸区更要探索有利于扩大开放的制度,以开放促改革,促发展。负面清单探索符合中国现阶段扩大开放的要求,也是适应国情以开放倒逼改革的要求。一方面,今天原有支撑经济发展的各项条件正在发生变化,面临环境资源和机制体制的双重制约,资源短缺难以为继、环境破坏污染严重、劳动力资源成本大幅上升,经济结构艰难调整并转型,经济下行压力较大。高投入高消耗高污染的粗放式经济增长方式难以为继,传统生产要素发展经济受到制约,急需寻找并投入新的制度要素,外商投资的关注重点已经从优惠政策转到法律规范、产业导向、市场环境等方面,各地方政府应舍弃依靠优惠政策来招商引资的传统思维,积极进行制度创新。[①] 另一方面,随着时代的变革与发展,行政、财税、金融体制改革等都有了一些新的详细的规定,现行的基于"外资三法"[②]的外商投资管理体系出现了越来越多的弊端。它在一定程度上限制了企业主体的活力,错配了市场资源。因此,中国在进一步改革开放中势必要做一些新的尝试和研究。负面清单管理模式是一种能够提振外资涌入信心,打造中国经济"升级版"的新引擎。[③]

第四,是契合新的国际贸易规则的发展,顺应全球化潮流争创优势的要求。龚晓峰曾撰文表示,"美国力图通过跨太平洋伙伴关系协定(TPP)、跨大西洋贸易与投资伙伴关系协定(TTIP)和国际服务贸易协定(TISA)形成新一代高规格的全球贸易和投资规则,来取代WTO,围

[①] 陈伟:《上海自贸区推行"负面清单"的制度创新和面临的问题》,《国际商务论坛》2014年第6期。

[②] "外资三法",即《中外合资经营企业法》《外资企业法》《中外合作经营企业法》。

[③] 杨海坤:《中国(上海)自由贸易试验区负面清单的解读及其推广》,《江淮论坛》2014年第3期。

猎以中国为代表的新兴国家,逼迫它们二次入世"。① 随着其他经济组织建立及谈判的不断进行,WTO 体制正在边缘化,其红利也在不断消退,仅仅成为世贸组织一员已经不能充分有效地帮助中国融入世界经济,在全球经济竞争中争取有利地位。虽然"准入前国民待遇+负面清单"的外资管理模式正在成为引领国际投资规则发展的新风向,但美国其实一直是这一国际投资规则的主导者。在这种全球格局下,中国提速制定负面清单也成为必然的选择。上海财经大学自贸区研究院秘书长陈波曾提到:"事实上,中国推广负面清单模式,也并非只针对某一国,而是面向一种共同的国际要求,就是高水平的贸易和投资协定。"② 通过自贸区试点对负面清单制度的积极探索,也意味着中国不断与现代化贸易规则和格局相接轨,从而争创中国在全球竞争中的新优势。

总之,中国负面清单管理模式的探索伴随着行政体制改革与对外开放程度的不断提升,是充分尊重市场经济规律、激发市场活力的表现,将会在法律保障下推动贸易和投资的最大自由化,是中国参与全球贸易规则重构的重要平台,也是国内投资体制改革的题中之意。③ 向全国全面推行制度探索成效,既是紧紧围绕国家战略扩大开放和深化改革新思路和新途径,也有利于中国在经济全球化中抢占先机,打造中国经济升级版,为中华民族伟大复兴的中国梦做贡献。

二 外资负面清单自贸区实行经验

"外商投资负面清单"是一种国际通行的外商投资管理办法,是一个国家禁止外资进入或限定外资比例的行业清单。目前国际上有 70 多个国家采用"准入前国民待遇和负面清单"的管理模式。负面清单完全采取负面列表形式,缔约方不能在列表之外采取不符合条约义务的措施。而《外商投资产业指导目录》既有正面列表,又有负面列表,例如"鼓励

---

① 《全国版负面清单的"三年之约"》,《中国新闻周刊》,http://news.163.com/16/0117/18/BDI80R7000014AEE.html。
② 同上。
③ 张相文、向鹏飞:《负面清单:中国对外开放的新挑战》,《国际贸易》2013 年第 11 期。

类"属于正面列表,"禁止类"属于负面列表,"限制类"和"禁止类"中关于企业形式和股比限制的内容也属于负面列表。

(一)历年版本内容改进

自贸区负面清单目前已经出台了5个版本,即2013年版、2014年修订版、2015年修订版、2017年修订版、2018年修订版。总体来看,每一次修订,外商投资负面清单都进行了一次优化、瘦身。2014年版外商投资负面清单,与2013年版相比,其特别措施从190项变成了139项,减少51项,调整率达26.8%;① 2015年版在上海、广东、天津、福建4个自由贸易试验区先行实施,此版进一步缩短到了122项;② 2017年版又比上一版减少10个条目、27项措施,同时在采矿业、制造业、交通运输业、信息和商务服务业等领域大幅提升了外商投资准入的开放度、透明度及可预见性,自贸试验区吸收外资的引擎作用显著增强;③ 2018年版条目由2017年版95条缩减至45条。此外,从2017年开始,中国开始探索制定全国适用的外商投资负面清单(外商投资准入特别管理措施)并公布。下面将具体介绍几个版本的清单。

1. 2013年版

2013年9月29日,上海市人民政府发布公告,《中国(上海)自贸试验区外商投资准入特别管理措施(负面清单)2013年》(沪府发〔2013〕75号)颁布实施,这是上海自贸区颁布的第一份负面清单。从内容上看,上海自贸区2013年版负面清单的主要内容包括了保留行业和特别管理措施,其中特别管理措施共190条。而其中无具体限制条件的特别管理措施高达55条。

2013年版的负面清单中仍有些许规定与国际社会普遍做法不一致。

---

① 《国务院印发2017版自贸区负面清单特别管理措施缩至95项开放轨交设备制造等领域》,http://gov.eastday.com/ldb/node41/node2151/20170617/n61772/n61779/u1ai33965 4.html,2017年6月17日。

② 《四大自贸区试行外商投资负面清单一周年:有成果有烦恼》,2016年5月30日,http://finance.ifeng.com/a/20160530/14439820_0.shtml。

③ 《外商投资负面清单走向全国加速释放开放红利》,2017年8月10日,http://house.ifeng.com/detail/2017_08_10/51168292_0.shtml。

例如，中国负面清单中涵盖的行业分类划分的依据是《国民经济行业分类及代码》，而欧美大多数国家负面清单则是依据WTO《服务部门分类列表的文件》来划分所涵盖的行业门类，划分依据的不同将导致对外谈判中的具体投资项目因归属不同行业门类而出现对接上的困难。①

2. 2014年版

2014年6月颁布的自贸区2014年修订版，在2013年版的基础上做了进一步改进。其编制的法理依据是国务院批复的《试验区进一步扩大开放的措施》和有关法律法规。此版本的编制更加注重清单开放度和透明度的提升，相关修订工作遵循三个原则：一是着眼于开放性经济建设，率先推动自贸试验区服务业领域开放；二是参照国际通行规则，通过负面清单修订，提升政府管理的透明度和开放度；三是充分考虑自贸试验区现有产业基础和未来经济定位。②

2014年修订版上海自贸试验区"负面清单"中，特别管理措施由原来的190条调整为139条，删除51条，调整率达到26.8%。139条特别管理措施中限制性措施110条，禁止性措施29条。按三次产业划分，分别为第一产业6条、第二产业66条（其中制造业46条）和第三产业67条。更具体而言，按18个产业门类分，其中：H住宿和餐饮业、Q居民服务业，完全放开，对外资没有禁止和限制措施；D电力、热力、燃气和水供应、E建筑业、J金融业等行业，对外资暂无禁止性措施，但有限制性措施；而Q卫生和社会工作、C制造业等行业，则对于外资既有禁止性措施，又有限制性措施。

在修订后的"负面清单"中，因扩大开放而实质性取消14条，因内外资均有限制而取消14条，因分类调整而减少23条。从开放的角度来看，实质性取消14条，实质性放宽19条，进一步开放的比例达到17.4%。修订版中提高开放度、实质性取消或放宽的清单不在少数。例如，在航空运输业领域，2013年版负面清单关于订座系统的限制措施为

---

① 刘冰：《自由贸易试验区负面清单比较研究——以2015版负面清单为视角》，《哈尔滨学院学报》2016年第7期。

② 《自贸区正修订2014版负面清单》，《新闻晨报》，http：//finance.ifeng.com/a/20140213/11643476_0.shtml。

"除香港、澳门服务提供者投资民航计算机订座系统限内地企业控股以外,禁止其他国家或地区投资者投资民航计算机订座系统"。2014年版中修改为"除中国与其他世贸组织成员签署的自由贸易区协议允许的相关世贸组织成员服务提供者可与中国内地的计算机订座系统服务提供者成立中国内地企业控股的合资企业外,禁止其他国家或地区投资者投资民航计算机订座系统,相关投资需进行经济需求测试"。还有,在房地产中介服务领域,2013年版清单表述为"限制投资房地产二级市场交易及房地产中介或经纪公司",2014年版则修改为"限以项目公司形式投资房地产二级市场交易",有一定程度的放宽。

值得注意的是,有的管理措施没有列入,其实并非放开了,而是因内外资均有限制,不必在负面清单中单列。比如:在娱乐业领域,2013年版"负面清单"中共有4点细项——R891室内娱乐活动:禁止投资互联网上网服务营业场所(网吧活动);R892游乐园:限制投资大型主题公园的建设、经营;R893彩票活动:禁止投资博彩业(含赌博类跑马场);R899其他娱乐业:禁止投资色情业。此次2014年版对娱乐业的限制措施只保留了1点细项,即"限制投资大型主题公园的建设、经营"。但这项缩减并不等于可以投资色情、博彩等。[①]

尤其是对于民营资本的开放方面,此版本也有改进。在金融业,J66货币金融服务,由"限制投资银行、财务公司、信托公司、货币经纪公司",改为"投资银行业金融机构须符合现行规定"。可以看出修订版负面清单已经为自贸区内开设民营银行扫清了道路。

3. 2015年版

上海自由贸易试验区设立以来,积极创新机制、体制改革,不断探索深化改革开放的新措施,在借鉴国际经验的基础上结合自身实际,形成了一批可复制、可推广的经验与做法。其中对于外商投资管理的负面清单做法不仅与国际投资领域的新趋势相符合,而且也在实践中为上海自贸试验区建设起到了切实的推动作用,因此将继续在新增的3个自由贸易试验区推行。为此,国务院办公厅于2015年4月20日印发了《自由

[①]《2014年修订版上海自贸区"负面清单"由190条减少为139条》,中国证券报·中证网,http://www.cs.com.cn/sylm/jsbd/201407/t20140701_4433377.html。

贸易试验区外商投资准入特别管理措施（负面清单）》，与之前发布的两版负面清单相比，此次发布的负面清单不仅继续缩减特别管理措施的数量，而且将统一适用于上海以及于2015年4月21日挂牌成立的广东、天津、福建自由贸易试验区。

2015年版负面清单列出122项特别管理措施，其中有限制性措施85条，禁止性措施37条。据统计2015年版负面清单中的特别管理措施比2014年版减少了17条，比2013年版减少了68条。新版负面清单开放程度的提高通过两种方式得以体现：一是有些特别管理措施的取消；二是对于一些限制性条件的放宽。① 如在种植业投资领域，2014年版的负面清单规定"投资农作物种子须合资、合作，且注册资本不得低于50万美元，其中粮、棉、油作物种子企业中方投资比例应大于50%，且注册资本不得低于200万美元"。这一限制性条件在2015年版的负面清单中已经被取消。限制性条件的放宽在新版负面清单中也随处可见，如2014年版负面清单在航空运输业领域规定"投资航空运输业须中方控股，法定代表人须为中国籍公民，经营年限不得超过三十年，其中投资公共航空运输业务的，单个外方（含关联方）投资比例不得超过25%"。这条规定在2015年版的负面清单中是通过连续的两条加以规定："公共航空运输企业须由中方控股，单一外国投资者（包括其关联企业）投资比例不超过25%"，"公共航空运输企业董事长和法定代表人须由中国籍公民担任"。通过比较可以看出，新版负面清单在这一条上取消了经营年限的要求，准入条件的放宽意味着开放程度的提高。

4. 2017年版

2017年开始，中国除了继续公布自贸区版外商投资负面清单，还公布了全国适用的负面清单，将其作为《外商投资产业指导目录（2017年修订）》的附加内容（外商投资准入特别管理措施）。因此，以下介绍分自贸区版与全国版。

（1）自贸区版

2017年6月，《自由贸易试验区外商投资准入特别管理措施（负面清

---

① 刘冰：《自由贸易试验区负面清单比较研究——以2015版负面清单为视角》，《哈尔滨学院学报》2016年第7期。

单）（2017年版）》（见附件4）对外发布。与此前的负面清单一致，新版负面清单依然是依据《国民经济行业分类》（GB/T4754—2011）来编制，共划分为15个门类、40个条目、95项特别管理措施。其中特别管理措施包括具体行业措施和适用于所有行业的措施。与上一版相比，减少了10个条目、27项措施，减少的条目包括轨道交通设备制造、医药制造、道路运输、保险业务、会计审计、其他商务服务6条，同时整合减少了4条。从具体内容看，新版负面清单减少的特别管理措施主要集中在制造业和服务业领域。比如，在制造业领域，新版负面清单取消了"新建纯电动乘用车生产企业生产的产品须使用自有品牌，拥有自主知识产权和已授权的相关发明专利""轨道交通运输设备制造限于合资、合作"等。

在服务业领域，2017年版负面清单取消了"外资银行获准经营人民币业务须满足最低开业时间要求"等特别管理措施。在文体娱乐业领域，将"演出经纪机构属于限制类，须由中方控股（为本省市提供服务的除外）"，调整为"演出经纪机构须由中方控股（为设有自贸试验区的省市提供服务的除外）"。

（2）全国版

2017年，中国首次在全国层面明确提出外商投资准入特别管理措施（外商投资准入负面清单）。但2017年外商投资准入特别管理措施（外商投资准入负面清单）并未单独公布，而是作为《外商投资产业指导目录（2017年修订）》的附加内容公布，具有过渡意义。清单总共636项，其中包括35项限制外商投资产业事项，28项禁止外商投资产业事项。2017年外商投资准入特别管理措施（外商投资准入负面清单）统一列出股权要求、高管要求等外商投资准入方面的限制性措施；内外资一致的限制性措施以及不属于准入范畴的限制性措施，不列入外商投资准入特别管理措施（外商投资准入负面清单）。

5. 2018年版

（1）自贸区版

《自由贸易试验区外商投资准入特别管理措施（负面清单）（2018年版）》（见附件5）。2018年版自由贸易试验区负面清单仍沿用"说明+列表"的模式，条目由2017年版95条缩减至45条。在放宽市场准入方面，除与全国外资准入负面清单一致的开放措施外，自由贸易试验区外资准入负面清单在种业、油气、矿产资源、增值电信、文化等重要领域提出了新的举措，进行更高水平的对外开放。在负面清单口径方面，对标国际规则，主要列示股比要求和高管要求等外资准入方面的特别管理措施，实现与全国外资准入负面清单的可对比；对于非常规投资范畴的内容、内外资一致的管理措施、部分行业的审批要求等，原则上不单独列示，按照现行规定执行。同时，为保持延续性，2018年版自由贸易试验区负面清单在部分条目后用括号标注了来自2017年版负面清单的资质条件、业绩要求等内容。

自由贸易试验区负面清单在全国开放措施的基础上，进一步提出更为开放的试点措施：将小麦、玉米新品种选育和种子生产外资股比由不超过49%放宽至不超过66%；取消石油、天然气勘探、开发限于合资、合作的限制；取消禁止外商投资放射性矿产冶炼、加工及核燃料生产的规定；取消演出经纪机构须由中方控股的限制；将设立文艺表演团体由禁止投资改为中方控股；将上海自由贸易试验区原有28.8平方千米区域试点的增值电信开放措施推广到所有自贸试验区，包括取消存储转发类业务、呼叫中心业务、国内多方通信服务业务、上网用户互联网接入服务业务外资股比限制，国内互联网虚拟专用网业务外资股比不超过50%。

（2）全国版

《外商投资准入特别管理措施（负面清单）（2018年版）》（见附件6）（以下简称2018年版负面清单）是对《外商投资产业指导目录（2017年修订）》中的外商投资准入负面清单进行的修订，并单独发布。2018年版负面清单，大幅度放宽市场准入，清单长度由63条减至48条，共在22个领域推出开放措施。取消小麦、玉米之外农作物新品种选育和种子生产须由中方控股的限制；取消特殊和稀缺煤类勘查、开采须由中方控股的限制；取消石墨勘查、开采的外资准入限制；取消稀土冶炼、分离限于合资、合作的限制，取消钨冶炼的外资准入限制等22条准入限制。此外，2018年版负面清单采用了表格形式，根据《国民经济行业分类》（GB/T 4754—2017）进行了分类。

根据对比，目前最新版清单主要有以下亮点：一是开放力度更大，在22个领域推出开放措施，限制措施减少到48条，减少近1/4。尤其是一些投资者高度关注的领域，结合中国产业发展水平，大幅减少外资限制。金融领域，取消银行业外资股比限制，将证券公司、基金管理公司、期货公司、寿险公司的外资股比放宽至51%，2021年取消金融领域所有外资股比限制。制造业领域，汽车行业取消专用车、新能源汽车外资股比限制，2020年取消商用车外资股比限制，2022年取消乘用车外资股比限制，以及合资企业不超过两家的限制。取消船舶、飞机设计、制造、维修等各领域限制，基本形成全行业开放。二是进一步提高了负面清单的透明度、规范度。2018年版外商投资负面清单统一列明了股权要求、高管要求等特别管理措施，删除了"我国法律法规另有规定的，从其规定"的说明，按照全面落实准入前国民待遇加负面清单管理制度的要求，明确负面清单之外的领域，按照内外资一致原则实施管理。此外，根据《国务院关于积极有效利用外资推动经济高质量发展若干措施的通知》（国发〔2018〕19号）特别提出，负面清单之外的领域，各地区各部门不得专门针对外商投资准入进行限制。三是进一步提高了国际化水平。2018年版外商投资负面清单，借鉴了自贸试验区负面清单的体例与形式，从《外商投资产业指导目录》中独立出来，单独发布，按照《国民经济行业分类》，以列表方式列明了股权比例、高管要求等主要的外资限制措施，进一步与国际接轨。

更加开放的2018年版《外商投资准入特别管理措施（负面清单）》的出台，兑现了中国领导人对世界投资者扩大开放的承诺，再次彰显了中国政府主动扩大对外开放、主动对接国际做法的坚定决心，彰显了中国持续推动经济全球化，实现携手共进、共同发展的坚定决心。

6. 总结

清单版本不断更新、调整，所构建起来的外商准入管理总体上趋向越来越开放、越来越规范。条目数量上，自贸区从2013年版"负面清单"的190项特别管理措施到2018年版缩减为45条，缩减比例高达76%；清单透明度不断提高，更加与国际通行规则相衔接，如明确对外资控股、股比、高管要求、业绩要求等限制条件；列单形式上，不断根据《国民经济行业分类》的调整进行了分类，按表格展示，做到方便查阅；清单实践地区不断扩大，从最开始的上海自贸区的扩展，到第二批、第三批自贸区的实践，再到全国版外商投资准入特别管理措施

（外商投资准入负面清单）的公布，负面清单模式已经由上海自贸区独享转变为全国适用，清单在更广大的空间上进行了探索，影响范围不断扩大。

（二）实行外商投资负面清单的成效

自贸区作为中国外商投资负面清单的"试验田"，成为中国进一步改革开放过程中的一大突破性亮点。自贸区努力接轨国际贸易与国际投资规则，创新投资管理模式，压缩特别管理措施的数量，搭建管理模式框架。负面清单逐步"变短"，如前文所言，截至目前全国版清单事项已经缩减至48条，自贸区版缩减至45条。而且从外资进入的行政流程和耗费的时间等来看，相关成本逐步降低。据报道"2013年前，没有通过负面清单进入中国的外资，所有程序需要走14个政府部门，或者还要额外经过发展改革委、外管局的审批，一个外资企业从申请到落地，平均需要8个月。而有了负面清单后，2014年，在上海自贸区内，外资企业进入自贸区，从申请到拿到营业执照，平均时间是7个工作日。到了2015年，按照新的负面清单，规范化管理越来越强化，外商从申请到拿到执照的最快纪录是1个工作日"。[1] 2016年，凡负面清单外的，就可改为备案制，外商投资企业在负面清单以外的行业投资不需要审批，备案即可。与审批相比，备案制可减少纸质材料90%，办理时限从20个工作日缩短到3个工作日。[2] 这也是外商投资负面清单制度优化行政管理模式，倒逼"权力"清单改革的重要成果。

从管理模式带来的外商投资成果来看，在试行外商投资负面清单以来，各自贸区都取得了显著的效果和斐然的成绩。

首先，从其开局运行和前期趋势看，2013年上海自贸区作为中国首个试点的试验区开始实施负面清单模式。上海自贸区2013年版的负面清单包括了国民经济18个经济行业门类，涉及89个大类、419个中类和

---

[1] 闵杰：《全国版负面清单的"三年之约"》，《中国新闻周刊》2016年1月17日。
[2] 《自贸区负面清单模式全国推行　清单外外资三个工作日可完成备案》，《界面新闻》2016年9月4日，http://www.jiemian.com/article/834354.html。

1069个小类。① 在上海自贸区成立后的第一个月（2013年9月30日至10月29日）内，自贸区管委会网上办理外资新设企业就达29户，其中，投资行业在负面清单以外实行备案制的有24户，82.8%；在负面清单以内审批的有5户，占17.2%。这种情况同负面清单设计时备案项目占比85%的预测目标非常接近，符合区内产业发展导向。②

其次，从发展过程和中期成效看，负面清单以外领域的外商投资项目核准制和企业合同章程审批制全部改为备案制，企业准入由"一个部门、一个窗口集中受理"，服务业23项开放措施全面实施。③ 截至2014年6月底，上海自贸区累计新设企业10445家，其中外资企业1245家，企业完成经营总收入7400亿元，实现工商税收335亿元，在试行不到一年的时间里，自贸区的经济效应如此巨大。实践证明，负面清单制度充满优越性，由试点走向推广势在必行。④

最后，从其运行积累和目前成果看，可见外商投资企业在自贸试验区的聚集作用十分明显。在2016年召开的《负面清单模式下我国外商投资监管体系》研讨会暨报告发布会上，天津滨海商委涉外经济处介绍，天津自由贸易试验区设立一年多来累计批准设立外商投资企业833家，占滨海新区比重的83.63%，投资总额372.61亿美元，占滨海新区93.16%。广州自贸区深圳前海管理局制度创新处负责人靳光涛介绍，外商投资负面清单制度实施以来，深圳市80%新增的外商投资企业都落户在前海自贸试验区，其中绝大部分都实现了准入前国民待遇加负面清单管理模式，"就是说不用审批了，备案就可以了"。⑤ 而在上海，数据表明，2015年前5个月，上海自贸区内新增外资项目1262个，合同外资

---

① 《外资管理负面清单需要新的制度设计》，《证券时报》2015年5月21日，http://finance.eastmoney.com/news/1350.20150521508668259.html。
② 杨圣明：《负面清单：对外开放的全新管理模式——上海自贸区调研有感》，《名人观察》2014年第4期。
③ 《深入探索负面清单管理模式，自贸区管理制度更透明》，证券时报网，2014年9月26日，http://finance.ifeng.com/a/20140926/13149463_0.shtml。
④ 邓宏涛：《负面清单模式国内推广的理论逻辑与路径探究——基于上海自贸区负面清单模式实践的思考》，《特区经济》2015年第6期。
⑤ 李春晖：《四大自贸区试行外商投资负面清单一周年：有成果有烦恼》，中国网财经，2016年5月30日，http://finance.china.com.cn/news/20160530/3745474.shtml。

235 亿美元，同比增长分别为 49% 和 500%。在 4 月中旬试行 2015 年版负面清单以后的 2 个月间，就吸引外资项目 526 个，注册资本 106.51 亿美元。与此形成对比的是 2013 年 9 月底试行 2013 年版负面清单时，2 月内新增外资项目只有 39 项。① 2016 年上海市在新扩展区域全面推行外商投资负面清单管理模式，企业准入"单一窗口"从注册环节向变更环节延伸，自贸试验区新登记注册企业 1.8 万家。② 总体而言，据商务部的统计显示，截至 2017 年 4 月，上海自贸区累计设立外资企业 8734 家，吸收合同外资 6880 亿元人民币；广东、福建、天津 3 个自贸区累计设立外资企业 12712 家，吸收合同外资 11357 亿元人民币；2017 年新设立的自贸区同样初显成效，从挂牌至今，浙江自贸试验区大宗商品进口已经突破 600 亿元，截至 5 月 18 日，辽宁自贸试验区新增注册企业超过 4000 家。商务部新闻发言人孙继文曾指出，4 个自贸试验区 2016 年全年实际吸收外资达 879.6 亿元人民币，同比增长 81.3%，以十万分之五的国土面积吸引了全国十分之一的外资。③

从以上成效中可见，负面清单制度自身的不断完善发展，给后期在全国的复制推广奠定了良好的理论基础。同时，负面清单制度在实践中的顺利运行，证明了负面清单制度充满优越性，成绩斐然，成效显著，无疑给予了中共中央的《决定》以极大的实践支持，由试点走向推广势在必行。

（三）实行外商投资负面清单的难点

虽然外商投资负面清单制度在经济发达国家应用已久，但在中国却是首次实践。实行外商投资负面清单制度是向国际投资规则接轨的体现，也将大大推动投资自由化和多样化，深化经济体制改革。同时，这种

---

① 《全国版负面清单的"三年之约"》，《中国新闻周刊》，http：//news.163.com/16/0117/18/BDI80R7000014AEE.html。
② 《杨雄市长在上海市第十四届人民代表大会第四次会议的政府工作报告（2016 年）》，2016 年 2 月 2 日，http：//www.shanghai.gov.cn/nw2/nw2314/nw2319/nw11494/nw12330/nw12336/u21aw1101441.html。
③ 《自贸区负面清单中的"开放密码"》，新华网，2017 年 8 月 17 日，http：//www.sh.xinhuanet.com/2017 - 08/17/c_ 136533297.htm。

"非禁即入"的管理模式设计时也面临了诸多难点。在自贸区负面清单的探索和改进阶段，虽取得许多成效，也面临着许多亟待解决的难点。

1. 清单合理制定和调整仍不易把握

负面清单的质量是其能否发挥实质性作用的关键，也是实施负面清单管理制度面临的首要问题。如何在制定负面清单时，通过清理不符措施，切实减少对外商投资准入的限制，并提高投资便利化的程度，并确定需要保留将来采取不符措施的行业和领域等，实属不易。① 从最初公布的负面清单来看，其中的限制性条款大多仍根据之前的《外商投资产业指导目录》制定，② 在条款数量上负面清单与《外商投资产业指导目录》的吻合度较高，几乎目录中的所有限制类和禁止类条目都出现在负面清单之中。③ 从自身性质看，尽管当时的负面清单公布在外资管理方面取得了实质性的突破，但投资壁垒仍然存在，前几版负面清单仍然具有鲜明的过渡性质。近年来，清单的制定则在清理事项上狠下功夫，以自贸区试验的清单为例，将清单事项从2013年的190项缩减至2018年的45项。2018年版负面清单在一些投资者高度关注的领域，结合中国产业发展水平，大幅减少外资限制。但是清单限制禁止事项的缩减如何与保护国内产业和经济安全平衡仍是一个难题。还有，负面清单对未来新兴行业的预留空间不足，像物联网、云计算、电子支付等新兴行业未能在《国民经济行业分类及代码》中找到对应类别，因此也未能出现在负面清单之中。

此外，从清单的动态调整和政策稳定性的冲突来说，目前在外商投资负面清单制度中问题较为严重，可以看到几乎每年中国都会对前一版清单进行改进，虽然这是具有现实的必要性的操作，有助于清单更加科学合理。而且也跟中国刚刚开始探索实施外商投资负面清单制度有关，"边试验边总结"是改革循序渐进的要求。如何在外商投资负面清单的动

---

① 王新奎：《中国（上海）自贸试验区改革的重点：对外商投资准入实施"负面清单"管理》，《上海对外经贸大学学报》2014年第1期。

② 卫志民、关园：《实施负面清单管理模式的难点与对策——以中国（上海）自由贸易实验区为例》，《理论视野》2015年第3期。

③ 陈伟：《上海自贸区推行"负面清单"的制度创新与面临的问题》，《国际商务论坛》2014年第6期。

态调整与政策稳定性之间找到平衡不太容易。

2. 体制变革与职能转换难

随着负面清单管理模式的推进，不但对政府打破原先的行政审批制，实现制度改革提出了新要求，而且也是对政府加快职能，简政放权，回归服务本质的一次新挑战。

第一，体制改革是一个缓慢并且艰辛的过程。中国政府长期在计划经济模式下的惯性，在经济全球化、自由化的今天，仅靠能力和认知越来越难对新兴产业的未知领域和未来发展做出预测。一方面，政府这双"看不见的手"的过多干预，会压抑市场主体创造性，不利于释放经济活力。另一方面，政府部门要彻底打破实行了数十年的行政审批制度，实现制度的创新是难以一蹴而就的，名目繁多的规章制度、冗杂紊乱的政府机构、僵化的监管体系等都是制度变革和政府职能转变的固有障碍，用经济管理体制创新来倒逼行政体制变革需要付出更多的努力。[①]

第二，政府对隐形壁垒的解决也是个难点。前期的事前审批制度不仅规定烦琐，而且存在大量的寻租空间，而负面清单管理模式要求打破对企业类型的限制，实行国民待遇，采取公平态度，这无疑使得制度推行面临不小阻力。由于处于长期的行政审批制度之下，企业的性质差异在财政税收、项目核准等方面的各类隐性壁垒短期内难以彻底消除，具有政府背景的企业往往有着独特的竞争优势。这也对政府提高行政透明度提出了不小的挑战。

第三，负面清单管理模式对政府加强有效监管提出了新挑战。在负面清单制度下，虽然给予了外资更多的自由，但是却将传统上的事前监管转变为事中、事后监管，而且对外资准入的限制少了，投资金融活动更加自由了，监管难度无疑将大大增加。从国际经验看，一方面，在外资准入方面采取负面清单模式有利于促进投资自由化；另一方面，负面清单模式意味着全面开放未来投资监管体制，即使是那些国内尚不存在的产业。这一模式的最大挑战在于，采取负面清单模式时，若某一产业没有列入例外或者不符措施，可能会导致其潜在地受到来自外国投资竞

---

① 卫志民、关园：《实施负面清单管理模式的难点与对策——以中国（上海）自由贸易实验区为例》，《理论视野》2015 年第 3 期。

争的损害。近几年，一些跨国公司在中国采取双重定价，通过排斥竞争、收取不合理的高额专利许可费等方式获取垄断暴利就是跨越垄断红线、损害消费者权益。① 因此，对于监管部门而言，如何加强有效监管将是一个非常严峻的课题。使用"负面清单"意味着未来投资监管体制的全面开放，这需要政府真正提高落实对外资监管的高水平透明度。

3. 配套法规、制度不完善

在中国经济体制面临改革新阶段的时期，国内市场经济体制仍不够成熟，法律体系也尚不完备，相应的配套服务也相对欠缺，难以提供充足的支撑。

第一，中国相关法律、法规与政策不够健全，需要顶层设计。首先，在金融、法律、监管等领域诸多问题需要破解。一方面，关于外商标准的划分，中国基于英美法系按照企业注册地来认定企业是否为外商，而国际上是使用住所地认证标准。从法律类型看，中国内地采用的是大陆法系，但英联邦国家实行的是英美法系，国际贸易与投资领域采用较多的也是英美法系。两个法系在法律结构、司法体制和法官权限、诉讼程序等方面完全不同，对自贸区出现的贸易投资纠纷如何仲裁是一个问题；另一方面，作为自贸区创新亮点之一的金融开放，其核心内容是利率市场化、人民币国际化和资本项目自由化等，从负面清单看，这三大金融领域的风险疑问尚未有详细解读；除此之外，公平的市场秩序没有完全形成，对侵犯知识产权、搞假冒伪劣或坑蒙拐骗惩治不力，监管随意性较大。这些情况说明负面清单管理模式缺乏详尽的标准和规范，开放后的市场监管存在一系列管理难点与潜在风险。② 其次，目前，中国有关外商投资准入的政策法规过于繁杂，多头管理、多层次立法、区域差异大、内容欠缺统一性、规范性等问题十分突出。为此，有必要对现行外商投资准入条例重新加以分类梳理，剔除其中重叠、交叉和冲突的政策，逐步规范、透明并与国际高标准规则接轨。

---

① 《外资管理负面清单需新的制度设计》，《证券时报》2015 年 5 月 21 日，http：//finance.eastmoney.com/news/1350，20150521508668259.html。

② 陈伟：《上海自贸区推行"负面清单"的制度创新与面临的问题》，《国际商务论坛》2014 年第 6 期。

第二,负面清单的配套制度建设与国际接轨仍有较大距离。中国香港、新加坡之所以能成为国际金融、贸易、航运中心,是与其成熟、完善、发达的市场经济制度分不开的。比如新加坡拥有完全开放的外汇市场,开放、高效、低税负而形成的国际竞争力,使其成为世界著名自由港。从这个意义上讲,上海自贸区在形成国际通行经贸投资制度建设方面任重而道远。负面清单管理模式在促进中国同世界接轨的同时,也授予了外商向国际法庭申请仲裁的权利。如果与负面清单管理模式相匹配的配套改革没有同步推进,无疑会带来纷繁复杂的国际经济争端。[①]

4. 外资准入的风险监管难

第一,外资的准入资格缺乏清晰的规定和标准,将会带来投资主体认定标准不一、市场监管难度加大等难题。2013 年,中国实际使用外资金额 1175.86 亿美元,同比增长 5.25%,吸收外资规模稳步上升。[②] 上海自贸区公布的负面清单对外资准入领域进行了明确的规定,但缺乏对外来投资质量的界定。200 项管理措施中包括了 38 项禁止类管理措施以及 152 项限制类管理措施,可见其对外商投资的禁止领域规定非常之详细,旨在通过开放提高外商投资的活跃度,引进更高质量的外资。但是何为高质量的外资?如何判断外资利用水平的高低?我们还没有一个统一的判断依据。随着自贸区的开放,中国的外资规模将越来越大,界定外资质量的大概标准落实统一的进度也需要加快。

第二,外资扩大对国内薄弱产业的冲击和对新兴产业保护问题。首先,根据商务部数据,外商对华投资规模逐步扩大,近九成的外商投资流向商务服务业、采矿业、建筑业和制造业;2013 年服务业实际使用外商金额 614.51 亿美元,同比增长 14.15%,占全国实际利用外资总量的 52.30%,中国一些基础薄弱、缺乏竞争优势的产业在短期内将面临或多或少的冲击。其次,如前文所言,如何制定出既体现中国产业保护的核

---

① 卫志民、关园:《实施负面清单管理模式的难点与对策——以中国(上海)自由贸易实验区为例》,《理论视野》2015 年第 3 期。

② 《商务部:2013 年中国 FDI 同比增 5.25%,连增 11 月》,搜狐财经,http://business.sohu.com/20140116/n393623443.shtml。

心利益，又能够对一些战略新兴产业具有前瞻性的"负面清单"，并取得经济自由与经济安全之间的平衡，将是一个巨大的挑战。① 因为中国产业转型升级正处于关键期，投资技术和模式创新不断，但是以"负面清单"的"罗列法"难以穷尽。对于国内尚处于萌芽状态的新兴产业来说，国外资本的进入可能占据先发优势，快速占据市场制高点，一旦中国政府或企业没有预见到相关产业的发展前景，失去抢占市场优势的先机，等到外资企业地位稳固，国内企业再想进入该产业将难上加难。并且《中国（上海）自由贸易试验区管理办法》（以下简称《管理办法》）中规定，清单以外对区内涉及固定资产内、外资项目进行备案管理。但没有明确规定内资开放模式，即区内内资企业如何审批不明确。根据中国企业现有的竞争力，清单制定者很难穷尽限制领域以保障内资企业利益。②

表5　　　　　　　外商投资负面清单在自贸区的改革困境

改革困境	侧重点分类	具体表现
清单制定的科学性问题	清单内容的把握难度	越来越精简的清单，更加开放，但国内经济安全发展如何平衡仍是难题
	动态调整与政策稳定冲突	清单动态管理模式随改革进度而调整，政策稳定性不高，为相关立法增加不确定性；商务部和发展改革委缺乏制度化协调机制，《目录》修改时可能程序不规范
政府职能的合理转换问题	体制改革缓慢并且艰辛	政府过去控制市场，经济活力长期压抑；审批制度沿用已久，制度创新障碍重重
	隐形壁垒解决相对困难	行政审批存在寻租，政企关系厘清不易；企业性质存在差异，隐性壁垒短期难除
	有效监管挑战难度不小	外资准入限制变少，监管难度大大上升；监管体制全面开放，监管透明提出挑战

① 《外资管理负面清单需新的制度设计》，《证券时报》2015年5月21日，http://finance.eastmoney.com/news/1350，20150521508668259.html。

② 《负面清单事关开放大文章》，http://xue163.com/672/1/6727059.html。

改革困境	侧重点分类	具体表现
相关配套的健全完善问题	法律、法规与政策不够健全	由于法律体系的差异，自贸区出现的贸易投资纠纷仲裁存在难题；金融等领域问题诸多，需要破解
	制度建设接轨国际仍有距离	国际通行经贸投资制度建设任重道远，需要完善配套设施建设；外资具有国际法庭申请仲裁权利，容易引起国际经济争端
外资准入的标准风险问题	准入资格标准不够清晰明确	界定外贸质量标准尚未统一，市场监管难度加大
	国内薄弱产业受到外资冲击	国内薄弱产业遭受冲击，战略新兴产业发展面临挑战

资料来源：作者整理。

综上所述，作为中国经济转型升级关键时期的重大战略举措，负面清单制度在自贸区的推行和试点有着非凡的意义，但同时困难和挑战并存，我们既要坚定不移发挥好其积极作用，又要结合本国实际并借鉴国际规范不断加以完善。

（四）外商投资负面清单的推广

2013 年 9 月，上海市政府公布了《中国（上海）自由贸易试验区外商投资准入特别管理措施（负面清单）（2013）》，标志着外商投资负面清单工作正式启程。[1] 之后，该清单经过 2014 年、2015 年、2017 年、2018 年四次修订，清单事项逐渐减少。并于 2015 年形成《自由贸易试验区外商投资准入特别管理措施（负面清单）》，将外商投资负面清单的适用范围扩大到上海、广东、天津、福建 4 个自由贸易试验区；2017 年，新版《自贸试验区负面清单》公布，将外商投资负面清单的适用、试点范围进一步扩大，同年全国版外商投资负面清单在《外商投资产业指导

---

[1] 陈彦霖：《外资准入制度之负面清单管理模式探究》，吉林大学，2016 年。

目录（2017年修订）》中作为附加内容公布，并于2018年单独公布。几年间，中国推广外商投资负面清单积累了可贵的实践经验。

上海自贸区作为首个自贸试验区的探索，对制度的推广起到了"龙头"的带领作用。上海自由贸易区作为外商投资负面清单管理制度试点实施的排头兵，多年来围绕探索建立负面清单管理模式，主要开展了以下工作：一是制定负面清单，将外商投资与国民待遇等不符措施列入负面清单；二是在负面清单基础上改革外商投资管理方式。① 这些改革工作对上海自贸试验区的整体改革起到纲举目张的作用，同时亦是倒逼其他领域改革的主要着力点。② 据此，上海市不断完善负面清单相关的配套措施改革：一是转变政府职能，改革投资准入管理体制，管理模式从注重事前审批逐步转向事中和事后监管；二是按国际高标准推进投资和贸易便利化，塑造国际化、法制化的营商环境。三是完善外商投资管理体系，如试验外商投资备案管理等，构建更加开放、透明、高效、安全的外商投资管理体系。③

上海自贸区外商投资负面清单制度试点工作释放出了巨大的改革效应和制度红利，推出了诸多可复制可推广的经验。早在2015年，上海市就形成了一批可复制可推广经验的总结，④ 其中在全国范围内复制推广的改革事项有28项，涉及五个方面：一是投资管理领域，包括税务登记号码网上自动赋码、组织机构代码实时赋码、企业设立实行"单一窗口"等9项；二是贸易便利化领域，包括检验检疫通关无纸化、第三方检验结果采信等5项；三是金融领域，包括个人其他经常项下人民币结算业务、外商投资企业外汇资本金意愿结汇等4项；四是服务业领域，包括允许设立股份制外资投资性公司、允许内外资企业从事游戏游艺设备生产和销售等5项；五是事中事后监管方面，包括社会信用体系、信息共

---

① 刘歆、刘轶琳、曹磊：《自贸区将探索负面清单管理模式，推进投资管理方式改革》，东方网，2014年7月1日，http：//sh.eastday.com/m/20140701/u1a8189212.html。

② 王新奎：《中国（上海）自贸试验区改革的重点：对外商投资准入实施"负面清单"管理》，《上海对外经贸大学学报》2014年第1期。

③ 《新常态下中国开放性经济之路——上海自贸区为例》，http：//www.njliaohua.com/lhd_6l3gj609sa3y3j84w1j5_1.html。

④ 《上海自贸区经验得到有序复制推广》，2015年4月23日，http：//news.ifeng.com/a/20150423/43611922_0.shtml。

享和综合执法制度、社会力量参与市场监督制度等 5 项。在全国其他海关特殊监管区域复制推广的改革事项共 6 项,包括期货保税交割海关监管制度、融资租赁海关监管制度、进口货物预检验等。此外,自贸区内的企业注册资本实缴改认缴,从 2014 年 3 月 1 日起在全国范围内实施;自贸区内放开小额外币存款利率上限的试点,同年也在整个上海市得以推广。①

关于如何复制推广上海自贸试验区的试点经验,上海还形成一个科学渐进的工作步骤。第一步是在上海自贸试验区运行一周年之前,有关部门对看得准、效果好的试点事项,陆续在全国或部分地区复制推广,共有 27 项。其中,涉及投资管理体制改革共 13 项,包括注册资本认缴制、境外投资项目备案管理制度、企业年报公示制度、经营异常名录制度等;涉及贸易便利化改革共 10 项,包括"先进区、后报关",保税展示交易,集中汇总纳税等;涉及金融改革开放举措共 4 项,包括取消境外融资租赁债权审批、取消对外担保行政审批等。第二步是在上海自贸试验区运行一周年后,上海市和国务院有关部门进行了全面的总结评估,在此基础上党中央、国务院统一做出复制推广的部署。②

此外,外商投资负面清单模式的推广不仅依赖于上海自贸区"单打独斗"、范围有限的经验推广,还依赖于自贸区试点的"扩围"。负面清单模式在上海自贸区内的成功实践,得益于首次移植"垄断"和政策倾斜。上海自贸区是政府为负面清单制度量身打造的"试验田",无异于垄断拓展空间,必然形成对自贸区环境依赖。因此,政府于 2015 年新增广东、天津、福建 3 个自贸区,在已有试点经验基础之上,因地制宜,增加新制度、模式、内容的试点。这不仅是从一个自贸区到四个自贸区的简单增量变化,其深远意义更在于,负面清单制度突破上海自贸区向全国范围新增自贸区"扩围"。③

---

① 《36 条经验,可复制可推广,年内集中推出》,2014 年 7 月 2 日,http://news.163.com/14/0702/15/A05IGFIU00014AED.html? f=jsearch。
② 《上海自贸区经验得到有序复制推广》,2015 年 4 月 23 日,http://news.ifeng.com/a/20150423/43611922_0.shtml。
③ 邓宏涛:《负面清单模式国内推广的理论逻辑与路径探究——基于上海自贸区负面清单模式实践的思考》,《特区经济》2015 年第 6 期。

第二批自贸试验区建设工作启动以来，上海、广东、天津、福建4个自贸试验区在投资、贸易、金融、创业创新、事中事后监管等多个方面进行了大胆探索，有效激发了市场主体活力，推动了大众创业、万众创新。在改革方面，自贸试验区首次试行外商投资负面清单管理模式，大幅减少行政审批，在开放方面，外商投资特别管理措施从2013年的190项缩减到目前的122项，在创新方面，优化政府管理和服务模式，通关效率平均提高了40%。商务部数据显示，2015年，4个自贸试验区新设立企业约9万家，其中广东、天津、福建自贸试验区新设立企业数同比增长2倍。4个自贸试验区吸收合同外资占所在省市吸收合同外资的比重超过50%，科技研发、创业投资、电子商务等高端产业聚集效应明显。总体看，自贸试验区营商环境受到境内外投资者欢迎。国务院发展研究中心等第三方机构对上海自贸试验区的联合评估显示，82%的受访企业反映营商环境进步明显，95%以上的企业看好后续发展；有关问卷调查结果显示，企业对自贸试验区政府部门服务效率、企业设立便捷度、办事透明度等都打了高分。①

综上，外商投资负面清单制度不仅在上海自贸区取得显著成效，在广东、天津、福建3个自由贸易试验区实施以来，也成绩斐然。在试点成功的基础上，为加快推进负面清单制度在全国的推广，《自由贸易试验区外商投资准入特别管理措施（负面清单）（2017年版）》自2017年7月10日起实施，2015年4月8日印发的《自由贸易试验区外商投资准入特别管理措施（负面清单）》同时废止。可见，外商投资负面清单制度在全国11个自贸区得到更大范围的适用、推广，2018年又增设海南自贸港，负面清单管理模式逐步突破单个自贸区，快速推向全国。这一政策刺激地方自发打造地方负面清单，不少地方也主动向更有经验的第一、二批试点地区学习外商投资负面清单管理制度的成功经验。

这一推广过程中，虽然试点外商投资负面清单管理制度的自贸区从1个增加至12个，且各个自贸区的试点工作都有不俗表现，但总体来看，从试验区负面清单到全国负面清单仍是艰难的跳跃，一些潜在的风险和

---

① 《我国将新设立7个自贸试验区复制推广已有经验》，2016年9月1日，http://news.qq.com/a/20160901/000888.htm。

问题不容忽视。

第一,从自贸区到全国的跨度,还需要实践检验。从自贸区的几个点,要一下扩大到全国,尤其在金融和服务领域,在自贸区的试验可以相对大胆,出现问题相对容易把控,但直接跨越到全国,如果还不清楚事实上的冲击和政府的监管能力是否可以匹配,可能会存在风险。自贸区负面清单的产业基本涵盖了三大产业的核心部门,但基本不包括农业、畜牧业、采矿业这些上游部门,全国版的综合性负面清单一次推出,很多行业甚至在自贸区都没有经过压力测试,是否能够平稳过渡,也需要特别注意。[1]

第二,规避市场风险,提高有效监管能力也需引起重视。负面清单模式蕴含着巨大的风险,投资行为是市场经济中最活跃的一环,资本的异常流动又是高度自由的投资市场中最容易发生的风险。再者,科技发展日新月异,新行业不断崛起,资本的逐利性导致新的投资行为,这可能会利用中国负面清单中限制性措施规定不明的漏洞"打擦边球",逃避监管。[2]

第三,前期部分政策效果低于预期,隐形壁垒不容忽视。如何在"负面清单"的全国推广中避免落入"雷声大、雨点小"的怪圈?而且,推广路径的选择上也存在不少可能问题,主要集中在中央和地方、地方和地方上,应仔细斟酌,因为负面清单制度能够带来巨大的经济红利,但是由于地域分布决定利益分配,倘若分布失衡容易引发诸多潜在矛盾。

但同时,困难与机遇并存。虽然外商投资负面清单制度全国推广面临困难,但负面清单制度国内推广不仅有着深刻理论逻辑,也有自贸区和地方实践的现实支撑,还有十八届三中全会的顶层设计,明确指明了负面清单制度在国内的推广方向和推广路径,因此我们有理由相信负面清单制度在全国推行的现实可行性,坚定地继续在 2017 年版、2018 年版清单的实践基础上,在全国实行外商投资负面清单这一制度。

总体而言,自 2013 年以来,自贸试验区不断产生可复制可推广的经

---

[1] 《全国版负面清单的"三年之约"?》,http://news.163.com/16/0117/18/BDI80R7000014AEE.html。

[2] 杨海坤:《中国(上海)自由贸易试验区负面清单的解读及其推广》,《江淮论坛》2014年第 3 期。

验，主要通过三种方式进行复制推广。第一是集中推广，包括：2014年国务院印发《关于推广中国（上海）自由贸易试验区可复制改革试点经验的通知》推广了34项试点经验；2015年国务院自由贸易试验区工作部际联席会议在投资、贸易、事中事后监管方面选取了8项制度创新性强、市场主体反映好的做法，作为"最佳实践案例"印发供各地借鉴。第二是各部门自行推广，各个部门对看得准、效果好的试点经验，及时在全国或部分地区复制推广。第三是地方推广，前期第一二批试点省市高度重视试点经验复制推广工作，积极宣传、主动发布自贸试验区成功经验，不少地方也主动向前者取经。外商投资负面清单未来将形成更多"可复制、可推广"的经验，突破地区、单点限制，促进中国对外开放、提升外资利用水平，为全国性的改革带来巨大示范效应。

三 对全面实施市场准入负面清单制度启示

在中国，负面清单包括了市场准入负面清单和外商投资负面清单。两张负面清单的本质一样，都是在市场主体进入投资经营领域的禁止或限制（许可）事项的汇总，上面列明了市场主体不能进入或者经许可才能进入的业务、领域等。而市场准入负面清单是对境内外投资者的"通用标准"，是适用于境内外投资者的一致性管理措施，是对各类市场主体市场准入管理的统一要求；外商投资负面清单主要是出于国家安全等要求，对境外投资者的"附加标准"，适用于所有境外投资者在华投资经营行为，是针对外商投资准入的特别管理措施。

两者比较而言，相对于外商投资负面清单管理模式的实践，市场准入负面清单管理模式面临更多难点和问题：一是外商投资负面清单制度在国际有较为成体系的通行标准和国际经验，而市场准入负面清单是中国创造性地将负面清单制度"由外而内"的探索实践，无国际先例可循，探索难度更大；二是外商投资负面清单试点时间更长，从2013年上海市自贸区试点伊始，到2017年自贸区负面清单第二版的出台，先后经历了4个版本的更新，并在11个自贸区同步推进，试点范围更大，实施经验更丰富，而市场准入负面清单于2015年4月汇总、审查形成《草案》（试点版），在天津、上海、福建、广东等省（直辖市）试行，试点时间更短、经验更加缺乏；三是市场准入负面清单全国推行时间紧迫，《关于实行市场准入负面清单制度的意见》明确从 2015 年年底至 2017 年 12 月 31 日，在部分地区试行市场准入负面清单制度，积累经验、逐步完善，探索形成全国统一的市场准入负面清单及相应的体制机制，从 2018 年起正式实行全国统一的市场准入负面清单制度。随着《市场准入负面清单》（2018 年版）2018 年 12 月 25 日正式公布，中国市场准入负面清单制度进入全面实施新阶段，实现清单之外所有市场主体"非禁即入"。但如何实行，仍是一个难题。

由于外商投资负面清单和市场准入负面清单同属负面清单制度，都是清单治理在中国的实践，简单而言"一个单独对境外，一个对境内外一致"，二者内在一致性较强。所以，为实现市场准入负面清单在全国的推广，也有必要借鉴外商投资负面清单的推广经验，做到：

第一，在清单的管理上，借鉴外商投资负面清单管理模式的动态调整经验。《国务院关于实行市场准入负面清单制度的意见》中明确指出，市场准入负面清单制度实施后，要按照简政放权、放管结合、优化服务的原则，根据改革总体进展、经济结构调整、法律法规修订等情况，适时调整市场准入负面清单。[①] 一方面，从实践来看，为更好地适应转变经济发展方式的需要，市场准入负面清单需要与行政审批事项、法律法规、《产业结构调整指导目录》《政府核准的投资项目目录》相衔接，需要根据行政审批事项的取消、下放情况，法律法规的制定、修改情况，《产业结构调整指导目录》《政府核准的投资项目目录》的调整情况进行动态更新。另一方面，从未来发展来看，新技术、新产品、新业态、新商业模式层出不穷、千变万化，尤其是信息技术的普及将会对诸多传统行业的制造流程、营销模式实现再造。为了进一步适应这种新形势，政府还应本着鼓励创新、降低创业门槛的原则，加强制度供给，更新许可类、禁止类新建项目，这也要求市场准入负面清单进行适时调整。[②] 因此，借鉴

[①] 《国务院关于实行市场准入负面清单制度的意见》，2015 年 10 月 19 日，http：//www.gov.cn/zhengce/content/2015 – 10/19/content_ 10247. htm。

[②] 《市场准入负面清单应是一张动态调整的清单》，2015 年 10 月 22 日，http：//www.sohu.com/a/37198036_ 119372。

外商投资负面清单管理模式的动态调整经验尤为重要。近年来，外商投资负面清单一直动态调整清单内容，精简清单条目，扩大开放水平；对负面清单制度改革试点的工作实行动态绩效考核等工作机制；根据市场主体信用状况实行分类、动态管理，市场准入负面清单制度的改革与推广，需要建立在这些动态机制建立的基础上，不断改良、发展，直至成熟、相对稳定的状态。

第二，在市场准入负面清单推广工作中，遵循"边试点、边总结、边推广"的原则。外商投资负面清单制度在近年来能够稳步推进，并逐步扩大试点范围，很大程度上是因为其"边试点、边总结、边推广"。在上海自贸区试点外商投资负面清单管理制度以来，几乎每年都有数量可观的制度创新成果在全国或部分地区推广，比如货物可先出区后报关，企业注册登记时不用再提交验资报告在福建实施；上海自贸区实施金融扶持政策也获得中国证监会批复，依相应程序可以在前海试验和落地。[①]因此，市场准入负面清单制度的实施过程中，也应借鉴"边试点、边总结、边推广"原则，认真学习借鉴试点地区的好做法、好经验，结合市场准入负面清单的实际需求，不断创新思路，完善机制，以试点成果指导工作，充分发挥试点地区的示范带动和引领作用。

同时要凸显地方特色，在更广领域、更大范围形成各具特色、各有侧重的试点格局，推动负面清单制度全面深化。《国务院关于实行市场准入负面清单制度的意见》也要求，制定市场准入负面清单要充分考虑地区发展的差异性，增强操作性、针对性。因此，市场准入负面清单制度推广中，可以突出试点地区功能战略，以规章政策形式明晰试点地区的市场准入改革侧重点，在全国一张单子的原则下，充分发挥各试点地区的能动性。

第三，探索内外资市场准入监管机制。外商投资负面清单制度试点地区一直积极探索外商投资监管新体系，特别是自2013年上海自贸区获批以来，在负面清单管理方面做了深入探索。比如在安全审查机构设立方面，建立了外国投资者并购境内企业安全审查部际联席会议制度，在

[①]《上海市探索自贸区的经验总结》，2014年12月17日，http://www.gygov.gov.cn/art/2014/12/17/art_10688_678647.html。

国务院领导下,由国家发展改革委、商务部牵头,根据外资并购所涉及的行业和领域,会同相关部门开展并购安全审查。涉及多部门的联合监管难免出现信息不对称,监管效率降低等问题,则重点强调了国家发展改革委、商务部与自贸区管理机构要通过信息化手段,在监管上形成联动机制,在一定程度上弥补了多头监管导致信息沟通不及时、监管效率不高的不足。① 因此,市场准入负面清单要在全国全面推广,也要探索建立内外资监管制度。要按照简政放权、依法监管、公正透明、权责一致、社会共治原则,转变监管理念,创新监管方式,提升监管效能,优化对准入后市场行为的监管,确保市场准入负面清单以外的事项放得开、管得住。有关部门要强化发展战略、发展规划、产业政策和标准规范等的制定、调整和管理,严格依法设定"红线",加强事中事后监管。要推动行业协会商会建立健全行业经营自律规范、自律公约和职业道德准则,建立健全与市场准入负面清单制度相适应的行业自律机制。建立起安全审查制度、建立反垄断审查制度、健全信息公开和共享、健全社会信用体系、建立综合执法制度、健全社会力量参与市场监督、推动法制创新、推动产业预警管理、完善政府自律等监管配套制度。

第四,加大其他领域改革和配套制度建设。除监管领域外的配套,外商投资负面清单在推广过程中,还一直在完善其他领域改革和配套制度建设。负面清单制度改革涉及社会的方方面面,审批体制改革、健全社会信用体系、建立市场主体准入前信用承诺制、健全守信激励和失信惩戒机制等,是负面清单制度能够真正推行和落地的基础和保障。比如,通过持续的推进商事制度改革,减轻企业注册、发展、运行过程中的各种社会成本,实现"三证合一",做到"一证一码"。因此,推进市场准入负面清单的全国推广,需要提前或者配套开始进行相关制度供给:一是需要在审批体制方面,对限制(许可)准入事项中需要审批的,各级政府及其有关部门要根据审批权限,规范审批权责和标准,精简前置审批,实现审批流程优化、程序规范、公开透明、权责清晰。其中,涉及国家安全、安全生产等环节的前置性审批,要依法规范和加强。二是在

---

① 张焕波、史晨、杜靖文、刘隽:《负面清单管理模式下我国外商投资监管体系研究》,《全球化》2017 年第 4 期。

社会信用体系和激励惩戒机制方面，要健全社会信用体系，完善企业信用信息公示系统，将市场主体信用记录纳入"信用中国"网站和全国统一的信用信息共享平台，作为各类市场主体从事生产、投资、流通、消费等经济活动的重要依据。要推动建立市场主体准入前信用承诺制，将信用承诺纳入市场主体信用记录。要健全守信激励和失信惩戒机制，对守信主体予以支持和激励，对失信主体在投融资、土地供应、招投标、财政性资金安排等方面依法依规予以限制，对严重违法失信者依法实行市场禁入。三是在信息公示制度和信息共享制度方面，企业从事生产经营活动过程中形成的信息，以及政府部门在履行职责过程中产生的能够反映企业状况的信息，要按照《企业信息公示暂行条例》等规定及时公示。四是还要建立与市场准入负面清单制度相适应的投资体制、商事登记制度、外商投资管理体制，以及营造与市场准入负面清单制度相适应的公平交易平等竞争的市场环境。①

最后，加强立法工作的衔接。为了更好地对外资准入实行负面清单制度，中国在立法探索中做出了较为紧密的探索，特别是在监管立法上进展很大。2015 年 4 月，国务院办公厅印发《自由贸易试验区外商投资国家安全审查试行办法》，决定在上海、广东、天津、福建 4 个自由贸易试验区试点实施与负面清单管理模式相适应的外商投资国家安全审查。2015 年 7 月通过的《中华人民共和国国家安全法》，其中第四章第五十九条规定，"国家建立安全审查和监管的制度和机制，对影响或者可能影响国家安全的外商投资、特定物项和关键技术、网络信息技术产品和服务、涉及国家安全事项的建设项目，以及其他重大事项和活动，进行国家安全审查，有效预防和化解国家安全风险"，从而从法制上对国家经济安全审查做出了规定。2016 年 9 月，全国人大常委会审议通过了《中外合资经营企业法》等 4 部法律修正案，改变了自改革开放以来运行 30 多年的外商投资"逐案审批"管理模式，是中国外商投资管理体制的重大变革，贯彻了对接国际通行规则、构建开放型经济新体制、进一步扩大开放的要求，将创造更加公平、稳定、透明的外商投资环境，切实提升投资便

---

① 《我委有关负责人就〈市场准入负面清单草案（试点版）〉答记者问》，2016 年 4 月 8 日，http://www.ndrc.gov.cn/gzdt/201604/t20160408_797743.html。

利化水平。实行市场准入负面清单制度，同样一定程度上也面临现行法律法规的制约。因此，更要注重立法工作的开展，使得市场准入负面清单制度在更合法、合理的环境下发挥作用。

扩展阅读4　西部自贸区战略创新研究[①]

为顺应全球经济形势、以开放促改革，2013年、2014年国家先后在上海、广东、天津、福建4地设立自贸试验区。2016年国家又在第三批设立的自贸区中将重庆、辽宁、浙江、河南、湖北、四川和陕西纳入自贸区试验的版图，这也是首次在西部3地设立自贸区。

西部自贸区建设具有以下重要意义。

有利于探索内陆开放经验，为内陆地区扩大开放提供借鉴。前两批（包括上海、广东、天津、福建4个自贸区）均位于开放条件更加优越的东部地区，所形成的经验可能会对开放条件较差的广大内陆地区特别是西部地区产生一定的局限性。总体看，西部地区无论是开放意识、地理区位、市场环境均不占优，研究西部自贸区建设，可以破解不利于开放的先天条件的束缚，从而有利于探索具有西部特色的开发开放经验，为其他内陆地区提供借鉴。

有利于探索向西开放的经验，扎实落实"一带一路"倡议。"一带一路"的提出，将西部内陆地区推向了中国陆路开放、向西开放的前沿，特别是重庆、四川、陕西均在"一带一路"建设中扮演着重要角色。研究以上3地自贸区建设，有利于借自贸区建设的机遇，强化与"一带一路"的对接，从而提高对外开放水平。

有利于探索西部地区改革发展的新动能，助推西部大开发。长期以来，西部地区经济发展主要依靠国家政策和大规模投资拉动。在经济下行压力日益增大的新常态背景下，以上发展模式越来越难以为继。研究重庆、四川、陕西自贸区建设，有利于抓住该历史性机遇，充分利用国内、国际两种资源，探索贸易、投资自由化规则，着力构建开放型经济新机制，以开放促改革、促发展。

---

① 本书作者国情研究报告《西部自贸区战略创新研究》。

西部自贸区建设的创新思路。

(一) 明确定位，以差异化战略定位推进

重庆自贸区应充分利用战略支点、连接点的优势，把自贸试验区建设成为内陆口岸经济高地和对外经济走廊，并和中新合作项目共同规划、同步推进：①依托"三个三合一"开放平台，打造内陆口岸经济高地，建设中国西部最大的自由仓。②依托"向西'渝新欧'国际铁路联运大通道，向东'长江黄金水道'，向南'重庆—东盟'国际贸易物流大通道"的基础上，发展江海联运、铁水、陆航等多式联运，形成横贯东中西、联结南北方的对外经济走廊。③依托中新合作项目，立足"现代互联互通和现代服务经济"这一主题，创新发展自贸试验区物流、信息、金融、航运，建立连接江北机场与东南亚地区的进口货物专业市场和内陆国际物流分拨集散中心、辐射内陆连通欧亚的国际贸易辐射圈、加工贸易为主导离岸内陆金融服务中心。

四川自贸区应依赖成都在产业合作和科学创新方面的优势，以"把自贸区建设成为融入'一带一路'的国际装备制造与产能合作区和整合全球科学创新要素的集聚区"为重点定位。具体而言：①依托中法、中德多个对欧的产业园区，以自贸区为平台，加强中欧产业合作。②集聚创新创业要素，建设国际一流科学创新集聚区。加快成都科学城建设，引进一批技术转移、检验检测等服务机构；积极申办并办好中国·成都全球科学创新交易会。

陕西自贸区重点围绕"丝绸之路起点"做文章，①建设丝绸之路经济带开放合作门户。重点打造东部地区和西部地区对接"一带一路"的桥梁，建设丝绸之路经济带物流、贸易、能源资源、旅游集散中心。②建设面向"丝绸之路经济带"的外交窗口。发挥西安领事馆区在外事交往、国际经贸、文化交流中的承载作用，将西安领事馆区打造成为引领"丝绸之路经济带"建设的外交窗口。

(二) 强力推进改革，探索以人力资源、创新为核心的内陆内生性增长动力

第一，优化政策环境，创新自贸区人力资源开发制度。一是建立本地户籍、省（市）外、国外"全方位"人力资源整合机制。建立整合本地户籍人力资源机制，在北京等发达省市建立本地户籍高层次人才联系

平台，设立本地户籍返乡高层次人才创业园区；建立就业信息推送云平台，"回引"外乡本籍人员就业创业。建立省（市）外人力资源智慧整合机制，创建海内外贫困学生合同制培养机制，与劳动力输出大省共建劳动力基地，建立与外驻本地商会的合作引智机制。建立国外优秀人才利用机制，海外设立研发机构，就地利用海外人才，成立省级猎头机构，建立海外卓越人才（诺贝尔奖获得者）服务本地机制。建立"企业提需求+高校出编制+政府给支持"的新型人才引进机制。创建海外人才离岸创新创业基地。二是建立人力资源就业前、中、后"全流程"持续提升的长效机制。建立高校与市场联合培养机制，实行3+X或2+X制度（即在学2—3年，在岗学习1—2年）；推进人才职业资格认证、职称评定与国际接轨，建立职业培训全球"师资专家库"。三是建立人才"全领域"自由流动促进机制。以建设自贸区为契机，打造西部人才"自由港"，促进地区进出自由；提供人才"绿色通道"，消除人才后顾之忧。第二，强化科技创新的引领作用，发挥区域创新集聚效应。发挥成都、西安具有先天的科技资源集聚的优势，打造科学中心，发挥重庆在汽车、电子产业方面的产业优势，打造技术创新中心。第三，建立科学高效的管理体制。如，丰富完善"单一窗口"；建立区内外、口岸间通关信息公示平台和电子证书数据共享机制；推进口岸部门综合执法，深化关检合作"三个一"，推进监管设施共建共用等。

（三）以区内带动区外，实现买全国卖全球、买全球卖全国

要创新自贸区定位，不仅要将自贸区作为本地与世界联通的窗口，更要通过鼓励和吸引更多区外企业在区内设点，适当降低企业准入门槛，鼓励区外企业入区设点，并完善仓储物流支撑体系，破解货物通达时间的"瓶颈"，结合跨境贸易电子商务服务试点工作开展，探索跨境结算方式，以现代化飞地的理念建设自贸区，将西部自贸区打造成为服务西部、内陆甚至全国的外贸窗口，以区内辐射带动区外，以自贸区为平台实现"买全省（市）、西部、全国，卖全球；买全球卖全国、西部、全省（市）"。

（四）依托"一带一路"，探索服务贸易交易规则

当前服务贸易比重加速上升，但服务贸易规则还处于相对不完善、不稳定的状态。要依托"一带一路"建设，重点立足自身制造业特色，

通过技术的改进和创新提高制造的智能化将生产与服务相融合,以逐步开放服务贸易市场为目标,采用负面清单模式,在服务标准化、监管模式、争端解决机制等方面进行率先探索,带动西部自贸区的"货物、人流、资金、数据"四方面的流动:一是"货物流动",依托基础设施建设国际物流,以货物带动产业转移,带动建筑、工程承包等与制造业密切相关的物流服务贸易的快速发展,推动物流采购等服务型企业走出去,探索服务标准化等方面规则;二是"人的流动",打造丝路优势特色的精品旅游线路和旅游产品,加快旅游业发展,并创新自贸区内签证制度,运用国际标准的引智模式,扩大人才流动自由度,探索监管模式等相关规则;三是"资金流动",发展各类金融中心、离岸金融结算、人民币结算、跨境电子商务的第三方支付、信用卡等消费金融,增加区内资金要素总额与加速区内资金要素流动率,助力发挥资金要素倍增效应,探索风险防控等相关规则;四是"数据流动",发展壮大云计算、大数据服务,扩大发展以互联网信息技术为依托的新业态和商业模式,带动信息和计算机、研发设计、运营维护等服务贸易快速发展,探索监管模式等相关规则。

(五)强化区域合作,共同探索内陆贸易和投资规则

贸易规则方面,着力探索以中欧陆上大通道为基础,加强与国际经贸规则对接,逐步形成规则调整范围从边境措施向边境内措施延伸,涵盖货物、服务、知识产权、国内规制、竞争政策、政府采购、劳工标准、环境标准、国有企业及中小企业、电子商务、争端机制等系统、稳定、可持续的陆上贸易规则体系。

投资规则方面,应着力促进投资自由化。建设法治化的市场营商环境,实行准入前国民待遇和负面清单管理制度,加强引进外资工作;建立一套促进投资和金融自由化的账户体系,鼓励采用人才的股权激励等多种投资形式,允许实行个人所得税分期纳税政策,探索境外资金参与ppp模式的相关规则。

(六)推进3个自贸区一体化建设

第一是基础设施特别是交通互联互通。通过高铁、航线、管道等基础设施项目实现高效互联互通,提升三地之间的交通运行、人员、货运往来效率。第二是公共服务或制度的互联互通。包括公共交通智能"一

卡通"、高速公路收费"一卡通"、取消城市群内移动电话漫游费、医保异地结算等,探索建立城市群一体化发展基金,推进三地海"互为口岸"工作,推动三方信息互换、监管互认、执法互助。第三是产业的互联互通。三地政府搭建起务实交流合作对接的平台机制和桥梁,助力西部自贸区建设和区域一体化进程。

第七章

市场准入负面清单制度的试点探索

本章从地方试点视角研究分析了试点地区政府推行市场准入负面清单制度的改革背景，以及改革的探索阶段和局限性。特别地，本书重点以重庆市为例，分析了省级地方政府如何在中央做出的改革任务总体安排指导下，进行地方层面的市场准入负面清单制度探索，研究了市场准入负面清单如何在地方落地，即初步分析了如何通过对比市场准入负面清单（草案）与地方（如重庆市）相关准入规定，从地方试点的层面，提出修改调整草案的建议。

一 地方主动探索和制度全面推行

《中共中央关于全面深化改革若干重大问题的决定》提出，"实行统一的市场准入制度，在制定负面清单基础上，各类市场主体可依法平等进入清单之外领域"。《关于实行市场准入负面清单制度的意见》已经明确从2018年起正式实行全国统一的市场准入负面清单制度，也就是说这项改革没有"旁观者"。

实行市场准入负面清单制度是对政府传统管理模式的一次根本性变革，是中央高度重视的一项综合性改革工作，存在一定的改革难度。地方缺乏足够的前期探索和经验积累，很可能在全面推行市场准入负面清单之际疲于应付。因此，与其在全面推开之时，地方"被动"推行市场准入负面清单制度，不如主动作为，积累经验，为正式实行市场准入负面清单制度积累经验。而且地方进行试点也有一定的制度红利，比如在试点期间，试点地区省级人民政府可以根据实行市场准入负面清单制度的需要，经报国务院授权或同意后，可暂时调整《产业结构调整指导目录》《政府核准的投资项目目录》等有关规定，甚至能够按法定程序暂停有关法律、行政法规或其相关条款的实施；国家有关部门则会将加强与试点地区的工作对接，率先将优化市场准入管理的改革措施放到试点地区先行先试等。

此外，市场准入负面清单制度的全面推行也需要以地方试验为基础，这是因为：第一，根据《国务院关于实行市场准入负面清单制度的意见》的要求，未经国务院授权，各地区各部门不得自行发布市场准入负面清单，不得擅自增减市场准入负面清单条目。因此，地方应该根据本地区资源要素禀赋、主体功能定位、产业比较优势、生产协作关系、物流营销网络、生态环境影响等因素，反映改革中的地方诉求，确有必要时对全国形成的统一版本的市场准入清单提出调整建议。第二，在清单制定和调整方面，地方也需要提前全面梳理禁止和限制（许可）市场主体投资经营的行业、领域、业务等，对与市场准入负面清单（2018年版）不相适应的内容，要么在深入研究可行性的基础上形成对市场准入负面清单（2018年版）的调整意见报送国务院，要么依据市场准入负面清单（2018年版）对不适应内容进行调整，涉及暂停有关法律、行政法规或其相关条款实施的，按法定程序办理。第三，探索地方版负面清单操作说明，有利于落实清单事项的具体工作，加快与权力清单、责任清单配套。市场准入负面清单草案是一个较为宏观的方向性工作指南，对于具体事项的操作性规定还较为模糊，探索地方具体操作有助于探索有关改革工作的细化。第四，市场准入负面清单在中国乃至世界都是一个全新的制度体系，无论中央和地方都没有经验，难免地方制度与中央对接上会存在问题，并且地方实际落实清单工作存在困难。这就需要地方也积极探索负面清单制度，形成地方经验。

二 地方试行负面清单制度红利

市场准入负面清单是一项自上而下的制度改革，在全国层面的负面清单顶层设计的指导下，地方尤其是自贸区对于负面清单制度的探索具有重要的现实意义，这体现在负面清单制度有助于率先建成现代化市场经济体制，探索国际通行规则助力地方深度融合"一带一路"，降低创业门槛实现创新引领发展。

(一) 实现市场准入制度化，建成现代化市场经济体制

党的十九大报告提出"建设现代化经济体系"，这是我们党根据新时代的历史方位、主要矛盾和发展目标，对经济发展做出的总体部署和扎实安排，也是跨越关口的迫切要求和中国发展的战略目标。根据国际上市场经济发达国家的经验表明，实行统一的市场准入负面清单制度，是市场经济发展成熟的内在要求，有助于建设现代化经济体系。据第四章分析发现，无论英美法系国家还是大陆法系国家的市场准入制度，都大致遵循一个趋势——"减少前置审批，重视市场自主性"，实行"宽进严管、宽严相济"的准入，强调"依法办事、按规准入"。

地方可以通过市场准入负面清单，放宽市场准入限制，规范准入方式，营造公平交易平等竞争的市场新环境。对市场准入负面清单以外的行业、领域、业务等，各类市场主体皆可依法平等进入，不再审批。对应该放给企业的权力要松开手、放到位，将市场准入负面清单以外的事项交由市场主体依法自主决定。规范准入方式，对属于市场准入负面清单的事项，地方可以探索如何区分不同情况实行相应的准入方式，确定承诺式准入、告知性备案、准入信息公示等措施的使用情形。以市场准入负面清单为准绳，清理和废除制约市场在资源配置中发挥决定性作用、妨碍统一市场和公平竞争的规定和做法，废除对非公有制经济各种形式的不合理规定，消除各种隐性壁垒，制定保障各类市场主体依法平等进入自然垄断、特许经营领域的具体办法，营造公平交易平等竞争的市场新环境。

(二) 探索国际通行规则，助力地方深度融合"一带一路"

实施"一带一路"是中央统筹利用国际国内两个市场、两种资源做出的重大战略决策。地方融入"一带一路"产业发展，则是联合周边和

沿线地区，打造产业联盟。而要完成以上合作，地方的一项重点任务则是探索一套适用的开放规则，并研究与"一带一路"沿线的投资、贸易规则接轨。通过实行负面清单管理模式，与国际通行投资规则接轨，有助于直接方便境外资本进入投资和区内企业无缝对接国际投资经验，对于提升地方对"一带一路"沿线国家和地区的资本吸引力，推动区内企业走出去。特别是对于内陆试点地区，相比于沿海地区开放面对的国家或地区更为发达，"一带一路"沿线大多数属于发展中国家和地区，探索如何对产业层次较低的发展中国家进行投资贸易，制定相应的负面清单，是助力内陆试点深度融入"一带一路"发展版图的关键。

（三）降低创业门槛，实现创新引领发展

国家"十三五"规划纲要指出，创新是引领发展的第一动力。在"结构优化、动力转换"的经济新常态下，信息技术、新能源、智能制造等新兴产业被视为未来驱动中国经济增长的新引擎。在这些领域，引导民营经济发展新技术、新产业、新业态，更是经济转型升级、助力供给侧结构性改革的活力和源泉。然而，目前阻碍民间资本的"玻璃门""弹簧门"存在，一些行业还设定了较高的准入门槛，政府的审批程序较为复杂，甚至不透明、行政随意，大大提高了中小企业进入这些行业的成本，扼杀了新产业、新业态的产生。进一步放宽民营企业的市场准入，要打破各种各样的"卷帘门""玻璃门""旋转门"，在市场准入、审批许可、经营运行、招投标、军民融合等方面，为民营企业打造公平竞争环境，给民营企业发展创造充足的市场空间。加快实施市场准入负面清单，规范设置投资准入门槛，建立公平开放透明的规则，对各类投资主体一视同仁，清除各类隐性障碍。这对于进一步放宽非公有制经济市场准入，大幅降低地方投资创业门槛，鼓励发展当地新技术、新产业、新业态，实现创新引领发展十分重要。

三 地方市场准入负面清单探索历程

本书将国务院关于市场准入负面清单的改革方案正式公布之前的探索阶段，称为各地的自主探索阶段。此阶段，全国范围内还未有统一、

成熟的经验，不少地区凭借自身特色，开展了诸多具有新意的改革探索，为后期全国统一改革方案的形成也产生了一定程度的影响。

表6　　　　　　部分省（市）探索实践负面清单管理模式

时间	省份	实践内容
2013年9月	上海	上海自贸试验区2013年版负面清单
2013年11月	广东	广东省佛山市南海区行政审批"负面清单"
2013年12月	吉林	吉林探索放开民企准入出台负面清单目录
2013年12月	山西	山西省也明确提出将保险与民营经济领域引入负面清单
2013年12月	浙江	浙江省行政审批改革推进"权力清单+负面清单"
2013年12月	福建	福建省推动试行台资准入负面清单
2014年6月	北京	北京市昌平区出台产业准入负面清单
2014年6月	四川	成都高新区探索负面清单管理模式
2014年6月	福建	厦门探索制定民间资本投资准入负面清单

资料来源：根据媒体公开报道整理。

党的十八届三中全会以后至全国开展统一探索之前，各地关于负面清单的管理方式进行了诸多有益探索。比较典型的模式如下。

1. 三单模式

三单模式即负面清单、准许清单和监管清单，以广东省佛山市为代表。具体来讲，包括以下内容：首先，事前的负面清单。负面清单涉及外商投资、企业投资、区域发展、环境保护四大领域，包括355项禁止或限制（许可）项目，并在事前把可办、不可办的事告诉民众。其次，事中的准许清单。准许清单纳入710个大项的行政审批管理事项，政府各职能部门对审批项目开展大规模的标准化建设，也即将审批权力标准化，保证公平高效。最后，事后的监管清单。监管清单包括餐饮服务、网吧管理等12项分类分级管理项目，核心是改变此前重审批轻监管的做法，如果经营者做得不好，有可能被打入"黑名单"。此外，成都也积极探索了"三单"管理模式，许可清单类似行政审批权限下放的改革，成都市高新区早就开始对辖区内涉及的317个审批大项进行改革。高新区的317个审批大项已经缩减到173个，精简幅度达到45%。[①]

2. 两单模式

两单模式即权力清单加负面清单模式，以浙江省为代表。其中"权力清单"针对政府自身，是一份列举政府行政审批权限的清单，一切审批事项都建立在法律和制度规范的基础之上，不符合要求的行政权力都取消，把权力关进制度的笼子，权力的运行流程向社会公开。"负面清单"则针对企业投资者，是一份投资领域的"黑名单"，列举了什么不可以做，除此之外都是可做的。负面清单是一个重要的现代市场经济原则，也是一个法制原则，它的理念是"法无禁止便可为"，对于市场与企业来说，除了清单禁止与限制（许可）的行业项目，其他均可自由进入。

3. 过渡模式

过渡模式即负面清单加正面清单模式，以重庆市为代表。由于重庆市属于欠发达地区，市场经济体制不够完善，产业升级转型任务艰巨，完全实行负面清单管理模式，条件尚不成熟。因此，对亟须转型或升级的产业，采取正面清单的方式进行鼓励。除此之外，采取负面清单的方式对市场准入进行限制（许可），2013年，重庆市为充分发挥市场在资源配置中的决定性作用，在固定资产投资领域按照"非禁即入"的负面管理原则，以《产业结构调整指导目录》为主要依据，结合了重庆市主体功能区战略等实际情况，制定了《重庆市产业投资禁投清单（2014年版）》。

总结三单模式、两单模式和过渡模式的探索，自由探索时期的各地经验如表7所示。

[①]《成都探索"三单"管理模式》，《成都商报》（电子版）2014年9月26日。

表7　　　　　　　　　　　负面清单管理方式总结

负面清单管理方式	可借鉴之处	
	执行层面	监督层面
三单模式	公开透明——借网络把权力关进"玻璃笼子"	(1) 全程监督——"三单"覆盖行政审批全链条； (2) 后台监督——行政问责后台直通监察局
两单模式	(1) 权力清单全面清理了政府审批事项，规范和明确权力运行的程序、环节、过程、责任，做到可执行、可考核、可问责； (2) 权力清单设定的是"可作为"，推行权力清单时针对各级政府和不同部门的实际情况合理地分权，并在分权的基础上确权，明确各级政府的职责	(1) 对权力清单中的风险点进行梳理，强化监管项目； (2) 针对负面清单各级政府为市场准入和事中、事后监管制定统一标准
过渡模式	兼顾扩大开放与产业保护——负面清单扩大准入范围，正面清单兼顾产业保护与鼓励	强化审计、后评价及第三方监管，完善责任追究制度，建立企业失信黑名单

资料来源：作者据媒体公开材料整理。

这一时期的改革探索，主要起到了以下几点作用。第一，推广了负面清单管理方式。为地方从实践层面进一步从国际通行规则的角度，深化理解了负面清单。对地方明确划定政府与市场的边界，大大提高开放度和透明度，确定"清单内的归政府，清单外的归市场"的观念打下了一定基础。第二，部分领域实施了备案管理，大大提高行政效率。根据负面清单精神，对负面清单之外的领域，将部分投资项目由核准制改为备案制（国务院规定对国内投资项目保留核准的除外），特别在外资领域，探索了将外商投资企业合同章程审批改为备案管理。第三，促进了地方政府职能转变，有效推动了社会建设。部分地区在全国统一实行之前，清单内政府实施法定的行政权力，规范市场主体行为，清单外市场主体按照市场竞争法则角逐产业投资。负面清单管理模式下的备案制，仅需掌握投资主体资格、投资领域行业等基本信息，通过信息共享平台和综合监管机制，将行政资源后置到事中监管和事后处罚。

2015年10月19日，《国务院关于实行市场准入负面清单制度的意见（国发〔2015〕55号）》出台，为规范全国市场准入负面清单的改革探索，国务院决定选择部分地区开展市场准入负面清单制度试点同时叫停了地方层面在市场准入负面清单制度的改革探索。未纳入试点的地区，仍然实行现行管理模式。根据《国务院关于实行市场准入负面清单制度的意见》的要求，未经国务院授权，各地区各部门不得自行发布市场准入负面清单，不得擅自增减市场准入负面清单条目。而试点地区要把制度创新作为核心任务，把形成可复制、可推广的制度性经验作为基本要求。中国明确，从2015年年底至2017年12月31日，在部分地区试行市场准入负面清单制度，积累经验、逐步完善，探索形成全国统一的市场准入负面清单及相应的体制机制，从2018年起正式实行全国统一的市场准入负面清单制度。至此，中国开启了市场准入负面清单制度的试点探索阶段。

此后，2016年3月2日国家发展改革委、商务部印发了《市场准入负面清单草案》（试点版），中国试点全国统一市场准入负面清单形成。《市场准入负面清单草案》（试点版）根据法治原则、安全原则、渐进原则、必要原则、公开原则，列明了在中国境内禁止和限制（许可）投资经营的行业、领域、业务等市场准入负面清单事项，共328项，包括禁止准入类96项，许可准入类232项。先行在天津、上海、福建、广东4个省（市）进行试点，主要是检验草案涉及事项的合法性、合理性、可行性和可控性，探索管理新理念新方式新机制。《草案》体例、版式主要参考了"自由贸易试验区外商投资准入特别管理措施（负面清单）"。4月12日，发展改革委和商务部《关于印发市场准入负面清单草案（试点版）的通知》正式印发。文件印发后，天津、上海、福建、广东4个试点省制定的试点总体方案已上报国务院。

2016年6月13日，国务院召开全国深化简政放权放管结合优化服务改革电视电话会议。李克强强调要进一步扩大市场准入负面清单试点，压缩负面清单事项，为明年全面实施创造条件。中国将在广东等四省市之外扩大市场准入负面清单试点范围。

试点方案工作开展中，部分省份已经在取得了国务院认可的前提下，在网上公布了本省的改革方案。其中福建省作为《市场准入负面清单草案》（试点版）的全国首批试点省份之一，根据国家发展改革委、商务部的复函精神，《福建省开展市场准入负面清单制度改革试点总体方案》（以下简称《方案》）较早获得国务院同意，并公布。特别地，其省级以下政府也已经在国务院和省级政府的改革方案指导下，出台了更加具有地区操作性的改革方案，如2016年12月16日，厦门市根据国务院《关于实行市场准入负面清单制度的意见》（国发〔2015〕55号）精神，以及《福建省开展市场准入负面清单制度改革试点总体方案》的部署，出台了《厦门市开展市场准入负面清单制度改革试点实施方案》，进一步细化工作措施、责任领导和工作进度安排。

四　试点探索案例分析

基于以上对市场准入负面清单制度的理解深化和地方实践探索历程的梳理，此部分重庆市为例，研究地方如何落地市场准入负面清单，并针对地方改革探索中出现的问题提出相关建议。

从重庆市实践条件来看，近年来，重庆市综合经济实力有了较大提升。地区生产总值年均增长10.8%，人均生产总值超过全国平均水平，2017年达到63689元。固定资产投资、社会消费品零售总额年均分别增长15.2%和12.9%，进出口总额稳中有升。一般公共预算收入年均增长10.2%。城乡居民人均收入年均分别增长8.9%和10.9%。内陆开放高地建设担当起新使命，两江新区开发开放的示范作用日益增强，自贸试验区、中新互联互通项目等国家开放平台落地实施，中欧班列（重庆）成为陆上丝绸之路经济带贸易主通道，建成一批国家开放口岸，利用外资每年保持100亿美元以上。重庆市市场整体正处于高速发展阶段，未来也将迎来更多的市场主体进入市场领域。但同时，这也对重庆市市场准入提出了更高的要求。2016年1月，习近平总书记视察重庆时指出，重庆是西部大开发的重要战略支点，处在"一带一路"和长江经济带的联结点上；要求重庆建设内陆开放高地，成为山清水秀美丽之地；强调扎实贯彻新发展理念、扎实做好保障和改善民生工作、扎实做好深化改革工作、扎实落实"三严三实"要求。然而重庆市地处西部地区，总体而言，还属于欠发达地区，市场化程度较之东部沿海地区还比较低，特别在市场开放度上，重庆市与东部沿海省份还有一定差距。在这样的基础上，重庆市更有必要探索如何科学、有序、绿色地放开市场，提高市场化程度，并完善市场体系建设。

在此背景下，重庆市试点市场准入负面清单是可行且必要的，负面清单制度作为开放市场、完善现代经济体系建设的重要手段和工具，对推进重庆市经济社会发展具有重要意义，也对全国推行市场准入负面清单制度具有带动和示范作用。

（一）重庆市早期的市场准入探索

实际上早在2013年，重庆市就为了充分发挥市场在资源配置中的决定性作用，在固定资产投资领域开始按照"非禁即入"的负面管理原则，以《产业结构调整指导目录》为主要依据，结合重庆市区域战略等实际情况，制定了《重庆市产业投资禁投清单（2014年版）》。从概念上，禁投清单已经初步具有了负面管理的意义。但研究发现禁投清单与国家要求全面推开的市场准入负面清单还有一定区别。虽然禁投清单也带有负面管理的意义，但其实质上是投资领域的一张"黑名单"，清单列明的是应当淘汰的或应当限制发展的产业，考虑的还是如何对企业投资进行引导，防止产能过剩和保护生态环境。而市场准入负面清单除禁止类以外，清单许可类是出于人民生命财产安全、国家安全、重大生产力布局、重大公共利益等因素的考虑，市场主体达到一定条件通过审批是可以进入相关领域的，并非市场主体的"禁区"或市场准入领域的"黑名单"。

市场准入负面清单的意义在于发挥市场在资源配置中的决定性作用，是市场经济发展成熟的表现，是政府进行市场准入管理的一次根本性变革。具体而言，重庆市产业禁投清单和市场准入负面清单在适用条件、制定依据、清单内容、适用范围上，还存在相当程度的差别。（1）适用条件上：禁投清单针对的是市场主体的投资行为，而市场准入负面清单广泛适用于市场主体的所有投资、生产、经营行为。（2）制定依据上：禁投清单的制定依据主要是《产业结构调整指导目录》，考虑更多的是生态安全、产能过剩等因素，而市场准入负面清单的制定依据更加综合，是中国所有有关市场准入的管理措施整理后汇总，更加突出国家安全、生产安全等因素的考虑。(3) 清单内容上：虽然禁投清单也分了禁止和限制两类目录，但其"限制"意味着仅允许改造升级或接受异地置换，并不得新建或单独新建该类项目，只能对已有该类企业可以就地进行改造升级或接受来自其他区域的该类项目进行改造升级，准确意义上并不属于经许可市场主体可以进入的领域，禁投清单中所有项目都是不得新增进入的。而市场准入负面清单除了禁止类事项不得进入、政府不得办理相关准入手续外，许可类是允许新的市场主体进入的，只是出于安全性的考虑需要政府事前审批或市场主体合规准入而已。(4) 适用范围上：禁投清单是一个地区层面的探索，只适用于重庆市范围内，且区域之间内有所区别。而市场准入负面清单在全国范围内统一推行，由国务院统一制定发布，各地统一遵照，地方政府需进行调整的由省级人民政府报经国务院批准。

总体而言，重庆市"禁投清单"虽然带有一定的负面管理意义，但只是在投资领域，将《产业结构调整指导目录》与主体功能区发展战略结合的产物，仅仅是对原有投资项目管理方式的一次"升级改造"，主要目的仍带有很强的控制产能过剩、引导市场主体投资的属性，不具有市场准入负面清单改革的宏观意义。

(二) 重庆市推行制度的基础条件

市场化程度较深，改革的市场环境基本成熟。重庆市一直坚持打造竞争公平有序、要素自由流动的市场体系。特别是党的十八届三中全会以来，建设统一开放、竞争有序的市场体系是重庆市改革的重要目标之一。近年来，重庆市深化市场化程度，健全市场体系取得了不少成效。各类市场主体快速增长，重庆通过"互联网+""创投基金+"等服务模式创新，积极整合资源，建设具有"创业苗圃+孵化器+加速器"孵化链条的众创空间，鼓励市场主体创新创业。截至2017年，重庆市场主体总量达234.43万户，成为名副其实的"创业之城"。各类市场主体平等参加竞争，非公有制经济发展势头猛烈。从市场主体数量看，2017年，全市共有各类市场主体234.43万户，比2016年增长9.2%。其中，内资企业

72.83万户，外资企业0.62万户。2017年新发展微型企业7.41万户，年末微型企业达56.07万户，增长8.3%。从经济总量看，2017年，非公有制经济实现增加值11924.69亿元，增长9.5%，占全市经济的61.2%。其中，民营经济实现增加值9832.61亿元，增长9.9%，占全市经济的50.5%。重庆市私营企业实现大幅增长，增速从2011年起连续6年领先个体工商户，占全市民营经济市场主体的比重也从2011年的21.2%提升到2016年的30.3%，市场主体结构进一步优化。[①] 投资资金市场化来源比例较大，2017年完成固定资产投资总额17440.57亿元，比上年增长9.5%。其中，基础设施建设投资5659.12亿元，增长15.8%，占全市固定资产投资的32.4%；民间投资9522.88亿元，增长13.5%，占全市固定资产投资的比重为54.6%。可见，重庆市改革程度较深，初步具备了与市场准入负面清单制度基本相适应的公平交易平等竞争的市场环境。

开放水平较高，改革的开放条件基本具备。目前，重庆市积极融入国家"一带一路"和长江经济带重大部署，积极构建大通道、大通关、大平台开放体系，形成了寸滩水港、江北国际机场、团结村铁路中心站三个交通枢纽、三个一类口岸、三个保税监管区。内陆开放高地建设加速，开放格局提升。进出口方面，2016年全市进出口总额为4508.25亿元，比2015年增长8.9%；全年实际使用外资金额113.42亿美元；全市新签订外资项目260个，合同外资额40.93亿美元；截至2016年年底，累计有272家世界500强企业落户重庆，内陆开放格式初步形成。重庆2016年全年完成货物运输10.79亿吨，国际标准集装箱吞吐量126.94万标准箱，河港口完成货物吞吐量17372.80万吨，空港完成货物吞吐量36.34万吨，长江上游航运中心雏形初现。[②] 未来随着"一带一路"和长江经济带发展战略、开放战略的不断推进，国家扩大内陆沿边开放、形成全方位开放新格局机遇的不断扩大，加上国家级新区的积极探索与国际合作产业园的强势推动，重庆将成为名副其实内陆开放高地和中西部

---

① 《2016年重庆民营经济亮点纷呈》，2017年5月22日，http://www.rmzxb.com.cn/c/2017-05-22/1550022.shtml。

② 重庆市统计局、国家统计局重庆调查总队：《2016年重庆市国民经济和社会发展统计公报》，2017年3月20日。

的对内对外开放中心，对西部乃至中西部省份引领辐射和带动作用将进一步增强。因此，在重庆探索实行市场准入负面清单制度具有开放的条件。

体制机制优，具有很强的政策设计能力和执行能力。重庆市作为全国的统筹城乡改革试验区、中西部唯一直辖市、五大中心城市之一，并拥有国家级开发开放新区——两江新区，中新之间第三个政府间合作项目也落户重庆，展现了重庆市特有的体制机制优势和丰富的改革试验经验。历来重庆遵循改革客观规律，在体制机制上进行了一系列探索，得到了中央和社会各界的广泛认可，推出了户籍制度改革、地票制度、微型企业"1+3+3+3"的扶持政策，在全国率先采取"1+2"方式整体推进投资体制改革等改革措施，说明重庆市具有很强的政策设计能力和执行能力，有魄力、有思路、有能力开展有意义的负面清单前期探索。

（三）"试清单"的经验

基于对市场准入负面清单制度的理解深化，此部分从清单本身的角度，初步分析了重庆市如何开展"试清单"工作。作为试点，开展工作中首要任务是要对由国家发展改革委、商务部牵头汇总、审查形成统一的《市场准入负面清单（草案）》进行意见反馈。为此，根据重庆市的特殊市情，主要结合重庆市禁投清单、市级部门行政权力汇总表（权力清单、责任清单），本书基于重庆市的地方视角，对草案进行了梳理，提出修改调整草案的建议。

1. 梳理重庆市市场准入现行管理措施

将《重庆市政府部门和有关单位行政权力清单和责任清单（2015年版）》与《市场准入负面清单草案》（试点版）（以下称《草案》）进行对比分析。具体办法是从汇总的各市级部门行政权力、责任事项目录表，逐条将其中所涉及市场准入的管理措施与《草案》进行对比，对以下情形进行标注，待进一步分类处理：①对同一主题事项、草案和重庆市级权力清单都有涉及的内容；②仅草案涉及的事项，重庆市执行中或需逐条研究可行性的内容；③仅重庆市级权力清单涉及的事项，或是可能需建议增加至草案的内容。

在此过程中发现：第一，据比较发现，《草案》由于主要参考国务院及其下属部门的权力清单整理而制定,其中不少规定仅是属于中央的权限内容,许多地方权限的内容并没有考虑;第二,《草案》内容过杂,其中不少来源于现行法律法规的规定,并非地方的审批事项,在重庆市权力清单、责任清单虽基本上不涉及,对于这些事项需要逐条判定合理性;第三,《草案》中条目的表述与地方审批清单的表述或有差异,在操作上会造成不便,需要进一步规范命名和合理进行筛选、合并,地方和各部门应该在《草案》进一步修改完善过程中将与现行审批或管理表述差异较大的内容,列出交由清单制定部门汇总。

2. 分类《草案》对比结果

此外,将《草案》与重庆市现行规定作对比,还具有另一层面的目的。尝试通过比较,为《草案》(或是最新版本清单)在重庆市执行,提供更为具体、细致的操作办法。根据《国务院关于实行市场准入负面清单制度的意见》中明文规定"市场准入负面清单由国务院统一制定发布;地方政府需进行调整的,由省级人民政府报经国务院批准","未经国务院授权,各地区各部门不得自行发布市场准入负面清单,不得擅自增减市场准入负面清单条目"。因此,地方实践清单必定是以全国统一清单为基础,对于地方政府需进行调整的需要根据实际情况,提出建议。

为了提出重庆市有关清单的修改和调整意见,研究清单、比对清单是必要的。基于这样的思考,对《草案》与当前重庆市市场准入管理办法进行了比对(操作中主要是以审批事项汇总清单为对比基础),并形成重庆市落实《草案》的操作建议,其中将比对结果分以下三类:第一类是对于规定相同的事项和无特殊调整理由的仅《草案》涉及的事项,应视为重庆市无须调整,直接执行,称之为"相似类";第二类是对于《草案》与重庆市相关规定有一定出入的事项,应该经过慎重研究和考虑,以草案措施为基础,根据重庆市的现有措施进行补充调整,同时考虑对重庆市现行措施的相关规章制度进行对应调整,称之为"差异类";第三类对于《草案》中部分重庆市不具备适用条件的条目,应该在充分可行性研究的基础上,考虑适当进行删减,称之为"不适用类"。以下进行具体分类举例:

第一,"相似类"。即《草案》条目直接可以适用于重庆市或与重庆市相关条目在内容、含义上都相差无几的类型。对于此类而言,措施比对的结论是"沿用《草案》",即完全沿用《草案》的措施的描述,设定依据比对的结论是"不作调整,仅将重庆市相关条目的设定依据作为补充,以便实施其中更具操作性的指示"。具体而言,此类事项有以下几种形式出现:(1) 仅《草案》涉及但无特殊调整理由的事项;(2)《草案》和重庆条目完全相同的事项;(3)《草案》措施描述涵盖了重庆市措施描述的内容;(4)《草案》和重庆市的条目对应具体的措施描述方式不同,但含义相同。

第二,"差异类"。即对于《草案》与重庆市相关规定有一定出入的事项,应该经过慎重研究和考虑,以《草案》措施为基础,根据重庆市的现有措施进行补充调整,同时考虑对重庆市现行措施的相关规章制度进行对应调整,包括:(1) 对于同一主题内容,《草案》和重庆市相关条目无交叉、各有侧重的事项;(2) 对于同一主题内容,《草案》和重庆市的相关条目有部分重叠,但不完全等同的事项。

第三,"不适用类"。如《草案》中部分重庆市不具备适用条件的事项,主要是当《草案》条目,经研究在重庆不适用时,建议在地方实行时酌情删除的条目。

表8　《草案》与重庆市市级部门行政权力、责任事项目录对比举例

修改类别	《草案》的原规定	重庆市相关规定	建议做法
相似类	主要林木品种审定	主要林木品种省级审定	当《草案》内容包含重庆相关条目,沿用《草案》条目
	野生动物特许猎捕证核发	国家二级保护野生动物特许猎捕证审批	
	对中国企业境外投资涉及敏感国家和地区、敏感行业的,实行核准管理	地方企业在非敏感国家和地区、不涉及敏感行业实施境外投资3亿美元以下项目备案	取并集后纳入重庆市实施细则
	探矿权审批登记	矿产资源勘查许可	以《草案》为准补充重庆规定

修改类别	《草案》的原规定	重庆市相关规定	建议做法
差异类	水产苗种、转基因水产苗种生产经营许可	水产原、良种场水产苗种生产审批	合并同类项后取最大公倍数
	设立动物饲养场（养殖小区）和隔离场所，动物屠宰加工场所，以及动物和动物产品无害化处理场所审批	兴办动物隔离场所、动物和动物产品无害化处理场所的动物防疫条件审批	
	枪支（含主要零部件）制造、配售特别许可及配置民用枪支审批	民用枪支配售许可证核发，对未按规定标准制造民用枪支行为的处罚	
不适用类	无居民海岛开发利用项目审批、拆除或闲置海洋工程环保设施审批等	无	在重庆实施细则中，酌情建议删除

资料来源：作者整理。

为了保持全国一张清单的宗旨，不挑战全国统一市场准入负面清单的权威性，并增加清单的操作性。建议重庆市采用对《草案》进行说明的方式，在《草案》条目与重庆市条目进行逐条对比的基础上，将对比情况分类并在各个类别下分情形对《草案》条目进行"重庆市操作化说明"，从而形成《市场准入负面清单草案》（重庆市）操作说明。对应各类，在条目进行对比后，根据条目的设定依据对最终条目的操作化说明细则，主要采用以下几种方式进行：①当《草案》和重庆市的设定依据相同，而又已经较为全面时，则无须进行补充说明；②当《草案》的设定依据已经涵盖了重庆市的设定依据的内容，则也暂不进行进一步的说明；③重庆市的设定依据内容比《草案》的设定依据更多、更具体，则将其中具有操作性的设定依据以说明的形式进行补充。

对地方探索中的问题，我们提出以下建议：

一是地方有关市场准入的行政权力事项缺乏汇总，需要全面清理地方市场准入禁止和许可事项。从重庆案例来看，由于重庆市有关市场准入的禁止、限制（许可）事项前期未进行汇总，缺乏清单对比基础，研究只能以市级部门行政权力、责任事项目录、禁投清单等为替代对比。研究发现，为了避免有关区县级以下的市场准入的禁止或限制（许可）规定的遗漏，从而造成市场准入负面清单在具体区域落地受到制约，需要充分地对重庆市目前有关市场准入的禁止或限制（许可）类规定汇总。因此，试点政府应该根据党的十八届三中全会《决定》以及《国务院关于实行市场准入负面清单制度的意见》的有关要求，全面审查现有准入规定的合法性和合理性，对接地区省级、市县级权力清单的相关内容，在逐项核查的基础上，就市场准入负面清单在试点地区的实施提出修改意见。

二是清单在地方落地过程中，中央事权与地方事权的冲突和衔接问题。《草案》本身存在很大漏洞，其许可类清单的主要制定依据为国务院及其下属部门的审批事项汇总，其汇总的审批事项多数是归属国务院各部门的审批权限，绝大多数事项属于中央事权。这使得《草案》与地方实情还有不少不适应的地方，在《草案》落地的过程之中可能造成中央和地方事权的冲突。由于《草案》中所列事项大都属于中央事权，一旦在比对中发现对地方实情并不合适的规定，实际操作中，地方由于事权的限制，很难越过中央事权对不合适的规定进行相应的调整。《草案》对于地方事权缺乏考虑，遗漏了大量事权归属地方的市场准入管理规定。因此，建议在地方具体落实市场准入负面清单前，需要对市场准入负面清单逐条进行判断，对于有关条目可能涉及地方审批权限的事项要建议增加，或对具体事项进行审批范围的调整。[①]

三是由于事权交叉，清单对应事项可能出现责任部门冲突，需要进一步明确清单事项的具体审批部门。由于市场准入负面清单综合汇总了各级政府部门有关市场准入的禁止或限制（许可）权限，具有综合性。由于市场主体在某一具体领域的准入时，会涉及多个行业和业务领域的交叉，对应的审批部门可能是跨行业、跨业务领域的多个主体。而且特

[①] 对重庆市情况的梳理发现，应将草案中"与国外签署涉及林业部门管理的国家级自然保护区协议审批"建议修改为"与国外签署涉及林业部门管理的国家级和省级自然保护区协议审批"，补充对省级自然保护区协议的审批。

别在涉及准入资质判定和特许经营等分层、分级的许可（如国家一级、二级保护野生动物特许猎捕证审批）时，对应的审批或核准权限可能会在行政级别上有所差异。对此，建议要分审批权限的所属进一步明确审批责任主体，避免清单事项权责重叠、多头办理。

前 瞻 篇

习近平总书记在党的十九大报告中对全面深化改革做出了全面部署，其中一项重要任务是，全面实施市场准入负面清单制度。制度的全面实施，意味着中国在市场准入领域确立了统一公平的规则体系，清单之外的行业、领域、业务等，各类市场主体皆可依法平等自主选择是否进入，各级政府不能再随意设置准入门槛，为市场主体的创业创新提供了更大空间，真正实现"规则平等、权利平等、机会平等"。

毫无疑问，这是一项牵一发动全身的重要改革，涉及经济体制改革和行政体制改革，需要紧紧围绕处理好政府和市场关系这一核心问题，按照市场在资源配置中起决定性作用和更好发挥政府作用的要求，抓住"放管服"改革这一"牛鼻子"，持续推进政府职能转变和供给侧结构性改革。本篇对市场准入负面清单制度进入全面实施阶段后，中国如何应对，并进一步完善市场准入负面清单制度进行了展望。

第八章

市场准入负面清单制度全面实施

随着《市场准入负面清单》(2018年版)2018年12月25日正式公布,标志着中国市场准入负面清单制度正式进入全面实施新阶段,实现清单之外所有市场主体"非禁即入"。在新的阶段,制度的全面推行面临着怎样的改革环境,而在机遇和挑战下,制度实施又应该怎样逐步完善?本章进行了回答。

一 市场准入负面清单的改革环境

市场准入负面清单的改革始终离不开国内和国际环境的影响,全面实施市场准入负面清单,必须把握和明晰其面临的改革环境。国际环境上,经济全球化、一体化和贸易自由化发展迅速。同时中国的经济发展正进入新常态,行政体制改革不断深化。这些因素都将给负面清单制度改革带来机遇和挑战,要进一步明确和防范好政府、市场、社会三者面临的改革风险。

(一)面临的改革环境

1. 国际环境

从国际形势来看,经济全球化、一体化和贸易自由化发展迅速。金融危机后全球的贸易和投资规则加速重构,正在形成新的全球贸易秩序,关键内容包括投资自由化、服务贸易开放等。① 跨国公司主导的国际投资日趋活跃也推进全球投资规则谈判成为主流，市场准入便成了全球投资规则构建中的中心议题。外资政策与国际投资规则在这样的时代大背景下，也经历了重大变化，从全面管制到逐步放松再到提倡投资便利与自由，从正面清单最终到负面清单，可以说无不体现了国际竞争之与时俱进。② 目前，世界上至少有 77 个国家采用了准入前国民待遇＋负面清单的外资管理模式，许多区域性贸易安排也采取了这种外资管理模式。③ 美国主推的跨太平洋伙伴关系（TTP）、跨大西洋贸易与投资伙伴协议（TTIP）以及服务贸易协议（TISA）都表明全球投资自由化正在逐步深化发展，一种基于负面清单模式的高标准投资谈判模式正在形成，一国想要参与新一轮投资贸易协议的谈判，就必须调整其现有的投资管理制度，与国际通行的管理方法接轨。④

当前，国际上关于投资和贸易的规则已经或正在形成，而相对国际高质量经贸规则，国内的机制有待提升，需要在国际高质量、高水平的机制或体制接轨中倒逼经济改革，在与国际接轨中更加机制化和法制化。⑤ 中国需要"再入世"，以负责任大国的形象，参与国际自由贸易新规则的制定。在新的全球化背景下，探索实施与国际通行规则接轨的市场准入制度不仅有助于外贸发展，更重要的是通过优化营商环境，加速各种要素资源的流入，构筑中国面向全球竞争的新优势。

2. 国内经济运行环境

改革开放 40 年来，中国经济持续高速增长，成功步入中等收入国家行列，已成为名副其实的经济大国。但随着人口红利衰减、"中等收入陷阱"风险累积、国际经济格局深刻调整等一系列内因与外因的作用，经济发展正进入"新常态"，有以下几个主要特点：一是从高速增长转为中

---

① 《解读：负面清单管理即"法无禁止即可为"》，http://news.hexun.com/2013-09-30/158438784.html。
② 姚丽婷：《我国外资准入领域负面清单模式研究》，《生产力研究》2016 年第 6 期。
③ 《全国版负面清单的"三年之约"》，《中国新闻周刊》2016 年 1 月 17 日，http://news.inewsweek.cn/detail-2632.html。
④ 樊正兰：《负面清单的国际比较及实证研究》，《上海经济研究》2014 年第 12 期。
⑤ 曹广伟：《国际经贸秩序的变革及中国的战略选择》，《亚太经济》2014 年第 3 期。

高速增长。二是经济结构不断优化升级，第三产业消费需求逐步成为主体，城乡区域差距逐步缩小，居民收入占比上升，发展成果惠及更广大民众。三是从要素驱动、投资驱动转向创新驱动。

新常态下，中国经济增速虽然放缓，实际增量依然可观。经过40年的高速增长，中国的经济体量已经今非昔比。经过多年的经济建设，中国参与经济全球化的基础和条件正在发生重大变化。2013年，中国经济总量居世界第二位，成为第一大出口国、第二大进口国、第二大吸收外资国、第三大对外投资国、第一大外汇储备国，这为中国进一步扩大开放提供了坚实的物质基础。2013年中国经济的增量就相当于1994年全年的经济总量，可以在全世界排到第17位。即使是6.5%左右的增长，无论是速度还是体量，在全球也是名列前茅的。同时，广阔的国内市场、充足的资金、日趋完备的基础设施、强大的产业配套能力，以及不断增强的企业创新能力和国际化经营能力，也为中国参与经济全球化提供了有利条件。但也要认识到，随着中国迈入中等收入国家行列，劳动力、土地等各类要素成本进入集中上升期，低成本制造的传统优势受到削弱，能源资源和生态环境约束强化。如何巩固传统优势、增创新优势，是摆在我们面前的重大课题。[①]

3. 国内制度环境

第一，党的十八大以来的行政体制改革，以职能转变作为深化行政体制改革的核心，经济体制改革作为全面深化改革的重点，其核心问题是处理好政府和市场的关系，使市场在资源配置中起决定性作用和更好发挥政府作用。将简政放权和有效监管相结合，转变政府行政管理方式，把该放的权力放到位，把该管的事务管住管好，减少和规范事前管理的同时，强化事中和事后监管。[②] 国务院有关部门进一步转变政府职能，地方政府也要抓紧全面清理审批事项，研究探索负面清单管理模式，切实为市场主体松绑，完善事中事后监管，创造公平竞争环境，把改革的红

[①] 汪洋：《构建开放型经济新体制》，《人民日报》2013年11月22日，http://theory.people.com.cn/n/2013/1122/c40531-23621945.html。

[②] 王浦劬：《深化行政体制改革的新特点》（人民观察），人民网—人民日报，2016年2月28日，http://politics.people.com.cn/n1/2016/0228/c1001-28155500.html。

利真正送到社会的最基层，把市场的活力和增长的动力充分激发出来。①总体上，中国行政体制整体改革方向与负面清单适用所需的行政制度是相一致的。

第二，建立与市场准入负面清单制度相适应的配套制度。2015年10月，国务院印发《关于实行市场准入负面清单制度的意见》，从建立健全与市场准入负面清单制度相适应的准入机制、审批体制、监管机制、社会信用体系和激励惩戒机制、信息公示制度和信息共享制度、法律法规体系六个方面，提出了落实市场准入负面清单制度的保障措施；并要求建立与该制度相适应的投资体制、商事登记制度、外商投资管理体制，营造公平交易平等竞争的市场环境。②

第三，各自贸区配合协调市场准入负面清单制度的改革，加强立法。现行上海自贸试验区负面清单规定清单外的外商投资项目除国务院规定对国内投资保留核准的项目外，一律采用备案制取代自贸试验区外实施的核准制，外商投资企业合同章程审批也改为备案管理。③ 关于自贸试验区的外资监管，国务院印发了两个文件，即《自由贸易试验区外商投资准入特别管理措施（负面清单）》和《自由贸易试验区外商投资国家安全审查试行办法》，在上海、广东、天津、福建4个自由贸易试验区先行实施。上海发展改革委外资处副调研员郑晓健称，在"外资三法"④ 等法律、法规没有调整的情况下，这两个文件实施起来可能还有不足之处。因此，需要加快外国投资法的立法进程，营造稳定、透明、可预期的法律环境，保持外资政策的连续性、稳定性。为了让自贸试验区探索出来的新制度能够在全国范围推广复制，未来还是需要国家从立法层面，统一解决"上下内外"法律监管碎片化的问题。⑤

---

① 李克强：《地方政府要探索负面清单》，http://news.ifeng.com/mainland/detail_2014_03/28/35214960_0.shtml。

② 国务院印发《关于实行市场准入负面清单制度的意见》，新华网，2015年10月19日，http://news.xinhuanet.com/2015-10/19/c_1116864668.htm。

③ 卓元卉：《投资准入中的负面清单问题研究》，华东政法大学，2014年。

④ "外资三法"是中国在改革开放初期先后颁布的《中外合资经营企业法》《外资企业法》《中外合作经营企业法》。

⑤ 《四大自贸区试行外商投资负面清单一周年：有成果有烦恼》，中国网，2016年5月31日，http://district.ce.cn/newarea/roll/201605/31/t20160531_12319992.shtml。

（二）面临的改革风险及其防范

作为一项基础性、全面性的改革措施、全面实行负面清单制度可能会带来一些风险：

一是政府监管能力不足风险。

目前政府对市场主体的市场准入主要靠审批。实行市场准入负面清单以后，由于绝大部分前置审批将取消，除了负面清单以外的事项，各类市场主体皆可依法平等进入。这意味着政府的工作重点也从当前事前审批向事中、事后监管转变。这将是对政府能力的重大挑战。

然而，目前政府的监管方式存在以下主要问题：一是传统监管方式所依赖的手段发生重大变化。过去监管是通过审批制度和年检制度来监管的，现在取消审批权，政府管理部门也就失去监管的手段。监管难度加大，对政府要求更高。二是监管的法律体系不相适应。中国近年来出台了一系列市场监管的法律、规章和制度，与负面清单制度存在不一致甚至冲突的情况，众多法律规范未能形成层次分明、相互补充、内容全面的法律体系，部分监管法律之间存在内容冲突和矛盾。一些重要领域如行业协会监管还存在无相应规范的盲区。三是市场主体数量急剧增加监管的难度。市场主体资质参差不齐，市场经营方式千差万别，监管任务强度、难度和复杂程度将相应增加。因此，传统的以审批代监管方式难以适应。四是各种监管力量亟待整合。监管力量分散难以形成合力，监管权分散于不同监管机构，相互之间沟通联系机制不畅等原因导致监管效率低下。基层监管力量有待加强，一些地方取消和下放审批权后，基层监管的任务明显增加，但基层监管人员、经费等方面并未加强，监管难度加大。信息技术有待提升，一些地方现有信息基础设施和设备难以保障，难以适应监管任务需求。监管机构之间、监管机构与监管对象、监管机构与社会公众之间，尚未形成信息互联互通。

二是市场风险。

对于市场准入突然放开大量市场领域的准入，在部分领域市场主体可能反应过激，也可能为不法经营的市场主体提供了制度漏洞。一方面，市场形势千变万化，新产品、新技术、新业态层出不穷。其中不乏一些可能涉及重大公共利益，市场准入负面清单的动态调整不可能完全跟上市场变化的形式。这就造成一种可能：一些具有发生重大关乎公共利益危害潜力的行业、领域、业务裸露在清单之外。由于政府不再前置审批，一些实际未达到准入条件的市场主体，进入这些行业进行生产经营，存在极大的公共隐患。另一方面，宽进之后，不乏一些资质较差的市场主体进入了本身要求较高市场领域，却为了应付同行竞争，进行违规操作牟利。比如危险化学品爆炸事故，某一公司通过地方政府有关部门审批获得一般危险物仓库的资质，可能在实际经营中，该公司却突破经营范围，进行危险化学品储存，而导致重大事故发生。为了防止这样的事故发生，政府不仅要做到"宽进"，还得"严管"，强化监管能力，提升监管力度。

三是社会风险。

在市场准入负面清单制度下，社会应对中可能出现主动和被动两种风险。所谓主动风险，即是公众对市场准入负面清单制度的质疑，特别是对于政府在准入端突然放开大量市场领域的担忧，在极端情形下可能上升为群体性事件。由于市场准入负面清单制度赋予了各类市场主体清单以外皆可依法平等进入的权限，在缺乏充分信息的情形下，有可能造成缺乏资质的主体进入，并对公共利益造成损害，从而激化社会矛盾。特别是在对生态环保、居民生活具有重大影响的市场领域放开准入前审批的情形下，比如：一般化学品的生产、畜禽养殖场、高噪音污染娱乐场所等或将放开准入前限制的领域，极有可能触发来自社会的应对风险。所谓被动风险，即是在市场准入负面清单制度下，将前所未有地依赖社会对市场主体的监督，而社会监督能力有可能还不足以满足监管需要，进而导致社会监管的失位，出现社会应对的被动风险。

为了更好推行市场准入负面清单制度，必须要做好风险防范。

一是政府要"放得开，管得住，服务好"。

由于各级政府已经习惯了以往的以审批为主要形式的管理模式，而负面清单要求政府的工作由事前的审批转移到事中事后的监管，这对各级政府是不小的挑战。为克服难题，对政府而言，就是要确保"放得开，管得住，服务好"。

首先，要做到"放得开"。则需要相应做到：第一，是"松开手"，市场准入负面清单已经放开的业务、领域，市场主体进入时一定不再审批。要做到法律、行政法规、国务院决定没有明确规定为前置条件的，一律不再作为前置审批；法律、行政法规、国务院决定明确规定为前置条件的，除确有必要外，都要通过修改法律、行政法规、国务院决定，一律不再作为前置审批。第二，是"放到位"，做到负面清单以外的事项由市场主体依法自主决定，企业的守法投资经营行为也一定不要去干扰。政府不得设立对非公有制经济各种形式的不合理规定，不得通过各种隐性的壁垒，阻碍符合条件的企业依法进入自然垄断、特许经营领域。

其次，要确保"管得住"。则需要相应做到：第一，对于一些涉及国家安全、安全生产等环节的前置性审批，要依法规范和加强。如"矿山企业、危险化学品和烟花爆竹生产企业的安全生产许可"等存在重大安全隐患的事项，应该加强前置审批，确保安全。第二，对于准入后的市场行为，应该坚持"放管结合、宽进严管"的原则，创新监管方式，提升监管效能，确保市场准入负面清单以外的事项放得开、管得住。特别地，有关部门还要强化发展战略、发展规划、产业政策和标准规范等的制定、调整和管理，设定"红线"严格依法加强事中事后监管。第三，事后要根据市场主体信用状况实行分类、动态管理，做到"赏罚分明"。对守信主体予以支持和激励，对失信主体在投融资、土地供应、招投标、财政性资金安排等方面依法依规予以限制。将严重违反市场竞争原则、扰乱市场经济秩序和侵犯消费者、劳动者、其他经营者合法权益的市场主体列入"黑名单"，对严重违法失信者依法实行市场禁入。

最后，要确保"服务好"。则需要相应做到：提高审批效率，探索实行一站式审批。为此，要加快建立"统一规范、并联运行，信息共享、高效便捷，阳光操作、全程监督"的网上联合审批监管平台，实现所有审批事项"一网告知、一网受理、一网办结、一网监管"。此外，对市场上出现的新技术、新产品、新业态、新商业模式等，要本着鼓励创新、降低创业门槛的原则，加强制度供给，寓监管于服务，不急于纳入市场准入负面清单管理。例如现在市场上相继推出的专车软件，如滴滴打车等作为典型的"互联网＋"创新型产业模式，政府可能基于法律的灰色地带而"一口回绝"，而实行市场准入负面清单制度有望对这些新兴行业采取鼓励态度，等到各方面条件成熟后再纳入规范管理。

二是督促企业履行好职责。

在市场准入负面清单制度下,企业在进入市场环节拥有了前所未有的自主权,如何避免"一放就乱",企业也应该适当地"担起担子",在充分享受权利的同时,履行好自己的社会职责。

首先,企业要主动学习市场准入负面清单制度。市场准入负面清单制度改革负责部门要适时组织开展市场准入负面清单制度学习培训,为市场主体解决疑惑。市场准入负面清单制度的实行不仅为政府工作提出了新要求,对于企业而言,需主动学习市场准入负面清单制度,转变态度。各类市场主体要加强企业诚信自律和企业自治,做好守法经营,严格按照准入前的承诺履行社会职责,贯彻落实企业的首负责任,主动适应政府"宽进严管"的工作方式,接受政府和社会的监督。

其次,对于清单以内的事项,要按要求进入,遵守承诺。具有市场准入管理职责部门要根据负面清单工作要求,加快完善各类清单事项的准入条件和准入方式的研究工作,并及时公布市场准入负面清单实施操作说明。对于企业而言,准入时,企业应该按规定报批行政部门接受审批,或根据要求依照政府规定的准入条件和准入方式合规进入;准入后,做好企业自律、自治,并及时进行信息公示,以接受政府和社会的监督,并对违反规定的生产经营行为承担起首负责任,接受惩罚。

最后,对于清单以外的事项,国家赋予了各类市场主体依法平等进入的权利,但并不意味着企业可以随意地开展投资经营行为,企业应该依法进入,并遵守相应行业规范,执行相应的行业标准。特别地,企业需要意识到要"依法"进入,任何违反法律进入市场的行为都是要接受法律惩罚的。因此,应该加快完善各行业的行业规范,实行严格的行业生产标准制度,为政府和社会加强监管提供准确的参考依据。同时,还应该进一步加强完善《安全生产许可证条例》《中华人民共和国产品质量法》《中华人民共和国节约能源法》等有关生产安全、环保、用地、行业标准、规范等法律法规,使市场主体生产经营行为有法可依,监督主体实施监管有法可循。

三是从源头化解社会矛盾。

市场准入负面清单制度对社会共治、社会监督也提出了新的要求,为了避免社会矛盾的激化,从矛盾源头化解的角度,研究认为从清单实施的"一头一尾"要做到"制定清单的科学化,以及实施后的有效监管",为此提出以下建议。

首先,在市场准入负面清单制定阶段,要充分梳理各地区内实际情形,避免各地"生搬硬套"而导致当地市场环境的恶化以激化社会矛盾。因此,在清单制定阶段,各地应该全面梳理地区内实际情形,根据地区产业结构、资源禀赋、生态环境、人民生活等特点,对市场准入负面清单提出修改意见。为此,各地凡负有市场准入管理职责的部门和单位,以及下级政府,都应全面梳理禁止和限制(许可)市场主体投资经营的行业、领域、业务等,并从中凸显体现地方实情的准入事项,对于其中确有必要在全国统一市场准入负面清单中做出调整的事项,应该报国务院批准后实施。

其次,要健全公众参与、专家论证和政府决定相结合的决策机制,建立起公众参与机制,保障社会力量参与到清单制定和修改的程序中。特别是对涉及全国经济社会发展的重大事项以及专业性较强的事项,要开展专题讨论会或者成立专项研究,组织专家进行必要性和可行性论证,并向社会公开征求意见,充分发挥公众参与和专家论证的作用。另外,对于市场准入负面清单制度的实施,政府应该建立专门工作小组负责日常工作。对于清单制度的实施绩效,工作小组应该联合第三方组织,进行阶段性的评估工作,及时把握清单制度实施中所面临的各类问题,以增强制度的风险应对能力。

最后,加强实施后的跟踪监管,做到专业监督和大众监督有机结合。负面清单制度将前所未有地依赖社会监督,针对社会监管能力不足而出现的被动风险,要完善公众参与途径、加强公众举报途径,鼓励社会组织和公众在实际监督工作的开展中,提高能力。同时,有关部门要转变监管理念,要敢于也要善于放权社会,主动将部分适合由社会开展监管的责任交予社会,充分发挥社会第三方组织的专业监督优势,建立起政府监管、社会监督、企业自治、行业自律的新的监管格局。

二 全面推行市场准入负面清单若干问题

市场准入负面清单改革面临的问题具有复杂性、多变性,包括政府行政审批、法律法规调整、地方立法权限等各个方面的问题，需要深入把握这些改革问题的本质，才能更全面地推行负面清单制度改革。

（一）清单的"精简必要"

市场准入负面清单的本质要求在于通过负面列单的形式，将中国市场准入领域的禁止和许可事项明确划定范围，对属于范围以外的领域，交由市场主体自主决策，依法平等进入。目的是：一方面通过划定政府审批范围，划清政府权力界限，约束政府"有形之手"；另一方面，通过赋予市场主体"非禁即入"的自主决策权限，释放市场潜力，发挥市场在资源配置中的决定性作用。因此，市场准入负面清单必须做到精简有效、清单事项要做到确有必要，否则限定政府权力范围和释放市场潜力就无从谈起。

因此，要理解清单的"精简必要"，要明白：一是不能把法律、法规和国务院决定中的禁止类、许可类事项简单纳入清单，清单事项呈现的是经过整理、合并，并进行合法性审查的结果。市场准入负面清单实现的是"一单尽列"，制定之初汇总起来的管理事项必定是数量庞大，且存在重复的内容。要做到精简有效，需要对同类事项进行合并归纳，同时对事项的表述进行规范化、统一化。

二是不能把现行措施简单照搬至市场准入负面清单，对于缺乏法律依据的规定事项，在市场准入负面清单制度下，要么经审查确有必要，通过完善相关法律得以确定，并纳入市场准入负面清单，要么取消该事项。实际上，现行的一些准入管理措施，法律依据并不充分，对于那些确有必要而又缺乏足够法律支撑的事项，可以作为临时性准入措施暂时列入清单，有关部门应该加快完善立法。

三是不能把非市场准入事项和准入后监管措施混同于市场准入管理措施，一些市场主体普遍需要遵循的行业规范、标准、操作程序，都不宜纳入市场准入负面清单。例如，《中华人民共和国广告法》规定的"不得在影响市政公共设施、交通安全设施、交通标志、消防设施、消防安全标志使用的情形下设置户外广告"是对设置户外广告的一个行业规范性质的规定，类似规定并非市场准入事项，因此无须列入清单。

四是不能把市场准入负面清单以外对市场主体普遍采取的注册登记、

信息收集、用地审批等措施纳入市场准入负面清单。要注意区别市场准入事项与工商登记管理之间的区别，将非市场准入领域的事项纳入市场准入负面清单的结果是清单冗长且缺乏针对性。

扩展阅读5　对负面清单的"非禁即入"的理解[①]

要理解清单为什么可以做到精简必要，要认识市场准入负面清单的"非禁即入"，是一种对"准入身份"的认可，而非对"准入行为"的放纵。不意味着清单以外市场主体可以"胡作非为"，也不意味着市场主体无须接受其他行政审批或相关管理。

"清单以外是不是企业可以随意进入"，答案是否定的。

在市场准入负面清单制度之下，负面清单以外的行业、领域、业务等，各类市场主体是皆可平等进入。但这有一个关键前提是各类市场主体需要依法准入，市场主体不能违法操作也不能进入明显违法的领域。比如"黄、赌、毒"等在中国明显违法的领域，虽然未明确列入市场准入负面清单，但仍是市场主体进入的禁区。

另外，企业进入清单以外，还得遵守相关法律规定。比如：以从事娱乐场所经营为例，可能属于清单以外，但并不意味着市场主体可以随地开展经营业务，还需要遵循《娱乐场所管理条例》的相关规定，不得设在下列地点："（一）居民楼、博物馆、图书馆和被核定为文物保护单位的建筑物内；（二）居民住宅区和学校、医院、机关周围；（三）车站、机场等人群密集的场所；（四）建筑物地下一层以下；（五）与危险化学品仓库毗连的区域"。

对于清单事项同样如此，虽然清单在市场准入端对企业从事某一具体领域已经有相应的禁止或需要许可的设定，但企业从事许可类事项的投资、经营仍需遵守清单未作规定而法律法规明确列明的规定。比如：成立保险公司，根据市场准入负面清单需要经国务院保险监督管理机构批准。但除此之外，成立保险公司同时需要遵守《中华人民共和国保险

[①] 陈升：《市场准入负面清单的"精简必要"与"非禁即入"的理解》，中国发展网，http://www.chinadevelopment.com.cn/news/zj/2018/12/1427685.shtml。

法》等法律法规的相关规定。如《中华人民共和国保险法（2015年修正）》第六十九条所规定的"设立保险公司，其注册资本的最低限额为人民币二亿元；国务院保险监督管理机构根据保险公司的业务范围、经营规模，可以调整其注册资本的最低限额，但不得低于本条第一款规定的限额；保险公司的注册资本必须为实缴货币资本"等。这些属于保险市场准入许可的细化标准，虽然在清单中没有详细罗列，但是依然是市场主体进入相关行业、领域、业务等需要遵守的规定。

"负面清单许可类事项以外是不是没有其他审批或管理措施"，答案也是否定的。

除市场准入领域的许可，还有其他针对非投资经营活动的管理措施、准入后管理措施、备案类管理措施（含注册、登记）、职业资格类管理措施等。如前文所言，市场准入负面清单为做到精简必要，不能把市场准入负面清单以外针对非市场主体事项、非投资经营行为事项、非市场准入环节事项、一般性管理措施等纳入清单。这意味着，市场准入负面清单并不是所有市场管理措施的集合，其关注的只是针对市场主体的、准入领域的管理措施。

政府对市场主体在负面清单以外的准入，不再进行前置审批。这样的"非禁即准"只是针对其准入"资格"的认可，而从获得"资格"到"进入市场"，如有必要，政府还可以通过规划、环评、用地等方面的规范性要求予以规制。如修建养猪场，属于清单以外的事项，但并不意味着可以在城市居民小区里去建厂，有关部门还得考虑环评、用地规划等因素，将有些不符合条件的投资经营行为"卡在门外"。

可见，市场准入负面清单关注的是"要不要赋予市场主体在某一行业、领域、业务准入资格"，考虑的是在事前进行"准入资格"授予，而其他准入中和准入后的行为约束，应该交由中国现行法律法规和政府各项具有针对性的管理措施来完成。

（二）现行法律法规的调整

市场准入负面清单制度改革涉及诸多现行法律法规的调整问题，法律法规是制定负面清单的根本依据和措施来源，在负面清单实施过程中，也对法律法规的修订调整提出新要求，包括对于现行法律、法规和国务院决定中有明确规定的事项和没有明确规定的事项，应该分类别有不同的调整原则和程序。

一是法律法规是制定负面清单的根本依据和措施来源。市场准入负面清单实行"非禁即入"的管理模式，制定市场准入负面清单要全面落实依法治国的基本方略，其制定的根本依据就是法律、行政法规和国务院决定。二是制定和实施负面清单制度对法律法规的修订调整提出新要求。为推进市场准入负面清单制度的实施，党中央和国务院决定为负面清单制度一路亮绿灯，然而现行的法律体系与市场准入负面清单制度还有不相适应的地方，比如：在市场准入负面清单以前，涉及市场准入、投资经营的法律、法规、规章、规范性文件以及各类行政审批，都是前置性的，若推行市场准入负面清单，停、改了这一系列的法规条文，后置监管方面就会出现一些市场准入法律体系空白，制度不完善的弊端或会更加突出。例如食品安全方面，中国亟待制定儿童食品安全标准，对于3周岁以上的低龄儿童，中国还没有专门法律法规明确定义"儿童食品"，规定其安全标准，一旦放开准入，政府监管将会面临"无法可循"的尴尬情形。

对于现行法律、法规和国务院决定中有明确规定的事项，是否纳入市场准入负面清单，要遵循的纳入原则是：法律、行政法规、国务院决定明确规定为前置条件的，除确有必要外，都要通过修改法律、行政法规、国务院决定，一律不再作为前置审批。一是确有必要型，是现行法律、行政法规和国务院决定明确限制或者禁止的事项，要纳入市场准入负面清单的事项。对于该类事项，要进行合法性审查，并按照发挥市场决定性作用的要求进行合理性、可行性和可控性评估，经审查后分类纳入禁止准入类清单和许可准入类清单。但在该类事项汇总时，要格外注意，虽然负面清单的制定要以法律、行政法规和国务院决定为依据，但不能将现行法律、行政法规和国务院决定中禁止和限制（许可）事项简单汇总。比如一些法律法规条例中关乎国家安全生产安全等因素的限制（许可）或禁止的事项，可能涉及多个行业或多个领域，不能简单照搬至清单内，与其他事项简单并列。二是现行法律、行政法规和国务院决定有明确限制（许可）或者禁止，但经审查后，不纳入市场准入负面清单的事项。如：现行制度要求清理和压缩工商登记现有前置审批事项，逐步由"先证后照"改为"先照后证"。那么一些以注册资本和行政许可证等为限制的事项就应得到废止或修改。特别地，在现行的法律体系内，政府对于对金融、文化领域的市场准入基本没有放开，如果将所有现行禁止或限制（许可）规定"不分青红皂白"一律纳入清单，则不符合负面清单放开市场的精神。对于该类经审查后不纳入市场准入负面清单的事项，要根据相关的程序及时废止或修改设定依据。

对于现行法律、法规和国务院决定中没有明确规定的事项，根据《国务院关于实行市场准入负面清单制度的意见》要求"法律、行政法规、国务院决定没有明确规定为前置条件的，一律不再作为前置审批"，对于现行法律、法规和国务院决定中没有明确规定的事项都不得纳入市场准入负面清单。对于现行法律、行政法规和国务院决定尚未规定，但根据市场准入负面清单的实施结果，发现需要纳入市场准入负面清单进行准入前禁止或限制（许可）的事项，应在科学评估的基础上，依照法定程序提请制订或修订法律、行政法规和国务院决定。其中涉及全国经济社会发展的重大事项以及专业性较强的事项，要履行公众参与、专家论证、风险评估、合法性审查和集体讨论决定的决策程序。

（三）与地方立法权限兼容

按照《国务院关于实行市场准入负面清单制度的意见》，"市场准入负面清单由国务院统一制定发布；地方政府需进行调整的，由省级人民政府报国务院批准"，"发展改革委、商务部牵头汇总、审查形成统一的市场准入负面清单，报国务院批准后实施"。这要求全国实行的是统一的一张市场准入负面清单，地方个别调整报国务院批准后调整清单。而《中华人民共和国立法法》第七十二条规定"省、自治区、直辖市的人民代表大会及其常务委员会根据本行政区域的具体情况和实际需要，在不同宪法、法律、行政法规相抵触的前提下，可以制定地方性法规"，赋予了地方的立法权。而省级地方政府立法可能包括了地方的一些特殊领域的市场准入，而在市场准入负面清单制度下，其中不少体现地方"特色"的条目是与全国统一"一张清单"的原则相抵触的。而如果全国层面不是统一执行一张基本的清单，各地清单项目差异过多，又失去了市场准入负面清单的改革意义。因此，市场准入负面清单如何在保持全国统一一张清单的原则，考虑地方立法权限是后续改革中需要特别注意的。简单而言，就是地方关于市场准入领域的立法事项如何与全国统一执行的市场准入负面清单共存的问题。

对此，试点地区需要全面梳理现行有关市场准入的相关禁止或许可事项，对于其中设立依据为地方性法律法规的：一方面，研究地方法规中不符合市场准入负面清单精神的事项如何取消；另一方面，考虑过渡办法，保证全国统一一张清单实施中的兼容性和操作性。但市场准入负面清单制度与《中华人民共和国立法法》在地方立法权限上的冲突，更需要国家层面寻求解决方案，加快完善关于市场准入负面清单制度的立法工作。

（四）做到清单实时动态调整

负面清单的核心思想是"非禁即入"，清单事项的列明依据是中华人民共和国的法律法规。而法律法规是动态调整的，所以负面清单也要及时更新。在市场准入负面清单的制定和执行上，因此也面临了一个时效性的问题。市场准入负面清单制度是有关整个市场准入的一项根本性制度，不可能随意调整，需要一定的稳定性。否则朝令夕改，不仅导致市场主体应对乏力、无所适从，更重要的是会破坏中国市场准入的秩序。按照负面清单在外商投资领域的实践经验来看，市场准入负面清单的公布最短周期可能是一年，然而即使每年公布一版清单，也无法与国内方方面面的法律法规的变动保持完全同步，从而难免导致清单会因为法律、法规的变动的滞后、脱节，这将严重影响清单的有效性。如何建立起一个高效的清单调整路径，对于清单的执行效果是至关重要的。所以，要建立电子清单，做到实时动态调整。并对于清单在列的管理事项，做到只要经过国务院决定取消的，不必待清单调整，自行排除在市场准入负面清单之外。

三 全面实施市场准入负面清单制度的政策建议

市场准入负面清单的全面推进是一项复杂、系统的制度改革，需要一系列具体策略来保障负面清单制度的落地。第一，法律法规是制定负面清单的基础和依据，市场准入负面清单制度的实施必然需要全面梳理现行法律法规中涉及市场准入的内容，并进行合理性审查。第二，在全面梳理并修订法律法规的基础上，建立系统、均衡的行政权限体系，负面清单的动态调整机制及相关配套制度改革。第三，还需要建立健全监管体系和风险防御体系，并且可以引入第三方机构来评估负面清单限制（许可）或禁止的具体量化标准，以更好地落实市场准入负面清单制度改革。

（一）加快法律调整与完善

为实现"一单尽列，单外无单"，违规设立的准入许可、隐性准入门槛和地方自行制定的准入类负面清单要坚决清理取消。市场准入负面清单制度的推进，必然涉及众多法律法规的废、改、立问题，这是一个复杂的程序。

第一，清理相关法律法规及行政审批事项。有关部门依照法定程序全面清理涉及市场准入负面清单的法律、法规、规章、规范性文件以及各类行政审批文件，对应当修改、废止的及时加以修改、废止或提出修改、废止的建议；梳理和审查与市场准入负面清单相关的条款，修改和删减制定多年且早已不符合当前经济发展需要、已经"名存实亡"或没有实际意义的法律法规条款，整理汇总保留的和修改后的条款。对在市场准入环节，依据地方性法规设立但未纳入市场准入负面清单的事项，按程序经立法机关批准后在试行期内暂停实施。试行期满后，对时间证明可行的，按法定程序修改完善相关地方性法规。

第二，注重负面清单与法律规范的衔接。市场准入负面清单的着力点要放在真正营造市场规范上，通过梳理现有的法律体系，完善相关的法律法规，依法办事，依靠规则办事。实现市场准入负面清单与行政审批事项清单、《产业结构调整指导目录》、《政府核准的投资项目目录》，以及与依据法律、行政法规、国务院决定设定的市场准入管理事项的衔接。此外，坚持改旧法与立新法并重，确保市场准入管理措施职权法定、事中事后监管有法可依。

第三，要更加重视有关政府准入后监管方面的立法，确保准入后监管有法可依。进一步加强完善如《安全生产许可证条例》《中华人民共和国环境保护法》《中华人民共和国土地管理法》《中华人民共和国标准化法》《中华人民共和国产品质量法》《中华人民共和国节约能源法》《中华人民共和国循环经济促进法》等有关生产安全、环保、用地、行业标准、规范等的法律法规。同时，根据《国务院关于实行市场准入负面清单制度的意见》要求结合市场准入负面清单的实施结果，对发现需要纳入市场准入负面清单进行准入前禁止或限制（许可）的事项，应在科学评估的基础上，依照法定程序提请制订或修订法律、行政法规和国务院决定。

（二）建立负面清单实行协调体制

市场准入负面清单制度是对中国存在几十年的审批制度的彻底变革，是一个涉及众多相关配套制度的复杂的系统工程，不仅需要相关法律的完善与调整，更需要对于政府审批权限、边界范围的彻底厘清以及建立系统、均衡的行政权限体系，以规范负面清单管理模式，为市场准入负面清单制度的推广提供基本保障。

1. 设立专门管理机构

市场准入负面清单制度是一项新生事物，国内没有实践基础，国外也没有现成经验，故在有序推进改革中，需要一个逐步调整、逐步适应、逐步完善的试点过程。加之，市场准入负面清单处于动态调整中。因此，实行市场准入负面清单制度亟须在中央层面设立专门管理机构。

建议设立国务院或国务院授权建立的跨部门议事协调机制，将多个职能部门的权力进行整合，形成一个具有全国性独立的负面清单管理机构，并按照简政放权、放管结合、优化服务的原则，根据改革总体进展、经济结构调整、法律法规修订等情况，适时按程序调整市场准入负面清单；对地方政府的职权职责、机构设置、人员编制等以法律、行政法规的形式加以确定，从而保障改革的顺利实施。甄别对清单的反馈意见，动态调整市场准入负面清单。根据地方改革进展情况和修改意见，针对各类市场主体反映的突出问题，中央层面负责的管理机构应及时调整和完善市场准入负面清单。

2. 建立信息共享机制和综合执法体系

市场准入负面清单制度，为中国提供了一种新的行政管理模式，降低市场准入门槛、扩大市场开放度、减少政府通过审批权对市场的干预，实行"负面清单"管理需要以信息的充分公开和足够透明为基础前提和根本保障。再者，"负面清单"管理模式伴随着监管重心的转移和监管内容的变化，而事中事后监管的基础和前提在于信息共享机制和综合执法体系的建立。

首先，建立和强化信息公开机制，搭建信息共享平台。政府作为信息的最大所有者，对"负面清单"的管理起着重要影响。一方面，构建信息共享平台，可以避免政府各部门相同信息库的重复建设，进一步提高透明度，使得外资企业、民营企业等不同的市场参与主体共享信息，从而降低市场交易成本，降低寻租风险。另一方面，信息共享平台的建立可以实现各政府部门监管信息的互通、交换和共享，加强部门之间的协同监管，优化监管流程，提供高效便捷优质服务，为加强事中事后监管提供信息支撑，使得政府监管更加科学化、规范化和阳光化。

其次，为规范行政执法行为、着力解决权责交叉、执法缺位等问题，建立权责统一、权威高效的行政执法体制与力量显得尤为必要。推进市场准入负面清单制度是一项系统工程，离不开部门之间的协调配合，需要建立各部门联动执法、协调合作机制。但是，综合行政执法过程中往往存在职权混乱、多头执法、多重执法和执法空缺的问题，究其原因，从法律层面来看，综合行政执法缺乏统一的规范性法律，加大了综合行政执法的难度；从实际操作来看，部门间职责难以清晰划分，部门间配合协调不力，存在多头指挥问题，导致行政效率低下。针对上述问题，全面推进海关、海事、检验检疫、工商、质检、税务等部门信息共享，形成多个职能部门协同配合的综合执法联动机制，建设网上执法办案系统、建设联勤联动协调合作机制，着力解决权责交叉、多头执法问题。

3. 完善权限规范的调整机制与审查机制

目前，行政审批负面清单制度的最大问题在于缺少规范化。而权限规范是负面清单管理模式规范化的重点所在。主要包括以下几个方面的内容。

一是完善权限规范的动态调整机制。行政系统内部形成的权限规范还需要进一步落实，并随着社会实践的发展进行动态调整。强调权限规范在动态中的平衡，在负面清单所调整的客观情况发生变化的时候，能够为行政执法行为提供相对清晰的边界范围，以适应行政行为的需要。

二是"有权必有责"，强调权责一致。权责合理配置及其有效运行是政府职能履行的有效支撑。按照权限规范理论，权限规范不仅是对政府权限进行划分、引导和协调，更需要规范相应的责任清单，使得负面清单的管理者和实施者明确自我职责所在，防止行政不作为，同时明晰行使职权的责任追究机制，防止行政乱作为。

三是完善权限审查机制。在国内的行政法中，对规范的审查一般为"合法性审查为主，合理性审查为辅"。权限规范的重点是对政府行政权限的制约与均衡，为更好地发挥权限规范的作用，保证其合法性与合理性，亟须从审查主体、审查范围、审查程序、审查标准和审后处理机制入手，完善权限审查机制。

（三）加强清单自身完善与调整

在市场准入负面清单制度下，市场准入负面清单由国务院统一制定发布，地方政府需进行调整的，由省级人民政府报经国务院批准。这使市场准入在全国范围内有了统一的标准。地方没有权限进行市场准入负面清单的制定工作，采用的蓝本都是全国统一的市场准入负面清单。因此，清单的好坏，直接决定了这一全国性的制度改革的成效。在制度全面实施阶段，有必要继续在当前版本的清单基础上，进一步加强清单自身完善与调整。

1. 进一步整合、清理同类清单

市场准入负面清单制度建立的目标是实现"一单尽列、全国统一"的整体性治理。但当下而言，"负面清单过多过乱""单外仍有单"等问题仍然存在。

为全面落实"全国一张清单"管理模式，切实维护市场准入负面清单制度的统一性、权威性，要确保合法有效的管理措施应列尽列、全部纳入，达成整体性的治理效果，为市场主体亮起明确的"交通灯"。因此，在全面实施阶段，要进一步加强清单的整合力度，在整合《产业结构调整指导目录》《政府核准的投资项目目录》《互联网市场准入禁止许可目录》的基础上，进一步探索整合区域性的产业准入负面清单，比如在重点生态功能区所实行的产业准入负面清单，以及在地方行政区所实行的产业准入负面清单。

此外，对于一些虽然名称上没有"负面清单"字样，但实质上具有市场准入领域负面清单性质的清单或政策文件，接下来在全面实施阶段，都应该进行梳理，将符合市场准入负面清单理念的条目纳入，并按照要求清理违规设置的区域性、行业性、领域性的市场准入相关禁止限制内容，严禁各地区各部门自行发布市场准入性质的负面清单，坚决杜绝"单外有单"现象。

2. 进一步优化清单内容与表现形式

在全面实施阶段，应在《清单》（2018年版）的基础上，进一步研究如何缩减和优化管理措施，并丰富公开内容。

清单内容优化方面，一是紧密结合"放管服"改革最新进展，进一步放宽市场准入，并及时破除违规设定的不合理准入限制。组织部门、行业、领域、地方的专家学者，开展对《清单》（2018年版）事项逐项校核调整，研究清单的进一步放开，进一步移出不符合清单定位要求的管理措施。二是进一步要求部门、行业、地方梳理相关领域的市场准入事项，对于合法有效且符合清单定位的管理措施，要增补进入新一版清单。三是规范清单事项与其具体措施的表述，在对照法律法规国务院决定、行政审批事项目录等相关表述的基础上，规范清单事项表述方式。四是丰富清单公布内容，加快清单事项的设立依据、主管部门（或主要责任部门）的梳理和确认，并在新一版清单中进行公布，提升准入政策透明度和使用便捷性。

清单表现形式方面，一是加快研究清单事项的统一编码，为清单事项颁发唯一的"身份证",与清单事项一同公布。并做到市场准入负面清单和统一社会信用代码体系衔接匹配。二是在"统一编码"的基础上,研究清单的电子化进程,借助全国一体化在线政务服务平台,推动清单事项"一网通办"。在全面实施阶段,要进一步推动清单电子化、数字化,推进线上"一网通办",实现清单事项审批的"网办"和实时动态调整。加快构建以国家政务服务平台为枢纽、以各地区各部门网上政务服务平台为基础的全流程一体化在线服务平台。除法律法规另有规定或涉密等外,原则上所有清单审批事项均应纳入网上政务服务平台办理,实现政务服务"一次登录、全网通办"。

3. 建立规范的清单动态调整机制

紧密衔接"放管服"改革最新进展、法律法规"立改废释"和调整取消行政许可事项情况,建立并不断完善实时调整与定期调整相结合的清单动态调整机制,使清单与"放管服"改革最新进展紧密结合,积极回应市场主体呼声、推动准入门槛不断放宽,实现"一年一修,动态调整",确保清单成为具有可操作性的"活清单"。

为避免负面清单的固化而不适用时代发展的需求,沦为"僵尸条款"。对于一些在目前中国发展阶段可能存在负外部性或者处于起步阶段的行业、领域,在一定时期内不得不采取行政审批等有效监督,但也应当动态监管这些行业发展的态势,在发展到一定阶段符合要求之时做到及时"出单"。例如,对于资源配置类内部又可划分为纯粹自然资源审批(如建设用地、水资源等)及行业控制类审批(如无线电频谱、空中运输航线等),而对两者应当作以区别对待;对此可以考虑建立动态的考察机制,根据考评结果进行取舍。针对中国的现实国情,对于新兴行业,则可以考虑以自由设立为原则,以审批为例外,辅助以评估机制进行动态的调整。[①]

政府的职责不仅是制定完成一套负面清单列表并对外进行公布,而是要随时关注负面清单实施过程中给社会经济带来的影响,尤其是负面

---

① 沈开举、邢昕:《论负面清单制度深化的前提问题——兼论对河南等自贸区行政审批改革的启示》,《河南工业大学学报》(社会科学版) 2017 年第 3 期。

影响。根据这些影响适时调整和变更负面清单的内容与实施方式来改善并消除不良的负面影响。制定"负面清单"绝非简单地把"正面清单"由"正"转"负",而是要求在厘清政府与市场关系的基础上,对各行业各门类进行重新分析评估,尽量缩短清单条目,放宽市场准入门槛,从而确保"负面清单"的制定质量。"负面清单"的制定工作绝非一劳永逸,而是要求按照循序渐进和动态管理的原则保持动态跟进。这是因为随着社会经济的不断发展,"负面清单"针对的对象——市场经济必然会千变万化,出现新领域和新情况。因此,为了充分发挥"负面清单"的积极作用,同时防控可能产生的风险,需要不断完善"负面清单"内容,及时修正"负面清单",使"负面清单"的内容更加科学、完整,既符合现实国情状况,又符合改革开放政策。[1]

各地也需要根据地方经济发展水平和产业布局的状况,提出全国统一一张清单下的地方性措施内容,这一工作也需要每年同步进行,一方面做到合法有效的管理措施应列尽列、全部纳入,违规设立的准入许可、隐性准入门槛和地方自行制定的准入类负面清单要坚决清理取消。另一方面,积极回应市场主体呼声、推动准入门槛不断放宽,实现"一年一修,动态调整"。

此外,还要加大后续监管力度,保证动态调整中的负面清单高效地落实运营。要做到先进的管理理念与本地创新的对应,利用现代化的信息系统跟踪监管,对于各行业的市场跟踪反馈的结果通过媒体平台定期公布,使管理更加透明化更加接地气。

(四)健全监管与风险防范体系

"负面清单"管理有利于从根本上实现简政放权,然而在实现"放权"的同时,还要求必须加强监管。另一方面,由于市场经济发展具有高度的复杂性和不确定性,决定了"负面清单"管理在放宽资本市场准入条件之后,不可避免地蕴含着较大风险。这就要求构建一套有效的风险防御体系加以保障。

---

[1] 赫郑飞:《完善负面清单管理模式的思考和建议》,《中国行政管理》2014年第8期。

第一，建立健全监管体系。"负面清单"管理有利于从根本上实现简政放权，然而在实现"放权"的同时，还要求必须加强监管。尤其是当"负面清单"管理降低市场准入门槛后，政府在改革创新中更应加强对市场主体的准入后监管，实现从"事前审批"向"事后监管"的监管重心转移。一是建立完备有效的监管制度。要制定严格、具体的市场监管规则，明确重点监管的行业领域、采用的监管手段以及监管的程度等，致力于编织一张疏而不漏的市场监管网络。这些制度包括安全审查制度、反垄断审查制度、技术标准体系、信息共享制度、社会信用体系等。与此同时，也要针对政府的监管行为制定相应的制度，约束和规范政府的监管权力，确保监管合理、有效、到位，防止监管泛滥。二是构建一套良性运转的监管机制。要确立相应的行政监管机构，配置相应的人力、物力、财力等监管资源，确保严格监管、全程把关，保障监管的力度和有效度。要转变市场监管方式，综合运用多种监管手段，建设"网格化、精细化、一体化"的监管模式，实现市场监管方式的根本转变。要构建多元主体下的监管机制，整合包括政府、社会组织、社会公众等主体在内的监管力量，形成市场监管新格局，增强市场监管体系建设的科学性、系统性、协调性和实效性。三是可制定专门用于监管的"监管清单"。这是直接借鉴成都市推行"负面清单"管理的有益经验。成都市在推行"负面清单"管理的过程中，除制定"负面清单"外，还制定了"准许清单"和"监管清单"。其中，"监管清单"专门用于政府进行市场监管。"通过'监管清单'管理制度，让政府的工作重心进一步从'事前审批'向'事后监管'转移，做到监管有力，更好地维护市场经营环境的公平和正义"。[①]

第二，构建一套有效的风险防范体系加以保障。一是建立健全风险防范管理制度。制定"负面清单"的同时应同步进行风险防范管理制度设计，包括安全审查制度、反垄断审查制度、社会信用体系、企业年报公示和经营异常名录制度、信息共享和综合执法制度、社会力量监管制

[①] 梁立俊：《给外资开负面清单成都启动改革》，《成都商报》2014年6月13日。

度等。① 只有加强这些风险防范管理制度的建设并不断健全，才能针对"负面清单"管理中可能隐藏的各种风险构筑一堵牢固的"防火墙"。二是综合运用各种风险防范手段。可以用于防御负面清单管理风险的手段包括反垄断审查、金融审慎监管、城市布局规划、环境和生态保护要求、劳动者权益保护、技术法规和标准等，② 以及构建信息共享平台、实施风险监测和风险评估、构建风险预警系统和风险应急机制等。综合运用这些风险防范手段，可以有效应对和化解"负面清单"管理中产生的诸多风险。三是完善市场化退出机制。健全优胜劣汰市场化退出机制是负面清单管理的调解器。负面清单管理，意味着市场主体在清单之外的领域都可以自由进入。然而，在市场经济中，有进入就必然有退出，优胜劣汰是市场竞争的必然结果。建立健全市场化退出机制，有助于防范和化解市场风险，规范市场秩序，有效提高市场效率，优化资源配置；建立健全市场化退出机制，有助于增强市场主体的风险忧患意识，促进市场主体加强内部控制，规范经营行为，保障相关利害关系人的合法利益；建立健全市场化退出机制，有助于减轻企业退出（企业破产）可能给经济秩序甚至社会生活带来的不稳定因素；建立健全市场化退出机制，有助于政府及时发现"市场失灵"，从而决定是否需要适时修订负面清单。因此，建立健全优胜劣汰市场化退出机制，是培育和营造国际化、法治化营商环境的重要内容，是负面清单管理充分发挥积极作用的调解器。③

扩展阅读 6　负面清单的三分监管体系

分对象、分层次、分行业的"三分监管"。"三分监管"是外资的监管和国内资本的监管方式与力度不同；对省级政府和下面市县政府机构的监管和分工的侧重点不同；对不同行业领域资本监管的细则不同。

---

① 蔡木子：《"负面清单"成政府管理普遍思维》，《长江日报》2014 年 4 月 2 日。
② 徐豪：《"负面清单"管理释放市场红利》，《中国报道》2013 年第 10 期。
③ 朱最新、王丹：《法治视野下负面清单管理模式研究及广东的路径选择》，《岭南学刊》2014 年第 3 期。

对外资企业需要严尺度、高频率的跟踪监管,特别是事关敏感的行业,随时反馈发现的异常并立即采取相应的应对措施,防止不良影响的扩散。

分层次指省级政府的监管主要是负责宏观性的监管、掌握一个大方向。而地方市县政府的相关管理部门就要做到对区域内企业的细致全面的跟踪和掌握信息的随时反馈。分行业是指针对不同的行业采取重点监管、普通监管和一般监管的三个档位。对于安全隐患大的行业重点监管,普通行业重点监管,常规行业一般监管即可。而黑名单管理模式就是将企业的信用记录反馈备案比如对于医疗和制药行业可以将其登记划分为优良、普通、失信、严重失信四个等级。对于两个等级的企业就要加大监管的力度和频率,令其采取措施恢复自身的信用等级,否则下次就直接将其划入失信企业黑名单。

最后全省的各级政府应当设立联动的工作机制体系,确保负面清单工作按时按量地落到实处。可以设立专门的对口工作机构命名为负面清单管理委员会,从各个政府部门和高校科研机构抽调专门的优秀专业人才从事负面清单的编制等工作。同时明确工作人员自身的责任,领导全面掌控,科员之间相互配合完成自己的任务。最后要完善配套性的法规体系的立法工作,建立起一套高水准的清单体系和运行机制。

(五) 引入第三方评估咨询机构

全国统一建立准入负面清单,有利于实现大众创业,万众创新,实现投资发展。但是负面清单制度一旦成立,哪些行业领域应该限制(许可)或禁止,以及禁止、限制(许可)到什么程度,这些都是要评估的。要一个专业的第三方评估团队,来评估负面清单的具体量化标准,而不能简单地靠行政制度来限制和评估。第三方评估机构是负面清单制度能否正常合理运行的关键,以及决定将来发展的成败。[①] 本书认为第三方评

---

① 胡乃军:《第三方评估是负面清单制度成败关键》,http://cen.ce.cn/more/201510/26/t20151026_6807949.shtml。

估咨询对于全面推行至少存在以下三个方面的意义。

　　清单制定方面，引入第三方评估咨询对于清单质量和提升具有价值。市场准入负面清单的本质要求在于通过负面列单的形式，将中国市场准入领域的禁止和限制（许可）事项明确划定范围，对属于范围以外的领域，交由市场主体自主决策，依法平等进入。因此，市场准入负面清单必须做到精简有效、清单事项要做到确有必要，否则限定政府权力范围和释放市场潜力就无从谈起。要做到清单的确有必要，除了相关部门要提出意见，引入第三方评估咨询意见也有助于确保清单制定的科学性、合理性。

　　特别地，市场准入负面清单制度迫切需要一大批法律方面的专家开展研究，为市场准入负面清单与现行法律法规处理好关系提供研究支撑。首先，现行法律体系下很多法律的相关规定是政府以审批形式进行市场准入的产物，不适应市场准入负面清单的精神。推行市场准入负面清单制度，对现行法律、法规和国务院决定提出了挑战。虽然负面清单的制定要以法律、行政法规和国务院决定为依据，但不能将现行法律、行政法规和国务院决定中禁止和限制（许可）事项简单汇总。对于经审查后不纳入市场准入负面清单的事项，要根据相关的程序及时废止或修改设定依据，无疑这需要法律专业的专家的援助。其次，市场准入负面清单体现了"非禁即入"的市场理念，但其还与目前不少现行的法律法规有所抵触，不少管理措施存在法律方面的制约。根据席涛（2018）的研究，市场准入负面清单与《产业结构调整指导目录》的限制类目录与鼓励类目录、《商业银行法》规定的银行根据产业政策贷款、《证券法》规定的鼓励符合产业政策的公司股票上市交易、《反垄断法》中产业政策制度安排考量因素等都发生了冲突。[①] 因此，需要积极引入第三方机构的专业支持，保障产业政策、相关法律与负面清单的协调与衔接、统一性与一致性，实现市场资源配置的决定性作用。

　　此外，任何一项改革都有必要及时对现有政策实施效果做出评估，总结经验，在保证政策稳定性的同时适度动态调整。而在改革评估过程

---

① 席涛：《市场准入负面清单与产业政策、相关法律的修订与衔接》，《中国政法大学学报》2018年第3期。

中，人民群众、企事业单位等都是利益相关者，他们的意见代表了各自的阶层和群体，第三方评估机构可以将这些不同阶层和群体的利益、观点进行整合，使得评估结果更好地反映不同相关利益群体的需求，有利于在利益诉求多元化的环境中让各方了解、监督和参与改革，提高外部的参与度。因此，要从法律上明确第三方评估的重要作用和地位，提升其专业水平，树立第三方评估的权威。一方面，最根本和最重要的是赋予第三方评估主体评估权。应从法律上保证第三方评估机构的权力，保证其能够独立开展评估工作，不受任何行政机构、公共组织和个人的干扰。评估权的来源是否合法、行使是否得当、责任是否落实，决定了第三方评估过程和结果的客观公正。评估权的基础是监督权，应当说，包括第三方评估主体在内的任何个人和组织对政府改革工作都具有监督权。另一方面，应从法律上确保第三方评估的不可或缺性，使评估成为考评改革工作的基本环节和必要组成部分，形成评估制度化的长效机制。这会使第三方评估更加有效地督促改革，相关部门也会更加重视第三方评估，不断改进，提高改革工作的质量和效率。

（六）破除市场准入隐性壁垒

虽然市场准入负面清单要求做到"一单尽列"，对"明面"上存在的类似清单进行"一网打尽"式的整合，确保了"单外无单"。但也要看到，由于处于长期的行政审批制度之下，企业的性质差异在财政税收、项目核准等方面的各类隐性壁垒短期内难以彻底消除，具有政府背景的企业往往有着独特的竞争优势。也就是，在市场准入负面清单外，仍然具有不少限制市场主体公平准入的"隐性壁垒"。

对此，在全面实施阶段，一方面市场准入清单本身要与"放管服"改革成效对接，不断"瘦身"。另一方面，还要按照"清单之外不得另设门槛和隐性限制"要求，继续多渠道收集相关问题，及时发现各种形式的市场准入不合理限制和隐性壁垒，做到发现一起，推动解决一起，努力营造出稳定公平透明可预期的营商环境。

（七）协调推进相关配套改革

市场准入负面清单制度不仅涉及直接相关的一系列机制体制的改

革，也涉及其他相关配套体制机制的改革，建立各种保障市场准入负面清单制度正常运行的机制和措施，包括相适应的投资体制、工商登记体制、外商投资管理体制和健全相适应的公平交易平等竞争的市场环境等。

1. 完善投资体制

根据《国务院关于实行市场准入负面清单制度的意见》指出，企业投资项目，除关系国家安全、生态安全、重大生产力布局、战略性资源开发和重大公共利益等项目外，按照"谁投资、谁决策、谁收益、谁承担风险"的原则，一律由企业依法依规自主决策，政府不再审批；国家发展改革委员会要按照国务院要求，定期修订和发布实施《政府核准的投资项目目录》，最大限度地缩小企业投资项目的核准范围，改革企业投资项目核准；要加强规划、国土、环保、安全等部门的联动和监管，通过环境保护、资源节约、技术、安全标准实行准入控制。外商投资企业从事固定资产投资，按照国民待遇原则与外资企业适用相同的核准或备案程序。而《中共中央国务院关于深化投融资体制改革的意见》也在一定程度上是对相关投资体制改革提出了具体的指导。

2016年7月5日印发实施《中共中央国务院关于深化投融资体制改革的意见》（以下称《意见》），该《意见》提出，进一步转变政府职能，深入推进简政放权、放管结合、优化服务改革，建立完善企业自主决策、融资渠道畅通、职能转变到位、政府行为规范、宏观调控有效、法治保障健全的新型投融资体制。

该《意见》指出，党的十八大以来，党中央、国务院大力推进简政放权、放管结合、优化服务改革，投融资体制改革取得新的突破，投资项目审批范围大幅度缩减，投资管理工作重心逐步从事前审批转向过程服务和事中事后监管，企业投资自主权进一步落实，调动了社会资本积极性。《意见》提出，同时也要看到，与政府职能转变和经济社会发展要求相比，投融资管理体制仍然存在一些问题，主要是：简政放权不协同、不到位，企业投资主体地位有待进一步确立；投资项目融资难、融资贵问题较为突出，融资渠道需要进一步畅通；政府投资管理亟须创新，引导和带动作用有待进一步发挥；权力下放与配套制度建设不同步，事中事后监管和过程服务仍需加强；投资法制建设滞后，投资监管法治化水平亟待提高。

在该《意见》中明确了深化投融资体制改革的重点工作：一是改善企业投资管理，充分激发社会投资动力和活力，具体措施为确立企业投资主体地位、建立投资项目"三个清单"管理制度、优化管理流程、规范企业投资行为；二是完善政府投资体制，发挥好政府投资的引导和带动作用，具体措施为：进一步明确政府投资范围，优化政府投资安排方式，规范政府投资管理，加强政府投资事中事后监管，以及鼓励政府和社会资本合作；三是创新融资机制，畅通投资项目融资渠道，具体措施为：大力发展直接融资，充分发挥政策性、开发性金融机构积极作用，完善保险资金等机构对项目建设的投资机制，加快构建更加开放的投融资体制；四是切实转变政府职能，提升综合服务管理水平，具体内容为：创新服务管理方式，加快规划政策引导，健全监管约束机制；五是强化保障措施，确保改革任务落实到位，[①] 具体内容为：加强分工协作，加快立法工作，推进配套改革。并且《意见》中对于每一个措施都进行了详细的指导，这也是政府根据改革进程存在的问题提出的新的指导意见，对于市场准入负面清单的全面实施有推进作用。其中投资项目"三张清单"管理制度的建立对市场准入负面清单制度的确立与发展发挥重要作用，也是此次改革的亮点之一；投资项目"三张清单"管理制度的建立，实行企业投资项目管理负面清单制度，规定除目录范围内的项目外，一律实行备案制，由企业按照有关规定向备案机关备案；建立企业投资项目管理权力清单制度和企业投资项目管理责任清单制度，将各级政府部门行使的企业投资项目管理职权以清单形式明确下来，厘清各级政府部门企业投资项目管理职权所对应的责任事项。

扩展阅读 7　中国投资体制的演变历程和现行问题

中国的投资体制改革包括两个阶段：改革开放前的投资体制改革和改革开放后的投资体制改革。第一个阶段是改革开放前，1949—1957 年

[①] 《中央出台意见深化投融资体制改革　调动社会资本积极性》，中国证券网，2016 年 7 月 18 日，http://finance.ifeng.com/a/20160718/14610708_0.shtml。

以国家投资为主的投资主体多元化阶段；1958—1960年投资体制第一次放权时期；1961—1965年中央集权投资体制重建阶段；1966—1978年投资体制再次实行地方分权时期，该阶段为传统投资体制，表现传统投资体制的特征和弊端。第二个阶段是改革开放后的投资体制改革，至今出现了四次高潮，依次以《关于改革建筑业和基本建设管理体制的若干问题的暂行规定》颁布、《关于投资体制近期改革》颁布、邓小平南方谈话和《国务院关于投资体制改革的决定》颁布为改革标志，对原有的投资体制进行了一系列改革，打破了传统计划经济体制下高度集中的投资管理模式，初步形成了投资主体多元化、资金来源多渠道、投资方式多样化、项目建设市场化的新格局。

现行的投资体制还存在不少问题，特别是企业的投资决策权没有完全落实，市场配置资源的决定性作用尚未得到充分发挥，政府投资决策的科学化、民主化水平需要进一步提高，投资宏观调控和监管的有效性需要增强。根据现状，政府颁布了《中共中央国务院关于深化投融资体制改革的意见》推进新一步投资体制改革。

2. 完善工商登记体制

中国现阶段的行政审批制度改革是在有一定改革基础上进行的，即在工商制度改革[①]完善后，实现二者的衔接，现阶段对于工商体制改革主要依据《注册资本登记制度改革方案》，进行简政放权，优化政府职能，转前置审批为后置审批，工商部门从"重审批轻监管"转变为"宽准入

[①] 自2015年10月1日，"三证合一、一照一码"登记制度改革全面实施。截至2016年6月底，全国已经累计发放"三证合一、一照一码"营业执照1191万张，约占全国企业总数的一半，全国各类市场主体已达8078.8万户——首次突破8000万户大关。2016年6月30日，国办发布53号文，明确从2016年10月1日起，正式实施"五证合一、一照一码"，即将社会保险登记证和统计登记证也整合到一起，各地要加强与有关部门衔接配合，明确具体措施和工作进度，加快完善业务信息化系统，积极推动相关法律、法规的修改完善，同时，要与税务总局紧密协作，加快推进个体工商户营业执照和税务登记证整合，继续大力削减工商登记前置审批事项，此外，要继续支持上海市依托自贸区开展"证照分离"改革试点，着力解决"办照容易办证难"的问题，形成一批可复制、推广的经验。在推行上，各地也要根据地区的差异探索适合自身发展的工商登记方式或内容，但不得与上位法相抵触。

严监管",放宽市场准入,激发市场活力。

虽然注册资本登记制度的改革极大地激发了市场活力,使得企业进入市场的门槛降低,但是同时也存在一些潜在的需要完善和健全配套措施的地方:一是最低注册资本额度和验资程序的删除易对相对人权益造成损害。改革中的低门槛创立公司措施,虽然对减少"皮包公司"的出现有一定的抑制作用,也更加符合资本真实有效的原则与宗旨,但因公司对外承担责任的范围取决于其实际所拥有的资产,所以,当出现公司债务履行不能时,相对交易人权益的维护将会面临更大的风险和不确定性,对市场主体的诚信自觉性也是极大的考验,同时,交易双方如果没有一个可信赖的渠道和平台来确保对方资本的真实性,可能会降低当事人双方的交易诚信度,更有可能导致双方交易成本的增加,而这就需要政府建立相应的信息公示机制并且要求企业高度地执行,从而使双方交易亦有信息可循。二是电子信息化建设的不完备会对公示信息系统的构建造成影响。目前中国的数字信息技术不够完善,政府电子政务化还存在一些盖章的问题,这就要求加快信息化建设,进行平台的构建和保障信息安全,同时逐步发展电子信息化。[①] 三是,注册资本登记制度改革,给司法审判实践带来立案、审判、执行的新问题。在注册登记的住所(经营场所)方面,有的企业选用民用住宅对居民造成影响,产生民事纠纷;在注册登记的股东按认缴出资额缴纳出资时间上的放宽,促使产生股东出资违约责任和股东的资本充实责任等股东出资责任的法律问题;在刑事诉讼方面,如果有股东在设立公司时,利用不用验资的程序便利,故意虚报注册资本、虚假出资、合同诈骗、非法经营等,刑事诉讼案件将增加,同时在案件审查和民事执行上的难度也更大。这就需要政府确立违背公司出资制度者的法律责任,对注册基本进行动态监控,即进行信息公示和赋予相关当事人对公司资本的知情权、调查请求权等,继续完善民事、刑事和行政法律追究制度,使违法有迹可循、企业不敢虚报

[①] 王娓:《试论公司注册资本登记制度的改革与完善》,《兰州教育学院学报》2015年第9期。

信息。①

在新的市场准入负面清单管理模式下，对企业进行工商登记要与负面清单进行衔接：一是将注册资本认缴登记制与负面清单衔接，工商登记前置审批项目目录与负面清单衔接，对从事负面清单的许可类项目的按照特定流程登记，对从事禁入类项目的不进行登记，对从事负面清单以外项目的提供更加便捷的登记方式；二是将企业年度报告公示制度与市场准入负面清单衔接，根据其市场主体的信用状况，限制其在负面清单中许可类项目的工商登记；三是将工商登记的一些登记环节改革后的要求与负面清单相联系，确定市场主体的登记、年检、换证等登记事项。

在《国务院关于实行市场准入负面清单制度的意见》中也给出了明确的指明：要探索实行工商营业执照、组织机构代码证和税务登记证等多证合一制度，逐步建立全社会组织机构统一代码制度；要精简工商登记前置审批项目，削减资质认定项目，凡是市场主体基于自愿的投资经营行为，只要不属于法律、行政法规和国务院决定禁止和限制（许可）的领域，不损害第三方利益、社会公共利益和国家安全，不得限制进入；对纳入市场准入负面清单的登记、年检、换证等管理措施，没有法律法规依据的，一律取消。

3. 完善外商投资管理体制

根据《国务院关于实行市场准入负面清单制度的意见》，有关部门要按照规范化、便利化的要求，逐步简化外商投资领域的许可手续，减少限制性措施；对涉及国家安全的外商投资，有关部门要根据国家利益和战略目标，抓紧完善规范严格的外商投资安全审查制度；涉及经营者集中反垄断审查的，按有关规定办理。

近几年来，中国出台了一系列积极有效利用外资的政策，国务院2017年接连出台两个重要的利用外资文件——《关于扩大对外开放积极利用外资若干措施的通知》和《关于促进外资增长若干措施的通知》。这

---

① 覃光开：《论我国注册资本登记制度立法完善之路径选择》，《广西政法管理干部学院学报》2015年第1期。

两个文件推出了扩大开放、创造公平竞争环境、加强招商引资一共40多条具体的政策措施。为进一步建立与市场准入负面清单相适应的外商投资管理体制，建议从以下几个方面进行完善。

第一，抓紧完善外商投资负面清单，转变管理方式。一方面，要制定完善外商投资负面清单。虽然中国的"负面清单"经历了几次调整，但中国仍亟须建立一个稳定、透明、统一、科学、内外一致的"负面清单"。另一方面，要转变管理方式。负面清单之外的领域，内外资统一管理，外商投资项目和企业设立基本实行备案制，切实提高投资便利化水平，加快完善现代市场体系。逐步简化外商投资领域的许可手续，探索实行一站式审批。例如上海做好方案落地操作准备工作，承接好投资管理体制备案制改革，建立"单一窗口"服务模式。

第二，完善规范严格的外商投资安全审查制度，并对涉及国家安全的外商投资进行安全审查。国家安全审查范围包括政治安全、经济安全、军事安全、文化安全、生态安全、信息安全、食品安全、资源安全等。在外商投资审查的相关法律文件中，则侧重于国家经济安全。市场准入负面清单制度的全面推行，外商投资安全审查制度的完善十分迫切，但是负面清单管理的基本理念是最大限度对外资开放，而安全审查的基本理念是最大限度减少外资进入对国家安全的威胁，二者一定程度上存在矛盾。所以要掌握好开放与安全的边界，对涉及国家安全的外商投资项目给予清晰界定，同时与负面清单相衔接，可从以下几点入手：一是在全国人大常委会层面出台法律，作为构建外商投资安全审查制度的依据；二是有特定的外资安全审查机构负责外资安全审查制度的落实；三是采用开放式清单明确列举安全审查所要考虑的因素，以适应中国发展国情；四是在安全审查制度运行中，要求外资安全审查机构主动推动外商采取措施消除对中国国家安全的威胁，同时做好监管工作，以平衡投资自由化和国家安全保护。[1]

第三，建立外商投资信息报告制度和外商投资信息公示制度，完善外商投资全程监管体系。加强事中事后监管，建立了信息共享、实时监

---

[1] 杨长湧：《美国的外商投资安全审查制度及启示》，《中国经贸导刊》2013年第12期。

测、动态管理和定期核查的联动机制，而这一部分的构建可依据企业信息公示与信息共享制度的建立方式和手段，但二者由于针对的对象不同，在一些方面的差异是必需的。

4. 调整备案制度

行政备案制度是"负面清单"管理的一种基础性和保障性制度。伴随"负面清单"管理的实行，将意味着清单之外的众多领域不再按照审批制度执行，而是由核准制改为备案制。为此，需要从指导原则、价值指向、适用范围、程序规范、法律责任等方面建立健全行政备案制度，以充分发挥行政备案制度对"负面清单"管理的保障作用。

一是要限定行政备案的适用范围。从行政备案的价值考虑，行政备案不只要作为在某些行政管理事项上替代行政审批的制度存在，而且要注重发挥其作为行政管理强度适中的管理形式的优势。参照《行政许可法》和《广州市行政备案管理办法》，行政备案的适用范围应当包含：涉及为保护生态环境、加强公共管理的事项；涉及实现公共服务职能，保护公民、法人和其他组织合法权益的事项；涉及开展行业引导、制定产业政策的需要的事项；涉及为了更好开展事中事后监管的事项；涉及建立生产经营者网上信息公开公示需要的事项；涉及维护国家安全、公共安全、社会秩序、人身健康、生命财产安全的事项。并做出排除性规定即能够通过其他渠道比如行政许可、行政确认等其他行政管理行为和通过行政机关间的信息资源共享机制就能获取行政相对人信息的，则不需要备案。

二是严密行政备案的处理程序。设定行政备案，首先应当规定行政备案的事项、实施机关、程序、期限和需要报送的材料。行政备案的具体操作上要明确行政备案只进行形式上的审查，不能以备案之名，行审批之实，审查机关应当对备案材料在数量上是否齐全、形式上是否符合规定进行审查；备案人也应对备案报送材料的真实性做出保证，并承诺承担虚假备案、隐瞒真实情况备案的法律责任。其次，行政备案制度应当规定与备案相配套的后续统计、存档和核查措施，并制定备案存档核查后的后续监管规定并明确监管主体、监管职责、检查方式、检查频次和力度等。再次，行政备案制度应当对实施备案的行政机关的监督进行规定，可建立行政机关监察部门监察监督与行政相对人的投诉举报并行的监督模式，对行政机关及其工作人员在行政备案过程中不当的行为给予行政处分。最后，行政备案制度还可对网上信息公开进行规定，建立行政机关各部门备案信息共享平台，但要注意对涉及国家秘密、商业秘密和个人隐私的备案事项进行保密。

三是明确行政备案的法律责任。中国现在的法规大多还未规定行政备案制度相应的法律责任。这并不符合责权统一的原则，而且责任不明确就难以保证行政机关正当行使职权。参考行政许可，对于违法设定行政备案的行政机关，可以考虑其应承担的责任形式包括纠正、撤销备案及追究相关责任人。备案实施时，如果存在违法或不当的备案行为，行政主体则应当积极补正，履行职责。还应当规定适当的赔偿制度，行政相对人因行政备案不当造成直接经济损失的，相应责任机关应当具有一定的经济赔偿责任。这些法律责任还可以起到督促行政主体自觉提高自身行政水平的作用。行政相对人也应该如实向其申办行政备案的机关报送有关材料和反映真实的情况，并对其报送材料和反映情况的真实性负责。对于行政相对人为了私利而隐瞒事实真相以虚假材料申请备案的情况，也应规定对应的处罚措施，以使其有一定的违法成本，来降低行政主体遇到恶意备案申请的风险。

5. 建立公平竞争审查制度

《国务院关于实行市场准入负面清单制度的意见》指出：有关部门按要求要清理和废除制约市场经济在资源配置中发挥决定性作用、妨碍全国统一市场和公平竞争的各种规定和做法，严禁和惩处各类违法实行优惠政策行为，反对地方保护，反对垄断和不正当竞争；在试点基础上逐步建立全面的公平竞争审查制度，防止相关政策妨碍全国统一市场和公平竞争；完善产权界定、运营、保护的一系列体制安排，依法保护物权、债权、股权和知识产权等各类财产权；坚持权利平等、机会平等、规则平等，废除对非公有制经济各种形式的不合理规定，消除各种隐形壁垒，制定保障各类市场主体平等进入自然垄断、特许经营领域的具体方法。

2016 年国务院印发了《关于在市场体系建设中建立公平竞争审查制度的意见》，并从 7 月 1 日开始实施，其是从顶层设计层面推进经济体制改革的重要文件，并且为政府审查行为列出了负面清单。《关于在市场体系建设中建立公平竞争审查制度的意见》致力于建立统一开放的市场体系，维护市场公平竞争，明确了审查对象、审查方式、审查标准、实施步骤、保障措施等内容，可以概括为"三个结合、四类标准（18 条标准、18 个'不得'）、五项措施"，从四个方面提出了 18 条标准，为行政权力划定了 18 个"不得"，包括市场准入和退出标准 5 项，商品和要素自由流动标准 5 项，影响经营生产成本标准 4 项，影响生产经营行为标准 4 项。并提出两条兜底性条款提供政策保障，一是没有法律法规依据，不得制定减损市场主体合法权益或增加其义务的政策措施。二是不得违反《反垄断法》制定含有排除限制竞争的政策措施。上述标准全面系统地为公平审查提供了遵循，实际上也是为政府行为列出了负面清单。①

6. 电子政务系统的平台支撑

根据《国务院关于实行市场准入负面清单制度的意见》要求，要"精简前置审批，实现审批流程优化、程序规范、公开透明、权责清晰……要加快建立'统一规范、并联运行，信息共享、高效便捷，阳光操作、全程监督'的网上联合审批监管平台，实现所有审批事项'一网告知、一网受理、一网办结、一网监管'"。

市场准入负面清单改革正逢"放管服"改革的大潮，改革内容互有交叉。各自涉及的不少改革工作具有"互惠"意义。2018 年 5 月，国务院常务会议部署推进政务服务"一网通办"和企业群众办事"只进一扇门""最多跑一次"。同时要坚持联网通办是原则，孤网是例外，政务服务上网是原则，不上网是例外。这不仅是深化"放管服"改革、加强和完善政务服务的又一重要举措，也是市场准入负面清单制度改革的一项

---

① 《我国为政府审查行为列出负面清单》，《长江商报》2016 年 7 月 8 日，http: // www. p5w. net/news/gncj/201607/t20160708_ 1511759. htm。

重要配套改革措施。①

行政审批事项千丝万缕、相互交织，并且以往可能是"一个部门一把尺子"。而在市场准入负面清单制度下，就是要通过统一的清单制度实现市场准入禁限事项"一网打尽、一单尽列"，并且建立起统一的标准。以实现市场准入管理在全国层面的统一，使全国范围内的市场准入有了统一的标准，各地存在的形形色色的隐性壁垒得以取消，国内要素的有序自由流动将得以实现，有利于促进国内大市场的建设。这就需要深化"放管服"改革，进一步推进"互联网＋政务服务"，加快构建全国一体化网上政务服务体系，推进跨层级、跨地域、跨系统、跨部门、跨业务的协同管理和服务，推动企业和群众办事线上"一网通办"（一网），线下"只进一扇门"（一门），现场办理"最多跑一次"（一次），让企业和群众到政府办事像"网购"一样方便。

为了全面推行市场准入负面清单制度，建议按照《进一步深化"互联网＋政务服务"推进政务服务"一网、一门、一次"改革实施方案》要求，要以集成提效能，推进线下"只进一扇门"。大力推行政务服务集中办理，实现"多门"变"一门"，促进政务服务线上线下集成融合。除因安全等特殊原因外，原则上不再保留各地政府部门单独设立的服务大厅。以创新促精简，让企业和群众"最多跑一次"。梳理清单中必须到现场办理事项的"最多跑一次"目录，大力推进减材料、减环节，推动政务服务入口全面向基层延伸。以共享筑根基，让"数据多跑路"。建立完善全国数据共享交换体系，加快完善政务数据资源体系，做好政务信息系统改造对接，推进事中事后监管信息"一网通享"，强化数据共享安全保障。

特别地，在大数据时代到来之际，市场准入负面清单制度改革也需

---

① 天津在这方面做得比较成熟，试点期间积极推进了行政许可行为标准化规范化管理，完善了高效便捷的网上审批制度。具体而言：建成了行政许可基础信息库和电子要件库"两个基础库"，制定发布行政许可服务中心运行基本规范、行政许可服务中心服务规范、行政许可事项操作规程总则 3 个基础性标准和 291 个单一行政许可操作规程地方标准。天津市行政审批服务网已经开通了网上办事大厅，申请人可在网上对天津市市级、自贸试验区、各区所有现行实施的行政许可事项和配套服务事项进行网上申报办理。同时制定出台了天津市行政许可现场踏勘实施办法和天津市行政许可专家评审办法两个办法，对现场踏勘和专家评审中关键环节做出了明确规定。

以"数据为王"的思维推进,将清单管理模式与数据化深度融合。通过实现清单事项的全国统一名称、统一标码,实现全国统一的市场准入负面清单版本的电子化、数字化,实现清单事项办理的网上留痕,为进一步利用这些数据进行简政放权和提高政府工作效率服务。比如:加强纸质证照类照面信息的数字转化,切实加强数据治理,建立数据的动态更新流程,有效提升数据质量。还要加强数据库建设,建立起"市场主体基础信息库"与"政务审批数据库"。将市场主体基础信息资源按照"一数一源、多元校核、动态更新、安全共享"的原则建库,持续推进人口基础信息库、法人单位基础信息库、自然资源和地理空间基础信息库、社会信用信息库等国家基础信息资源库的建设完善,以适应市场准入负面清单制度下的监管模式转变。梳理中央、省、市、区县、街道乡镇政务服务事项,并统一审批(服务)事项编码,推动相关部门新增数据共享服务,完善数据共享责任清单机制,确保数据共享能够支撑政务服务,推进更多政务服务事项可在网上办理。

最终,依托全国一体化在线政务服务平台建设,进一步提升市场准入负面清单信息公开力度,丰富公开内容,建立统一的清单代码体系,使清单事项与行政审批体系紧密衔接、完全匹配,实现"一目了然,一网通办"。

扩展阅读 8　"数字技术 + 负面清单"的运用前景——以"数字福建"为例[①]

利用数字技术能有效推动政府治理精准化,在企业监管、质量安全、节能降耗、环境保护、食品安全、安全生产、信用体系建设、旅游服务等领域,推动有关政府部门和企事业单位将市场监管、检验检测、违法失信、企业生产经营、销售物流、投诉举报、消费维权等数据进行汇聚整合和关联分析,统一公示企业信用信息,预警企业不正当行为,提升政府决策和风险防范能力,支持加强事中事后监管和服务,提高监管和服务的针对性、有效性。推动改进政府管理和公共治理方式,借助大数

---

① 根据数字中国研究院提供材料和网络相关材料整理。

据实现政府负面清单、权力清单和责任清单的透明化管理，完善大数据监督和技术反腐体系，促进政府简政放权、依法行政。

早在2000年10月，福建省在全国率先提出建设"数字福建"，开启了大规模推进信息化建设的序幕。19年来，"数字福建"不断创新发展，应用水平不断提升，覆盖了公共行政服务、群众生产生活、城市管理等方方面面，信息化已成为经济社会发展的强大驱动力，数字经济占福建省经济总量比重已超1/3。

福建将数字技术创新性地运用到负面清单治理中，开展了以下工作。

第一，完善信息应用基础设施，支撑"三个完全匹配"。完善人口、法人、电子证照、社会信用等基础信息库，加强政务数据汇聚共享，降低跨部门信息共享壁垒，减少群众办事材料；依托目录体系与交换体系，做实做细"同一事项、同一目录、同一信息、同一编码"；梳理负面清单事项与政务服务事项的对应关系，建立负面清单信息代码与政务服务信息代码的映射关系。

第二，加快一体化政务服务对接，实现"一网通办"。规范审批服务事项标准，创新审批服务方式，整合各级政务服务平台，支撑全国范围"一网通办"服务；建设综合性政务服务APP，集成各级各部门政务服务事项，对接行政审批和公管服务系统，提升"一网通办"水平；打造政务服务畅行线上线下"一号通行、一网通办"。

第三，实现数据汇聚+政务服务。一是实现一照一码、多证合一。加快推进"三证合一、一照一码"登记制度改革，是深化商事制度改革之举，是顺应群众干事创业期望之举，也是创新政府行政管理之举，利民利企利国，对于激发市场内在活力、增添经济发展新动力具有重要意义。2015年5月4日，基于电子证照共享基础，福建省在自贸试验区启动"一照一码"登记制度改革试点，并在全国复制推广，企业注销登记信息，以及企业迁入迁出、备案登记和股权出资设立等其他信息，实时推送质监、税务、社保、统计、公安等部门。二是用数据监管，解决"宽进难管"痛点。数字福建通过构建市场监管协同共享平台，梳理、整合、共享、推送跨部门行政许可、行政处罚、企业信用等数据，通过"数据协同"实现"监管协同"。打造市场协同监管。适应商事登记制度改革和市场主体：宽进严管要求，提高监管效能，形成监管合力，及时预防市场经营违法行为，整合各部门的行踪许可、执法检查、企业信用等监督信息，建立市场监管信息共享平台和部门协同工作机制，集中公布监管信息。三是多级联动一体化网上政务服务平台。通过"四个集中"实现"一网通办"，服务事项和权力清单管理集中，实现办事资源标准化；公众网上申报入口集中，实现服务渠道便捷化；网上预审受理集中，实现业务处理规范化；业务办理电子监察集中，实现审批监管精准化。实现"三同一""五星级""一张网"，所有清单"同一事项、同一标准、同一编码"，推行"一号通认、一码通行"服务，建立五个星级标准，打通跨层级、跨部门业务系统，全省行政审批"一张网"。

"数字福建"通过数据汇聚+政务服务，取得了较大的成效。截至2019年6月，福建全省共进驻省网上办事大厅事项21.9万项，95%以上事项达到三星以上服务标准，依申请的许可、给付、奖励、确认、裁决、其他6类行政权力事项和公共服务事项中，"一趟不用跑"事项64075项，"最多跑一趟"事项132130项，即办类型事项有71667项；事项平均申报材料数从2016年的8.5个降低至2018年的4.4个，平均办理时间从2016年的8.04天降低至2018年的2.2天。

数据的价值不在于存储，而在于挖掘、共享、使用，只有让数据真正为民生、为产业赋能，"数字技术"才能充分发挥其作用。下一步，福建省将打造智慧医疗，2018年数字经济重大项目投资就已经推出了国家级健康医疗大数据产业园区建设。目前，福建省已联合南方各省，着力打造东南健康医疗大数据中心。未来，中国将形成五大健康医疗大数据区域中心，以福州为核心的南方中心、以山东为核心的北方中心、以江苏为核心的东部中心、以贵州为核心的西部中心以及以安徽为核心的中部中心。"数字中国"战略下，政府正在主动作为，推动卫生医疗数据的共享使用，不仅有助于解决看病难、看病贵问题，让个人能形成完备的数字医疗健康档案，节约大量医疗资源，促进民生服务精细化、均等化和普惠化。

尽管"数字福建"的进展很快，但未来的路还有很长。目前只是实现了第一步，即通过服务器、存储设备的物理集合，将各委办局分散的数据中心整合为一个数据中心，便于统一管理、维护，不过这些数据之间并没有形成逻辑关联，仍散落在各部门中。下一步，重点是对数据进行处理，唤醒"沉睡"的数据。"数字福建"已成为"数字中国"战略的生动实践和样板：要做好"数字中国"工程，必须要举全省市之力，排除万难，下定决心整合各委办局数据，走好"第一步"。同时，在最初定位时，就要以建设绿色数据中心为标准，注重科学、系统地规划，不能盲目图快，要遵循数据中心建设的系统生命周期和科学规律进行，更不能为了短期目标，一窝蜂去建低等级、高能耗的数据中心。各级政府通过大力推动电子政务建设，加快实现国家治理体系和治理能力现代化进程，在卫生医疗、交通、教育、民政、水电气等民生领域运用数字技术改善公共服务水平。

第九章

市场准入负面清单发展趋势

上一章本书对全面实施阶段下市场准入负面清单制度运行的各方面进行了展望,提出相对完整的建议措施。本章则以清单本身为视角,将重点放在清单演变、发展、更新之上,对近年官方已公布的清单版本进行分析,总结、归纳市场准入负面清单的发展趋势。

一 市场准入负面清单历次版本

如前面章节介绍,市场准入负面清单在我国经过一个"从无到有,一年一更"的过程。清单制定是由中央政府主导,各层级地方政府配合,特别是试点地区政府不断"试清单"反馈意见,务实界与理论界合力共进的产物。截至当前,中国公开发布了三个版本的市场准入负面清单,即《市场准入负面清单草案》(试点版)、《市场准入负面清单》(2018年版)、《市场准入负面清单》(2019年版)。

(一)《市场准入负面清单草案》(试点版)

2015年10月19日,《国务院关于实行市场准入负面清单制度的意见》(国发〔2015〕55号,以下简称《意见》)发布,在清单制定程序上明确指出"市场准入负面清单由国务院统一制定发布;地方政府需进行调整的,由省级人民政府报国务院批准"。也即是说,市场准入负面清单的制定只能由中央政府来制定,地方无权自行发布。

在这一制定程序要求下,凡负有市场准入管理职责的部门和单位,都要全面梳理禁止和限制市场主体投资经营的行业、领域、业务等,按照《国民经济行业分类》的统一分类标准（需适用于《国民经济行业分类》多个门类的，以及《国民经济行业分类》未列明的新业态，另作说明），提出本部门、本单位市场准入负面清单草案；发展改革委、商务部牵头汇总、审查形成统一的市场准入负面清单，报国务院批准后实施。

经过层层梳理、汇总和意见征求之后，2016年3月2日，发展改革委、商务部根据《意见》的部署，会同有关部门汇总、审查形成了《市场准入负面清单草案》（试点版）（以下简称《草案》），并已经中共中央、国务院同意，对外公布（见附件）。

《草案》根据《意见》确定的法治原则、安全原则、渐进原则、必要原则、公开原则汇总审查形成，初步列明了在中华人民共和国境内禁止和限制投资经营的行业、领域、业务等。《草案》的公布，为我国市场准入负面清单的表现形式奠定了基础。

事项来看，《草案》共计328项，包括：禁止准入类96项，限制准入类232项。其所列事项截止于2015年12月31日。自2016年1月1日起，国务院决定取消、新设或调整行政审批事项的，决定修订《产业结构调整指导目录》和《政府核准的投资项目目录》的，以及对禁止和限制市场主体投资经营的行业、领域、业务等事项作出新的规定的，以最新规定为准。

《草案》内容主要有两大部分，第一部分为禁止准入类事项，第二部分为限制准入类事项。在对外公布的《草案》版本中，主要涉及"项目号""主题词""禁止或限制措施描述"。其中，"主题词"是根据将相关同类的具体禁止或限制措施描述，概括而得到的表述。比如，将"严禁占用基本农田挖塘造湖、植树造林、建绿色通道及其他毁坏基本农田种植条件的行为""禁止占用耕地建窑、建坟或者擅自在耕地上建房、挖沙、采石、采矿、取土等"和"禁止任何单位和个人闲置、荒芜耕地"概括为"禁止滥用耕地"。这样的表现形式一定程度上，达成了清单"化零为整"，将同类禁止或限制措施整合在一起，达到方便查阅的效果（见表9）。

表9　　《市场准入负面清单试点版（草案）》（节选）

项目号	主题词	禁止或限制措施描述
一、禁止准入类		
（一）农、林、牧、渔业		
1	禁止滥用耕地	严禁占用基本农田挖塘造湖、植树造林、建绿色通道及其他毁坏基本农田种植条件的行为 禁止占用耕地建窑、建坟或者擅自在耕地上建房、挖沙、采石、采矿、取土等 禁止任何单位和个人闲置、荒芜耕地
2	禁止非法开垦土地	禁止在二十五度以上陡坡地开垦种植农作物 禁止围湖造田；重要的苗种基地和养殖场所不得围垦 禁止开垦草原等活动；禁止在生态脆弱区的草原上采挖植物和从事破坏草原植被的其他活动 禁止围湖造地和违规围垦河道
……		
二、限制准入类		
（一）农、林、牧、渔业		
97	未获得许可，不得从事植物种子的生产、经营、进出口	农作物种子生产、经营、进出口许可 草种生产、经营、进出口许可 林木种子（含园林绿化草种）生产、经营、进出口许可
……		

资料来源：节选于《市场准入负面清单试点版（草案）》。

值得注意的是由于《草案》仍不成熟，其率先在天津、上海、福建、广东四个省、直辖市试行，之后扩展至第二批市场准入负面清单试点。试点期间，试点地区省级人民政府要根据改革进展情况和各类市场主体反映的突出问题，及时提出调整市场准入负面清单、完善《草案》的建议。要根据《意见》和《国务院办公厅关于印发自由贸易试验区外商投资准入特别管理措施（负面清单）的通知》（国办发〔2015〕23号）的要求，把握好《草案》和自贸试验区负面清单的适用范围、适用对象。

（二）《市场准入负面清单》（2018年版）

2018年5月，国家发展改革委会同商务部印发了《关于开展市场准入负面清单（试点版）全面修订工作的通知》，正式启动了《草案》的修订工作。这次修订，在认真总结市场准入负面清单制度改革试点经验基础上，按照定位准确、合法有效、统一规范的原则，根据"放管服"改革总体进展、经济结构调整、法律法规修订等情况，遵循统一修订标准进行，充分听取了有关部门和各地区意见。

全面修订工作开展半年后，2018年12月21日，国家发展改革委、商务部发布《关于印发〈市场准入负面清单（2018年版）〉的通知》。《市场准入负面清单》（2018年版）[以下称《清单》（2018年版）]是中国公布的第一版全国通用版的市场准入负面清单，它的公布标志着市场准入负面清单制度在中国的全面实施。

《清单》（2018年版）包含禁止和许可两类事项，共151个事项、581条具体管理措施，与此前的试点版负面清单相比，事项减少了177项，具体管理措施减少了288条。在这一版清单中，为更清晰、准确地传递概念意义，原先的"限制准入类"更名为"许可准入类"。列入清单的市场准入管理措施，由法律、行政法规、国务院决定或地方性法规设定，省级人民政府规章可设定临时性市场准入管理措施。在清单之中，对于个别设立依据效力层级不足且确需暂时列入清单的管理措施，应尽快完善立法程序，并以加"★"形式标明。

在本版清单中，针对非投资经营活动的管理措施、准入后管理措施、备案类管理措施（含注册、登记）、职业资格类管理措施、只针对境外市场主体的管理措施以及针对自然保护区、风景名胜区、饮用水水源保护区等特定地理区域、空间的管理措施等不列入市场准入负面清单，从其相关规定。法律、法规、国务院决定等明确设立，且与市场准入相关的禁止性规定，在清单附件单独列出，以便市场主体参考。

表10　　　《市场准入负面清单》（2018年版）（节选）

项目号	禁止或许可事项	禁止或许可准入措施描述	地方性许可措施
一、禁止准入类			
1	法律、法规、国务院决定等明确设立且与市场准入相关的禁止性规定	法律、法规、国务院决定等明确设立，且与市场准入相关的禁止性规定（见附件1）	
2	国家产业政策明令淘汰和限制的产品、技术、工艺、设备及行为	《产业结构调整指导目录》中的淘汰类项目，禁止投资；限制类项目，禁止新建（调整修订的具体措施见附件2）	
……			
二、许可准入类			
（一）农、林、牧、渔业			
5	未获得许可或资质，不得从事特定植物种植加工或种子、种苗的生产、经营、检测和进出	农作物种子、草种、食用菌菌种、林木种子生产、经营、进出口许可 农作物种子、草种、食用菌菌种、林木种子质量检验机构资格认定 收购珍贵及限制收购的林木种子、采集或采伐国家重点保护的天然种质资源审批 向境外提供种质资源，或者与境外机构、个人开展合作研究利用种质资源的审批 向外国人转让农业、林业植物新品种申请权或品种权审批 大麻种植、加工及种子经营许可	林木种苗生产经营许可（内蒙古）
……			

资料来源：节选于《市场准入负面清单》（2018年版）。

另外，《清单》（2018年版）直接衔接《产业结构调整指导目录》

《政府核准的投资项目目录》最新版。其中,《产业结构调整指导目录》部分管理措施有调整,在清单附件中单独列出。《政府核准的投资项目目录》直接在清单中列出。地方对两个目录有细化规定的,则从其规定。

(三)《市场准入负面清单》(2019年版)

2019年11月22日,国家发展改革委、商务部发布《市场准入负面清单》(2019年版)[以下称《清单》(2019年版)]。作为市场准入负面清单制度全面实施以来的第一次年度修订,《清单》(2019年版)共列入事项131项,相比《清单》(2018年版)减少了20项,缩减比例为13%。

其中,禁止准入类事项共5项,新增了"不符合主体功能区建设要求的各类开发活动"事项,是为了更好地管控主体功能区各类开发活动。许可准入类事项共126项,涉及18个国民经济行业事项105项,《政府核准的投资项目目录》事项10项,《互联网市场准入禁止许可目录》事项7项,信用监管等其他事项4项。

表11 《市场准入负面清单》(2019年版)节选

项目号	禁止或许可事项	事项编码	禁止或许可准入措施描述	主管部门	地方性许可措施
一、禁止准入类					
1	法律、法规、国务院决定等明确设立且与市场准入相关的禁止性规定	100001	法律、法规、国务院决定等明确设立,且与市场准入相关的禁止性规定(见附件)		
2	国家产业政策明令淘汰和限制的产品、技术、工艺、设备及行为	100002	《产业结构调整指导目录》中的淘汰类项目,禁止投资;限制类项目,禁止新建(调整修订的具体措施见附件2)		
......					

项目号	禁止或许可事项	事项编码	禁止或许可准入措施描述	主管部门	地方性许可措施
二、许可准入类					
（一）农、林、牧、渔业					
6	未获得许可或资质，不得从事特定植物种植加工或种子、种苗的生产、经营、检测和进出口	201001	农作物种子、林木种子、草种、烟草种、中药材种、食用菌菌种生产经营、进出口许可	农业农村部 林草局	工业大麻种植、加工许可（云南）
			农作物种子、林木种子、草种、烟草种、中药材种、食用菌菌种种子质量检验机构资格认定	农业农村部 林草局	
			采集或采伐国家重点保护的天然种质资源审批	林草局	
			向境外提供种质资源，或者与境外机构、个人开展合作研究利用种质资源的审批	农业农村部 林草局	
			向外国人转让农业、林业植物新品种申请权或品种权审批	农业农村部 林草局	
			大麻种植、加工及种子经营许可	林草局	

……

资料来源：节选于《市场准入负面清单》（2019年版）。

本版清单与《清单》（2018年版）一致，针对非投资经营活动的管理措施、准入后管理措施、备案类管理措施（含注册、登记）、职业资格类管理措施、只针对境外市场主体的管理措施以及针对自然保护区、风景名胜区、饮用水水源保护区等特定地理区域、空间的管理措施等不列入市场准入负面清单，从其相关规定。法律、法规、国务院决定等明确设立，且与市场准入相关的禁止性规定，在清单附件中列出，以便市场主体参考（见表12）。

表12　　　　　　　　　与市场准入相关的禁止性规定

序号	禁止措施	设立依据	管理部门
（一）农、林、牧、渔业			
1	严禁占用永久基本农田挖塘造湖、植树造林、建绿色通道、堆放固体废弃物及其他毁坏基本农田种植条件和破坏基本农田的行为	《中华人民共和国土地管理法》 《中华人民共和国基本农田保护条例》 《中共中央 国务院关于加强耕地保护和改进占补平衡的意见》（中发〔2017〕4号） 《国土资源部关于强化管控落实最严格耕地保护制度的通知》（国土资发〔2014〕18号） 《国土资源部关于全面实行永久基本农田特殊保护的通知》（国土资规〔2018〕1号）	自然资源部 农业农村部
2	禁止占用耕地建窑、建坟或者擅自在耕地上建房、挖沙、采石、采矿、取土等	《中华人民共和国土地管理法》	自然资源部 农业农村部
3	禁止在二十五度以上陡坡地开垦种植农作物	《中华人民共和国水土保持法》	水利部
……			

资料来源：节选于《市场准入负面清单（2019年版）附件1》。

根据商务部就《清单》（2019年版）的解答，此版清单在保证稳定性和连续性的基础上，进一步缩减和优化了管理措施，丰富了信息公开内容，整个清单更加成熟完善：一是纳入"地方国家重点生态功能区和农产品主产区产业准入负面清单（或禁止限制目录）"，取消各地区自行编制发布的市场准入类负面清单23个，"全国一张清单"体系更加完善；二是及时纳入新设立的措施，增列部分符合清单定位的措施，进一步丰富地方性措施，确保合法有效准入措施全部纳入；三是放开一批有含金量的措施，移出部分不符合清单定位的措施，持续推动缩短负面清单长度；四是公布清单措施主管部门，完成清单事项统一编码，为实现"一目了然、一网通办"奠定基础；五是广泛听取并吸收有关部门、各地区、相关行业协会和市场主体的意见建议，清单更加全面准确反映市场主体的诉求和期盼。

二 市场准入负面清单发展趋势

从梳理公布《清单草案》（试点版）起，中国市场准入负面清单制度从"摸家底"起步；到《清单》（2018年版）的公布，宣布了制度实施的全面开启；再到当下公布《清单》（2019年版），标志着制度开始步入常态化工作阶段，清单不断地进行着自我更新升级。总结来看主要在以下几个方面有所体现。

（一）清单"能短则短"，长度不断缩减

在《草案》禁止准入类96项、限制准入类232项，共计328项的基础之上，《清单》（2018年版）共列禁止和许可类事项151项，总体上减少了177项，压减幅度达54%。《清单》（2019年版）更是坚持能短则短，将负面清单长度再度缩减，共列入事项131项，相比《清单》（2018年版）减少了20项，缩减比例为13%。

具体事项上看，《清单》（2019年版）中，将"消防技术服务机构资质审批""职业技能考核鉴定机构设立审批""养老机构设立许可""社会福利机构设置许可"等一批有含金量的措施放开，进一步放宽市场准入。此外，还对同一对象在不同投资经营环节或相近对象在相同投资经营环节的措施，则进行优化合并，提升清单使用便捷性。

（二）清单事项"一单尽列"，定位越来越准确

随着清单定位越来越明晰，历次修订过程中，对于部分不符合清单定位的措施，在清单更新过程中要不断做减法。比如"森林经营单位修筑直接为林业生产服务的工程设施使用林地许可""中小学国家课程教材

审定""高等级病原微生物实验室建设审批""国家级森林公园设立审批"等或属于事中事后监管领域或针对非盈利主体的禁止或许可事项。在最近一次修订中,《清单》(2019年版)进一步移除了"船舶安全检验证书核发""打捞或者拆除沿海水域内沉船沉物审批"等8条不符合清单定位的措施。

另外,为避免负面清单固化而不适宜时代发展的需求,沦为"僵尸条款",要根据"放管服"改革的深入推进、法律法规的"立改废释"等情况,对清单及时作出修改调整。实际上,在《清单》(2018年版)出台以后,国务院又决定取消了25项行政许可事项,其中涉及《清单》(2018年版)的具体措施14条。《清单》(2019年版)放开了这些已经做出调整的事项。

不仅需要围绕清单定位做减法,还要不断调整和增加符合清单定位的合法有效准入措施,确保清单"一单尽列"。要对市场上出现的新形势、新技术、新产品、新业态、新商业模式等做出即时的应对,在必要情况下要增列相关事项。例如,《清单》(2019年版)及时纳入新设立的准入措施,将"科创板首次公开发行股票注册"等依法新设的准入措施纳入,确保清单准确有效。同时,增列部分符合清单定位的准入措施。例如,根据《清单》(2018年版)执行情况,《清单》(2019年版)结合有关部门和地方意见,将"生鲜乳运输、生鲜乳收购站许可""废弃电器电子产品处理企业资格审批"等少量符合清单定位的准入措施列入,提升了清单的完备性。此外,还要根据现实需要进行完善。例如,为坚持"生态优先,绿色发展",更好地管控主体功能区各类开发活动,《清单》(2019年版)在禁止准入类事项中新增了"不符合主体功能区建设要求的各类开发活动"事项。

(三)优化清单表现形式,清单操作性越来越强

清单在不断优化、规范清单事项和具体措施的文字表述的同时,其表现形式和内容也在不断丰富,使得清单的操作性大大提升。《清单》(2018年版)增加了地方实施性措施栏目,使全国统一的清单在地方更具操作性。

《清单》(2019年版)列表增加了"事项编码"和"主管部门"两

栏。结合本轮机构改革后职能调整情况，经与相关部门逐条确认，清单中明确列出了每条措施的主管部门。同时，依托全国一体化在线政务服务平台，赋予每个事项唯一识别代码，为实现清单事项"一目了然、一网通办"奠定基础。

总体看，《清单》（2019年版）具有更高的公开透明度，同时操作性也极大地提升，将为市场主体投资经营提供更为明确的指引，提升了市场准入规则的确定性，使市场主体对可投资行业、领域、业务等更为可预期。

（四）落实"全国一张清单"，整合力度越来越强

为加强清单整合，《清单（2018年版）》将《产业结构调整指导目录》《政府核准的投资项目目录》《互联网市场准入禁止许可目录》纳入清单。而随着清单纳入的同类清单越来越多，清单整合力度越来越大，"全国一张清单"的模式越来越规范。未来，中国将进一步清理违规编制的各类负面清单，全面清理现有行业性、领域性、区域性市场准入负面清单和具有负面清单性质的政策性文件，严禁各地区各部门自行发布市场准入性质的负面清单，坚决杜绝"单外有单"现象。

《清单》（2019年版）加大了全国性清单整合力度，将"地方国家重点生态功能区和农产品主产区产业准入负面清单（或禁止限制目录）"纳入，至此，产业结构、政府投资、互联网、主体功能区等全国性市场准入类管理措施已被全部纳入，"全国一张清单"体系更加完善。如同国家发展改革委相关负责人所言，"对于'负面清单过多过乱'问题，我们进行了认真研究解决，取消各地区自行编制发布的市场准入类负面清单23个，有效杜绝'负面清单满天飞'情况，提升清单的严肃性、权威性、统一性"。

（五）总结

总体看，《清单》（2019年版）、《清单》（2018年版）、《清单草案》（试点版）在延续主要框架结构不变的基础上，一步步减少了管理措施，缩短了清单长度；明确了清单定位，凸显了"一单尽列"；丰富了呈现内容，增设了地方实施性措施栏目、责任部门和事项编码等内容；不断整

合同类清单，落实"全国一张清单"。

表13 《清单》（试点版）、《清单》（2018年版）与《清单》（2019年版）比较

	《清单》（试点版）	《市场准入负面清单》（2018年版）	《市场准入负面清单》（2019年版）
清单说明	正文表头无说明	对清单内容、定位、范围、事项来源、适用条件等进行了说明	对清单内容、定位、范围、事项来源、适用条件等进行了说明
清单边界	清单边界不够清晰，一些不属于市场准入的管理措施被列入清单	剔除了非投资经营活动的管理措施、准入后的管理措施、备案类管理措施（喊注册、登记）、职业类管理措施、只针对境外市场主体的管理措施以及针对特定地理区域、空间的管理措施	进一步根据清单定位进行了优化：及时纳入新设立的措施，增列部分符合清单定位的措施，进一步丰富地方性措施，确保合法有效准入措施全部纳入；放开一批有含金量的措施，移出部分不符合清单定位的措施
清单项目	"禁止准入类"和"限制准入类"两大类，共328项，包括：禁止准入类96项，限制准入类232项	"禁止准入类"和"许可准入类"两大类，其中禁止准入类4项、许可准入类147项，一共有151个事项、581条具体管理措施	共列入事项131项，禁止准入类事项共5项，许可准入类事项共126项，涉及18个国民经济行业事项105项，《政府核准的投资项目目录》事项10项，《互联网市场准入禁止许可目录》事项7项，信用监管等其他事项4项
法律明令禁止的具体规定	逐条列明，条目过细、过杂	清单中不再逐条列明，仅以附件形式列出与市场准入相关的禁止性规定	清单中不再逐条列明，仅以附件形式列出与市场准入相关的禁止性规定

	《清单》（试点版）	《市场准入负面清单》（2018年版）	《市场准入负面清单》（2019年版）
相关目录的衔接	清单禁止事项中逐条列明《产业结构调整指导目录》和《政府核准的投资项目目录》	将《产业结构调整指导目录》《政府核准的投资项目目录》《互联网市场准入禁止许可目录》纳入清单。其中《产业结构调整指导目录》部分管理措施有调整，在清单附件中列出。《政府核准的投资项目目录》直接在清单中列出	在《清单》（2018年版）基础上，进一步纳入地方国家重点生态功能区和农产品主产区产业准入负面清单（或禁止限制目录）。地方按照党中央、国务院要求制定的地方性产业结构禁止准入目录，统一纳入市场准入负面清单
地方性许可措施	未涉及	为地方性市场管理措施预留空间	进一步丰富地方性措施，确保合法有效准入措施全部纳入
国际惯例的衔接	缺乏考虑	考虑国际惯例，将"限制准入"修改为"许可准入"。	同上版
适用地区	15个市场准入负面清单试点	全国	全国

资料来源：作者整理。

到目前来看，清单制定的常态化工作机制基本建立，形成了"一年一修，动态调整"的清单调整机制。这既保证了清单的稳定性和连续性，又丰富了内容、健全了体系，增强了清单的系统性、科学性和规范性，整个清单更加成熟完善。

三 数字政府背景下的市场准入负面清单统一代码

当前，以数字化、网络化、智能化为特征的现代信息技术飞速发展，推动了数字经济的蓬勃兴起和网络社会的崛起，给经济、社会和政治发展带来了深刻变革，显著改变着人们的生产和生活方式。建设数字政府是基于信息时代背景下的政府变革回应，加强数字政府建设、完善数字政府治理体系已成为政府改革的主旋律之一。

在数字政府背景下，进一步优化清单内容与表现形式，一项重要的工作是要通过建立全国统一的清单代码体系，依托全国一体化在线政务服务平台，对列入清单的市场准入类审批事项进行赋码，同时清单编码与全国政务服务事项的编码形成一致的映射关系。这有助于市场准入负面清单与全国一体化在线政务服务平台和统一社会信用代码体系衔接匹配、实现清单事项"一目了然、一网通办"，打造全国一张清单。

但长期以来，全国各地行政审批事项并未建立统一代码，各地行政审批事项名称差异很大，造成各地行政审批数量的差异。比如，相似发展水平的地方政府行政项目数量（存量）差距过大。如从2013年中部六省公布的本级行政审批项目数量来看，山西省269项，湖北省319项，安徽省320项，湖南省399项，河南省485项，江西省486项。项目最多的省份与最少的省份相差200多项。有的地方通过项目合并方式实现的行政项目取消，看似大项目减少了，一旦落实到具体办事，一项也没减少。

另一方面，行政审批的标准尺度差异很大。即使完全相同的审批事项，在实际执行中，各地由于缺乏相同标准出现很大差异，从而导致相关措施有很大的差异。这就容易将部门利益、个人私心渗透其中，产生新的权力寻租。

此外，各审批部门之间信息封锁，导致信息资源碎片化。近年来，各部门都很重视信息化建设，都建有独立的专门业务审批网，很少与网上审批系统实现数据交换、信息共享，信息资源难以上下、左右、内外互通。

在数字政府建设背景下，建立起全国统一的负面清单代码体系则可以有效破解上述困境。通过统一编码，可以让每一项市场准入类审批事项都有一个唯一的"身份证号"，使清单事项标准化、统一化。通过统一编码规则，保障清单事项和清单事项具体措施的编码唯一性。保障在审批执行过程中，不同地区清单事项的统一性。清单具体措施也是唯一编码，从而使得审批尺度在全国层面的统一。

此外，还便于与政务服务事项相匹配。清单事项进行唯一编码后，进而将清单事项各类信息要素与政务服务平台各类信息要素一一对应，完全匹配，与全国政务服务事项的编码形成一致的映射关系。对地方进入国家政务服务平台办理的市场准入类审批事项进行核查，没有赋码的市场准入类事项禁止开展审批业务，真正杜绝跑冒滴漏、另搞一套、体外运行，确保了负面清单的落实。同时，清单编码符合社会信用代码编码规则等规范性要求，也为将来与全国信用信息共享平台和数据信息共享预留接口。

而最重要的是数字政府建设中，清单事项的统一编码是清单事项有效集成的基础，只有这样才能真正实现清单事项的"一网通办"。比如各地方清单事项形成统一编码后，又与政务服务事项相映射，这可以实现包括行政审批事项在内的所有政务服务事项全部一体化在线办理，全面实现"一网通办"。

那么，国家市场准入负面清单和编码要求是怎样的，如何进行操作？

所谓的统一代码，则是由国家市场准入负面清单管理机构对清单事项和清单具体措施进行统一的赋码，从而实现清单事项与具体措施编码的唯一性。为此，国家发展改革委和商务部发布《市场准入负面清单编码技术要求》对清单事项和具体措施编码规则进行规定。通过基本编码的形式，达到每一项市场准入负面清单事项具有的唯一标识代码；而通过措施编码的形式，达到每一项市场准入负面清单事项具体措施也具有的唯一标识代码。还规定了各部门、各地区在办理市场准入负面清单事项措施时，上报国家政务平台的事项办件数据中，应包含申请人的统一社会信用代码。

在这一编码规则下，当前市场准入负面清单事项的基本编码共6位，由1位市场准入负面清单类别代码、2位行业（领域、来源）类别代码、3位市场准入负面清单事项顺序码三部分组成。[①] 市场准入负面清单事项

---

① 据国家发展改革委、商务部发布的《市场准入负面清单编码技术要求》，市场准入负面清单类别代码，编码范围为1—9，用于标识市场准入负面清单所属类别。"1"表示"禁止准入类"，"2"表示"许可准入类"。行业（领域、来源）类别代码，共两位数字，编码范围00—99，用于标识事项行业（领域、来源），编码顺序参考 GB/T 4754—2017 中的国民经济行业分类作为标准行业（领域、来源）类别，扩展禁止类"00"、《政府核准的投资项目目录》明确实行核准制的项目（专门针对外商投资和境外投资额除外）"21"、《互联网市场准入禁止许可目录》中的许可类事项"22"、其他"99"。市场准入负面清单事项顺序码，共三位数字，顺序码范围为001—999，用于标识市场准入负面清单事项。数字排序无法满足顺序码时，按照大写英文字母顺序继续排序（不使用 I、O、Z、S、V）。

措施编码，则是在基本编码之上扩展而来，用以对每一条市场准入负面清单事项措施进行唯一标识。

四　清单治理理念下的政府网站建设

互联网蓬勃发展，政府也顺应时代潮流，其治理正在从线下迈向线上。政府网站便成了线上政府的化身，各项治理手段不断地以新颖的形式在上面集成。市场准入负面清单也不例外，不仅清单公布属于政务公开内容，清单电子化也以政府网站为载体，实现动态更新、一网通办。政府网站建设的完善程度，直接关乎到清单治理的有效性。

至今，政府网站建设工作取得了较大进展，许多地方不仅建成一体化平台，而且实现了"一网通办"，总体处于"合格达标"水平。但距离公众心中的"优质高效"，尚有一定提升空间。

为此，要贯彻依法治理的理念，进行政府网站建设。私法自治要求减少公权力对私人领域的过度介入，扩大公众依法享有的行为自由。这样的前提是公共领域的规则"清晰可见"。而"信息不准确、更新不及时、内容无法访问"等正是政府网站存在的普遍问题。所以要秉持"公开是常态、不公开是例外"的态度，做到政务信息依法公开。以政府网站载体，促进负面清单制度实时调整、公开透明，真正做到"法不禁止皆可为、法不授权不可为、法定职责必须为"。

还要贯彻整体治理和协同治理的理念，以网站整合部门资源，冲破现实工作"分割化、碎片化"的束缚，做到"化零为整、部门协同、地区协同"实现政府网站的整体治理效果。广泛地"听民意、纳民智"，整合网上服务互动资源，整合网上办事大厅入驻服务事项，实现"一趟不用跑"或"最多跑一趟"；协同推进，打破"各自为政、条块分割、烟囱林立、信息孤岛"，实现政务服务和清单事项的"一网通办"。

此外，还要重视系统治理的理念，网站建设不能当作孤立节点进行，而是以系统思维开展，实现资源优化融合，实现管理手段统筹规范。要完善网站内容功能，做好政府服务有效衔接。而在清单治理领域，则是以政府网站集成市场准入的事前监督手段、事中审批服务措施和事后监督惩治办法，为清单制度的实施提供支撑。

附件1

国务院关于实行市场准入
负面清单制度的意见

国发〔2015〕55号

各省、自治区、直辖市人民政府,国务院各部委、各直属机构:

按照《中共中央关于全面深化改革若干重大问题的决定》要求和国务院决策部署,现就实行市场准入负面清单制度提出以下意见。

一 重大意义

(一)市场准入负面清单制度的定位

市场准入负面清单制度,是指国务院以清单方式明确列出在中华人民共和国境内禁止和限制投资经营的行业、领域、业务等,各级政府依法采取相应管理措施的一系列制度安排。市场准入负面清单以外的行业、领域、业务等,各类市场主体皆可依法平等进入。

(二)实行市场准入负面清单制度是发挥市场在资源配置中的决定性作用的重要基础

通过实行市场准入负面清单制度,赋予市场主体更多的主动权,有利于落实市场主体自主权和激发市场活力,有利于形成各类市场主体依法平等使用生产要素、公开公平公正参与竞争的市场环境,有利于形成统一开放、竞争有序的现代市场体系,将为发挥市场在资源配置中的决定性作用提供更大空间。

(三)实行市场准入负面清单制度是更好发挥政府作用的内在要求

通过实行市场准入负面清单制度,明确政府发挥作用的职责边界,有利于进一步深化行政审批制度改革,大幅收缩政府审批范围、创新政府监管方式,促进投资贸易便利化,不断提高行政管理的效率和效能,有利于促进政府运用法治思维和法治方式加强市场监管,推进市场监管制度化、规范化、程序化,从根本上促进政府职能转变。

(四) 实行市场准入负面清单制度是构建开放型经济新体制的必要措施

实施市场准入负面清单和外商投资负面清单制度,有利于加快建立与国际通行规则接轨的现代市场体系,有利于营造法治化的营商环境,促进国际国内要素有序自由流动、资源高效配置、市场深度融合,不断提升我国国际竞争力,是以开放促改革、建设更高水平市场经济体制的有效途径。

二 总体要求和适用条件

(五) 总体要求

坚持社会主义市场经济改革方向,把发挥市场在资源配置中的决定性作用与更好发挥政府作用统一起来,把转变政府职能与创新管理方式结合起来,把激发市场活力与加强市场监管统筹起来,放宽和规范市场准入,精简和优化行政审批,强化和创新市场监管,加快构建市场开放公平、规范有序,企业自主决策、平等竞争,政府权责清晰、监管有力的市场准入管理新体制。

各地区各部门要认真落实市场准入负面清单制度。对各类市场主体基于自愿的投资经营行为,凡涉及市场准入的领域和环节,都要建立和实行负面清单制度;条件成熟时,将采取目录式管理的现行市场准入事项统一纳入市场准入负面清单。

(六) 类别

市场准入负面清单包括禁止准入类和限制准入类,适用于各类市场主体基于自愿的初始投资、扩大投资、并购投资等投资经营行为及其他市场进入行为。对禁止准入事项,市场主体不得进入,行政机关不予审批、核准,不得办理有关手续;对限制准入事项,或由市场主体提出申请,行政机关依法依规作出是否予以准入的决定,或由市场主体依照政府规定的准入条件和准入方式合规进入;对市场准入负面清单以外的行业、领域、业务等,各类市场主体皆可依法平等进入。

(七) 适用条件

对各类市场主体涉及以下领域的投资经营行为及其他市场进入行为,依照法律、行政法规和国务院决定的有关规定,可以采取禁止进入或限制市场主体资质、股权比例、经营范围、经营业态、商业模式、空间布局、国土空间开发保护等管理措施:涉及人民生命财产安全、政治安全、国土安全、军事安全、经济安全、金融安全、文化安全、社会安全、科技安全、信息安全、生态安全、资源安全、核安全和新型领域安全等国家安全的有关行业、领域、业务等;涉及全国重大生产力布局、战略性资源开发和重大公共利益的有关行业、领域、业务等;依法可以设定行政许可且涉及市场主体投资经营行为的有关行业、领域、业务等;法律、行政法规和国务院决定规定的其他情形。

（八）负面清单的主要类型和适用对象

负面清单主要包括市场准入负面清单和外商投资负面清单。市场准入负面清单是适用于境内外投资者的一致性管理措施，是对各类市场主体市场准入管理的统一要求；外商投资负面清单适用于境外投资者在华投资经营行为，是针对外商投资准入的特别管理措施。制定外商投资负面清单要与投资议题对外谈判统筹考虑，有关工作另行规定。我国签署的双多边协议（协定）另有规定的，按照相关协议（协定）的规定执行。

三 制定、实施和调整程序

（九）制定原则

法治原则。制定市场准入负面清单要全面落实依法治国的基本方略。法律、行政法规和国务院决定未作规定但确需纳入市场准入负面清单的新设事项，应在科学评估的基础上，依照法定程序提请制定或修订法律、行政法规或国务院决定。涉及全国经济社会发展的重大事项以及专业性较强的事项，要履行公众参与、专家论证、风险评估、合法性审查和集体讨论决定等决策程序。

安全原则。制定和实施市场准入负面清单，必须坚持总体国家安全观，遵循维护国家安全的法律法规和国家关于各领域安全的制度体系。要以保障经济安全为重点，维护国家基本经济制度和社会主义市场经济秩序，健全预防和化解经济安全风险的制度机制，保障关系国民经济命脉的重要行业和关键领域、重点产业、重大基础设施和重大建设项目以及其他重大经济利益安全。

渐进原则。制定和实施市场准入负面清单，要立足国情、循序渐进、整体规划、分步实施，取得可复制、可推广的经验后全面推开。对市场上出现的新技术、新产品、新业态、新商业模式等，要本着鼓励创新、降低创业门槛的原则，加强制度供给，寓监管于服务，不急于纳入市场准入负面清单管理。

必要原则。列入市场准入负面清单的事项应当尽量简化、确属必要。不能把法律、行政法规和国务院决定中的禁止类、许可类事项简单纳入市场准入负面清单。不能把现行禁止、限制市场主体投资经营的行业、领域、业务等简单照搬至市场准入负面清单。不能把非市场准入事项和准入后监管措施，混同于市场准入管理措施。不能把对市场主体普遍采取的注册登记、信息收集、用地审批等措施纳入市场准入负面清单。不能机械套用市场准入负面清单的适用条件，把不适于实行负面清单管理的事项纳入市场准入负面清单。

公开原则。市场准入负面清单的制定和调整要体现公开公平公正的原则，形成稳定、透明、可预期的制度安排，保障公众的知情权和参与权。除依法应当保密的外，制定和调整市场准入负面清单的事项、依据和结果都要向社会公开，方便公众查阅。

（十）制定程序

市场准入负面清单由国务院统一制定发布；地方政府需进行调整的，由省级人民政府报国务院批准。凡负有市场准入管理职责的部门和单位，都要全面梳理禁止和限制市场主体投资经营的行业、领域、业务等，按照《国民经济行业分类》的统一分类标准（需适用于《国民经济行业分类》多个门类的，以及《国民经济行业分类》未列明的新业态，另作说明），提出本部门、本单位市场准入负面清单草案；发展改革委、商务部牵头汇总、审查形成统一的市场准入负面清单，报国务院批准后实施。

对依据法律、行政法规和国务院决定设定的市场准入管理措施，要进行合法性审查，并按照发挥市场在资源配置中的决定性作用的要求进行合理性、可行性和可控性评估。依据部门规章、规范性文件等设定的市场准入管理措施，确需纳入市场准入负面清单的，应依照法定程序制定或修订法律、行政法规，或依照本意见明确的程序，经认真论证后报国务院决定。

制定市场准入负面清单要充分考虑地区发展的差异性，增强操作性、针对性。允许省级人民政府在全国统一的市场准入负面清单基础上，根据本地区资源要素禀赋、主体功能定位、产业比较优势、生产协作关系、物流营销网络、生态环境影响等因素，提出调整市场准入负面清单的建议，报国务院批准后实施。未经国务院授权，各地区各部门不得自行发布市场准入负面清单，不得擅自增减市场准入负面清单条目。

制定市场准入负面清单时，有关部门要健全公众参与、专家论证和政府决定相结合的决策机制，充分听取各地区各部门意见，组织专家进行必要性和可行性论证，并向社会公开征求意见。涉及国家安全的，应事先报经中央国家安全委员会审查。

（十一）实施步骤

按照先行先试、逐步推开的原则，从2015年12月1日至2017年12月31日，在部分地区试行市场准入负面清单制度，积累经验、逐步完善，探索形成全国统一的市场准入负面清单及相应的体制机制，从2018年起正式实行全国统一的市场准入负面清单制度。发展改革委、商务部牵头提出市场准入负面清单草案和拟开展试点的地区，报经党中央、国务院批准后，组织开展试点工作。试点地区省级人民政府根据市场准入负面清单草案，提出拟试行市场准入负面清单制度的方案，报国务院批准后实施。涉及暂停有关法律、行政法规或其相关条款实施的，按法定程序办理。

试点地区省级人民政府要按照《关于开展市场准入负面清单制度改革试点的工作方案》（见附件）的要求，加强组织领导和统筹协调，完善流程管理、预警预报、信息反馈、动态绩效考核等工作机制，确保改革取得实质性进展。有关部门要加强与试点地区的工作对接，将优化市场准入管理的改革措施放到试点地区先行先试。发展改革委、商务部等部门要加强指导和督促检查，及时发现、解决改革过程中的各种问题，重大事项及时报告国务院。

（十二）调整程序

市场准入负面清单制度实施后，要按照简政放权、放管结合、优化服务的原则，根据改革总体进展、经济结构调整、法律法规修订等情况，适时调整市场准入负面清单。经国务院授权，发展改革委、商务部要牵头建立跨部门的议事协调机制，负责市场准入负面清单制度实施的日常工作，并组织开展第三方评估。涉及重大条目调整和增加市场准入管理措施的，报国务院批准。依据法律、行政法规和国务院决定的有关规定调整市场准入管理措施，或涉及技术性、表述性等非实质性内容调整和减少市场准入管理措施的，由相关部门提出调整建议，经议事协调机制审查确定后，报国务院备案。涉及国家安全的，应事先报经中央国家安全委员会审查。

四　确认方式及与现行制度的衔接

（十三）做好市场准入负面清单与行政审批事项清单的衔接

制定市场准入负面清单要与行政审批事项清单相衔接，行政审批事项清单中对市场主体投资经营的行业、领域、业务等限制性措施，原则上都要纳入市场准入负面清单。对未列入《国务院各部门行政审批事项汇总清单》、已经取消的涉及市场准入的事项，不得纳入市场准入负面清单，其余经审查合格的市场准入负面清单事项，在市场准入负面清单中逐条列出。今后，国务院决定取消、新设或调整行政审批事项的，市场准入负面清单直接与之衔接。

（十四）做好市场准入负面清单与《产业结构调整指导目录》的衔接

对《产业结构调整指导目录》中的淘汰类项目和限制类新建项目，根据《国务院关于发布实施〈促进产业结构调整暂行规定〉的决定》（国发〔2005〕40号）关于"对淘汰类项目，禁止投资"、"对属于限制类的新建项目，禁止投资"的要求，在禁止准入类清单中直接引用，不再逐条列出。有关部门要适应产业结构调整和新产品、新技术层出不穷、千变万化的新形势，及时修订《产业结构调整指导目录》。今后，《产业结构调整指导目录》作出修订的，市场准入负面清单直接与之衔接。

（十五）做好市场准入负面清单与《政府核准的投资项目目录》的衔接

对《政府核准的投资项目目录》明确实行核准制的项目（专门针对外商投资和境外投资的除外，另行规定），在限制准入类清单中直接引用，不再逐条列出。有关部门要按照全面深化改革的总体部署，加快研究制定深化投融资体制改革的决定、政府核准和备案投资项目管理条例，适时调整《政府核准的投资项目目录》。今后，国务院决定修订《政府核准的投资项目目录》的，市场准入负面清单与修订后的《政府核准的投资项目目录》直接衔接。

（十六）做好市场准入负面清单与依据法律、行政法规、国务院决定设定的市场准入管理事项的衔接

对依据法律、行政法规和国务院决定设定的市场准入管理措施，经审查后分类纳入禁止准入类清单和限制准入类清单。有关部门要根据法律、行政法规制修订和国务院文件清理等情况，及时对市场准入负面清单作出相应调整。其中，法律、行政法规、国务院决定没有明确规定为前置条件的，一律不再作为前置审批；法律、行政法规、国务院决定明确规定为前置条件的，除确有必要保留外，都要通过修改法律、行政法规、国务院决定，不再作为前置审批。

五　保障措施

（十七）建立健全与市场准入负面清单制度相适应的准入机制

对市场准入负面清单以外的行业、领域、业务等，各类市场主体皆可依法平等进入，政府不再审批。对应该放给企业的权力要松开手、放到位，做到市场准入负面清单以外的事项由市场主体依法自主决定。要坚持放管结合，有关部门要统筹考虑国家安全、生态环境、群众利益、安全生产等方面的因素，完善综合考量指标体系，落实企业首负责任，依法加强监管，建立安全审查监管追责机制，形成政府监管、企业自治、行业自律、社会监督的新格局。对属于市场准入负面清单的事项，可以区分不同情况探索实行承诺式准入等方式，进一步强化落实告知性备案、准入信息公示等配套措施。承诺式准入，是指各类市场主体承诺履行法定义务、承担社会责任、践行社会诚信并向有关部门提交书面承诺书后，即可准入；告知性备案，是指各类市场主体投资经营行为发生后，即向有关部门履行告知性备案义务；准入信息公示，是指各类市场主体要依法履行《企业信息公示暂行条例》规定的义务。

（十八）完善与市场准入负面清单制度相适应的审批体制

对限制准入事项，各级政府及其有关部门要根据审批权限，规范审批权责和标准，按照《国务院关于规范国务院部门行政审批行为改进行政审批有关工作的通知》（国发〔2015〕6号）和《国务院办公厅关于印发精简审批事项规范中介服务实行企业投资项目网上并联核准制度工作方案的通知》（国办发〔2014〕59号）要求，精简前置审批，实现审批流程优化、程序规范、公开透明、权责清晰。其中，涉及国家安全、安全生产等环节的前置性审批，要依法规范和加强。鼓励各地区在省、市、县

三级政府推行市场准入事项（限制类）行政审批清单，明确审批事项名称、设定依据、适用范围、实施主体、办理条件、申请材料清单及要求、办理程序及时限等。要加快建立"统一规范、并联运行，信息共享、高效便捷，阳光操作、全程监督"的网上联合审批监管平台，实现所有审批事项"一网告知、一网受理、一网办结、一网监管"。

（十九）建立健全与市场准入负面清单制度相适应的监管机制

各地区各部门要按照各司其职、依法监管的原则，加强对市场主体投资经营行为的事中事后监管。要按照简政放权、依法监管、公正透明、权责一致、社会共治原则，转变监管理念，创新监管方式，提升监管效能，优化对准入后市场行为的监管，确保市场准入负面清单以外的事项放得开、管得住。有关部门要强化发展战略、发展规划、产业政策和标准规范等的制定、调整和管理，严格依法设定"红线"，加强事中事后监管。鼓励各地区在省、市、县三级政府推行监管清单，明确监管事项、监管依据、监管主体、监管权限、监管内容、监管方法、监管程序和处罚措施，构建法律约束、行政监督、行业规范、公众参与和企业诚信自律有机结合的监管格局。推动行业协会商会建立健全行业经营自律规范、自律公约和职业道德准则，建立健全与市场准入负面清单制度相适应的行业自律机制。

（二十）建立健全与市场准入负面清单制度相适应的社会信用体系和激励惩戒机制

要健全社会信用体系，完善企业信用信息公示系统，将市场主体信用记录纳入"信用中国"网站和全国统一的信用信息共享交换平台，作为各类市场主体从事生产、投资、流通、消费等经济活动的重要依据。推动建立市场主体准入前信用承诺制，要求其向社会作出公开承诺，若违法失信经营将自愿接受惩戒和限制。信用承诺纳入市场主体信用记录。健全守信激励和失信惩戒机制，根据市场主体信用状况实行分类、动态管理，对守信主体予以支持和激励，对失信主体在投融资、土地供应、招投标、财政性资金安排等方面依法依规予以限制。将严重违反市场竞争原则、扰乱市场经济秩序和侵犯消费者、劳动者、其他经营者合法权益的市场主体列入"黑名单"，对严重违法失信者依法实行市场禁入。

（二十一）建立健全与市场准入负面清单制度相适应的信息公示制度和信息共享制度

要依托企业信用信息公示系统，完善企业年报及即时信息公示、公示信息抽查、经营异常名录和严重违法企业名单等制度。企业从事生产经营活动过程中形成的信息，以及政府部门在履行职责过程中产生的能够反映企业状况的信息，要按照《企业信息公示暂行条例》等有关规定及时公示。对不按时公示或隐瞒情况、弄虚作假的企业采取信用约束措施,在政府采购、工程招投标、国有土地出让等方面依法予以限制或禁入。各地区各部门要按照国家总体要求,推动本行政区域和本领域的信用信息系统建设,并通过全国统一的信用信息共享交换平台实现信息互联共享。

(二十二)完善与市场准入负面清单制度相应的法律法规体系

实行市场准入负面清单制度,要坚持改"旧法"与立"新法"并重。有关部门要依照法定程序全面清理涉及市场准入、投资经营的法律、法规、规章、规范性文件以及各类行政审批,应当修改、废止的及时加以修改、废止或提出修改、废止的建议。对未纳入市场准入负面清单的事项,要及时废止或修改设定依据。涉及突破现行法律的,由国务院提请全国人大或其常委会修改或者暂停实施相关法律后,再向社会公布;涉及突破现行行政法规的,由国务院修改或者暂停实施相关行政法规后,再向社会公布。同时,要加快与市场准入负面清单制度相适应的相关立法,确保市场准入管理措施职权法定、事中事后监管有法可依。

六　加快相关体制改革和制度建设

(二十三)建立与市场准入负面清单制度相适应的投资体制

企业投资项目,除关系国家安全和生态安全、涉及全国重大生产力布局、战略性资源开发和重大公共利益等项目外,一律由企业依法依规自主决策,政府不再审批。发展改革委要按照国务院要求,改革企业投资项目核准制,适时按程序修订和发布实施《政府核准的投资项目目录》,最大限度地缩小企业投资项目的核准范围,实现项目核准网上并联办理。要加强规划、国土资源、环保、技术、安全监管等部门的联动和监管,通过环境保护、资源节约、技术、安全标准等实行准入控制。外商投资企业投资建设固定资产投资项目,按照国民待遇原则与内资企业适用相同的核准或备案程序。

(二十四)建立与市场准入负面清单制度相适应的商事登记制度

要深化商事制度改革,加快实施"三证合一"、"一照一码",推行法人和其他组织统一社会信用代码制度。要精简前置性审批事项,削减资质认定事项,凡是市场主体基于自愿的投资经营行为,只要不属于法律、行政法规和国务院决定禁止和限制的领域,不得限制进入。要清理现有涉及市场准入的管理措施,没有法律、行政法规和国务院决定依据的,一律取消。

(二十五)建立与市场准入负面清单制度相适应的外商投资管理体制

有关部门要按照准入前国民待遇加负面清单管理模式,抓紧制定外商投资负面清单。按照规范化、便利化的要求,逐步简化外商投资领域的许可手续,探索实行一站式审批,减少许可环节。根据维护国家安全的需要,抓紧完善规范严格的外商投资安全审查制度。外商投资涉及国家安全的,按照国家安全审查制度和有关办法进行安全审查。加强事中事后监管,建立外商投资信息报告制度和外商投资信息公示制度,形成政府部门间信息共享、协同监管,社会公众参与监督的外商投资全程监管体系。

(二十六)营造与市场准入负面清单制度相适应的公平交易平等竞争的市场环境

有关部门要按要求清理和废除制约市场在资源配置中发挥决定性作用、妨碍全国统一市场和公平竞争的各种规定和做法,严禁和惩处各类违法实行优惠政策行为,反对地方保护,反对垄断和不正当竞争,防止相关政策妨碍全国统一市场和公平竞争。完善产权界定、运营、保护的一系列体制机制,依法保护物权、债权、股权和知识产权等各类财产权。坚持权利平等、机会平等、规则平等,废除对非公有制经济各种形式的不合理规定,消除各种隐性壁垒,制定保障各类市场主体依法平等进入自然垄断、特许经营领域的具体办法。

各地区各部门要从推进国家治理体系和治理能力现代化的高度,充分认识实行市场准入负面清单制度的重要性和紧迫性,做好市场准入负面清单的制定和实施工作,加快推进相关改革和配套制度建设,及时发现并解决苗头性、倾向性、潜在性问题,确保这项改革取得实效。

国务院

2015 年 10 月 2 日

(此件公开发布)

附件2

关于开展市场准入负面清单制度
改革试点的工作方案

第一条 按照《中共中央关于全面深化改革若干重大问题的决定》关于"实行统一的市场准入制度，在制定负面清单基础上，各类市场主体可依法平等进入清单之外领域"和《国务院关于促进市场公平竞争维护市场正常秩序的若干意见》（国发〔2014〕20号）关于"改革市场准入制度"的要求，国务院决定选择部分地区开展市场准入负面清单制度试点。为正确、有序、协调地推进这项改革，现制定本方案。

第二条 市场准入负面清单制度，是指国务院以清单方式明确列出在中华人民共和国境内禁止和限制投资经营的行业、领域、业务等，各级政府依法采取相应管理措施的一系列制度安排。市场准入负面清单以外的行业、领域、业务等，各类市场主体皆可依法平等进入。

第三条 本方案适用于国务院批准的开展市场准入负面清单制度改革试点的地区。未纳入试点的地区，仍然实行现行管理模式。

第四条 试点应当遵循简政放权、依法监管、公正透明、权责一致、社会共治的原则，处理好政府和市场的关系，使市场在资源配置中起决定性作用和更好发挥政府作用。制定市场准入负面清单，应当遵循法治、安全、渐进、必要、公开的原则。

试点地区要把制度创新作为核心任务，把形成可复制、可推广的制度性经验作为基本要求。

第五条 试点地区省级人民政府根据发展改革委、商务部牵头汇总、审查形成的市场准入负面清单草案（试行版），提出拟试行市场准入负面清单制度的方案，报国务院批准后实施。

试点地区在探索市场准入负面清单的制定、实施和调整程序的同时，要不断深化相关改革，建立健全与市场准入负面清单制度相适应的准入机制、审批机制、监管机制、社会信用体系和激励惩戒机制、信息公示制度和信息共享制度、投资体制、商事登记制度、外商投资管理体制，营造公平交易平等竞争的市场环境，对完善与市场准入负面清单制度相应的法律法规体系提出建议。

试点期间，各类市场主体不得投资经营禁止准入类清单所列的行业、领域、业务等；各类市场主体投资经营限制准入类清单所列的行业、领域、业务等，按照法律、行政法规和国务院决定的有关规定，经过审批或其他方式的行政确认后方可进入。负面清单以外的行业、领域、业务等，各类市场主体皆可依法平等进入，政府不再审批。要坚持放管结合，有关部门要统筹考虑国家安全、生态环境、群众利益、安全生产等方面的因素，完善综合考量指标体系，落实企业首负责任，依法加强监管，建立安全审查监管追责机制，形成政府监管、企业自治、行业自律、社会监督的新格局。对属于市场准入负面清单的事项，可以区分不同情况探索实行承诺式准入等方式，进一步强化落实告知性备案、准入信息公示等配套措施。

试点期间，试点地区省级人民政府要根据改革进展情况和各类市场主体反映的突出问题，提出调整市场准入负面清单的建议，报国务院批准后实施。

第六条 试点期间，试点地区省级人民政府可以根据实行市场准入负面清单制度的需要，经国务院授权或同意后，暂时调整《产业结构调整指导目录》、《政府核准的投资项目目录》等有关规定。涉及暂停有关法律、行政法规或其相关条款实施的，按法定程序办理。

第七条 试点地区省级人民政府要加强组织领导和统筹安排，建立流程管理、预警预报、信息反馈、动态绩效考核等工作机制，完善配套政策措施，确保改革取得实质性进展。

第八条 发展改革委、商务部牵头负责市场准入负面清单制度改革试点的指导、协调、督促、评估等工作，重大情况和重要问题及时报告国务院。有关部门要加强与试点地区的工作对接，将优化市场准入管理的改革措施放到试点地区先行先试。

第九条 试点地区要及时总结经验，善于发现苗头性、倾向性、潜在性问题，及时纠正偏差、完善政策，扎实推进工作，确保按期完成改革任务。

试点地区省级人民政府应当定期向国务院提交改革试点情况报告。中期评估报告应在改革试点满一年之日起一个月内提交；总结报告应在改革试点期满之日起两个月内提交。

试点期间，发展改革委、商务部要牵头组织开展第三方评估，对改革执行情况、实施效果、取得的经验、存在的问题、影响因素等进行客观调查和综合评价，提出完善和改进的意见。试点地区在中期评估、总结评估时，应当优先采用第三方评估方式。

第十条 本方案由发展改革委、商务部负责解释。

第十一条 本方案自2015年12月1日起施行，有效期至2017年12月31日。

附件 3

中共中央国务院关于深化投融资体制改革的意见

（2016年7月5日）

党的十八大以来，党中央、国务院大力推进简政放权、放管结合、优化服务改革，投融资体制改革取得新的突破，投资项目审批范围大幅度缩减，投资管理工作重心逐步从事前审批转向过程服务和事中事后监管，企业投资自主权进一步落实，调动了社会资本积极性。同时也要看到，与政府职能转变和经济社会发展要求相比，投融资管理体制仍然存在一些问题，主要是：简政放权不协同、不到位，企业投资主体地位有待进一步确立；投资项目融资难融资贵问题较为突出，融资渠道需要进一步畅通；政府投资管理亟须创新，引导和带动作用有待进一步发挥；权力下放与配套制度建设不同步，事中事后监管和过程服务仍需加强；投资法制建设滞后，投资监管法治化水平亟待提高。为深化投融资体制改革，充分发挥投资对稳增长、调结构、惠民生的关键作用，现提出以下意见。

一 总体要求

全面贯彻落实党的十八大和党的十八届三中、四中、五中全会精神，以邓小平理论、"三个代表"重要思想、科学发展观为指导，深入学习贯彻习近平总书记系列重要讲话精神，按照"五位一体"总体布局和"四个全面"战略布局，牢固树立和贯彻落实创新、协调、绿色、开放、共享的新发展理念，着力推进结构性改革尤其是供给侧结构性改革，充分发挥市场在资源配置中的决定性作用和更好发挥政府作用。进一步转变政府职能，深入推进简政放权、放管结合、优化服务改革，建立完善企业自主决策、融资渠道畅通，职能转变到位、政府行为规范，宏观调控有效、法治保障健全的新型投融资体制。

——企业为主，政府引导。科学界定并严格控制政府投资范围，平等对待各类投资主体，确立企业投资主体地位，放宽放活社会投资，激发民间投资潜力和创新活力。充分发挥政府投资的引导作用和放大效应，完善政府和社会资本合作模式。

——放管结合，优化服务。将投资管理工作的立足点放到为企业投资活动做好服务上，在服务中实施管理，在管理中实现服务。更加注重事前政策引导、事中事后监管约束和过程服务，创新服务方式，简化服务流程，提高综合服务能力。

——创新机制，畅通渠道。打通投融资渠道，拓宽投资项目资金来源，充分挖掘社会资金潜力，让更多储蓄转化为有效投资，有效缓解投资项目融资难融资贵问题。

——统筹兼顾，协同推进。投融资体制改革要与供给侧结构性改革以及财税、金融、国有企业等领域改革有机衔接、整体推进，建立上下联动、横向协同工作机制，形成改革合力。

二 改善企业投资管理，充分激发社会投资动力和活力

（一）确立企业投资主体地位。坚持企业投资核准范围最小化，原则上由企业依法依规自主决策投资行为。在一定领域、区域内先行试点企业投资项目承诺制，探索创新以政策性条件引导、企业信用承诺、监管有效约束为核心的管理模式。对极少数关系国家安全和生态安全、涉及全国重大生产力布局、战略性资源开发和重大公共利益等项目，政府从维护社会公共利益角度确需依法进行审查把关的，应将相关事项以清单方式列明，最大限度缩减核准事项。

（二）建立投资项目"三个清单"管理制度。及时修订并公布政府核准的投资项目目录，实行企业投资项目管理负面清单制度，除目录范围内的项目外，一律实行备案制，由企业按照有关规定向备案机关备案。建立企业投资项目管理权力清单制度，将各级政府部门行使的企业投资项目管理职权以清单形式明确下来，严格遵循职权法定原则，规范职权行使，优化管理流程。建立企业投资项目管理责任清单制度，厘清各级政府部门企业投资项目管理职权所对应的责任事项，明确责任主体，健全问责机制。建立健全"三个清单"动态管理机制，根据情况变化适时调整。清单应及时向社会公布，接受社会监督，做到依法、公开、透明。

（三）优化管理流程。实行备案制的投资项目，备案机关要通过投资项目在线审批监管平台或政务服务大厅，提供快捷备案服务，不得设置任何前置条件。实行核准制的投资项目，政府部门要依托投资项目在线审批监管平台或政务服务大厅实行并联核准。精简投资项目准入阶段的相关手续，只保留选址意见、用地（用海）预审以及重特大项目的环评审批作为前置条件；按照并联办理、联合评审的要求，相关部门要协同下放审批权限，探索建立多评合一、统一评审的新模式。加快推进中介服务市

场化进程，打破行业、地区壁垒和部门垄断，切断中介服务机构与政府部门间的利益关联，建立公开透明的中介服务市场。进一步简化、整合投资项目报建手续，取消投资项目报建阶段技术审查类的相关审批手续，探索实行先建后验的管理模式。

（四）规范企业投资行为。各类企业要严格遵守城乡规划、土地管理、环境保护、安全生产等方面的法律法规，认真执行相关政策和标准规定，依法落实项目法人责任制、招标投标制、工程监理制和合同管理制，切实加强信用体系建设，自觉规范投资行为。对于以不正当手段取得核准或备案手续以及未按照核准内容进行建设的项目，核准、备案机关应当根据情节轻重依法给予警告、责令停止建设、责令停产等处罚；对于未依法办理其他相关手续擅自开工建设，以及建设过程中违反城乡规划、土地管理、环境保护、安全生产等方面的法律法规的项目，相关部门应依法予以处罚。相关责任人员涉嫌犯罪的，依法移送司法机关处理。各类投资中介服务机构要坚持诚信原则，加强自我约束，增强服务意识和社会责任意识，塑造诚信高效、社会信赖的行业形象。有关行业协会要加强行业自律，健全行业规范和标准，提高服务质量，不得变相审批。

三　完善政府投资体制，发挥好政府投资的引导和带动作用

（五）进一步明确政府投资范围。政府投资资金只投向市场不能有效配置资源的社会公益服务、公共基础设施、农业农村、生态环境保护和修复、重大科技进步、社会管理、国家安全等公共领域的项目，以非经营性项目为主，原则上不支持经营性项目。建立政府投资范围定期评估调整机制，不断优化投资方向和结构，提高投资效率。

（六）优化政府投资安排方式。政府投资资金按项目安排，以直接投资方式为主。对确需支持的经营性项目，主要采取资本金注入方式投入，也可适当采取投资补助、贷款贴息等方式进行引导。安排政府投资资金应当在明确各方权益的基础上平等对待各类投资主体，不得设置歧视性条件。根据发展需要，依法发起设立基础设施建设基金、公共服务发展基金、住房保障发展基金、政府出资产业投资基金等各类基金，充分发挥政府资金的引导作用和放大效应。加快地方政府融资平台的市场化转型。

（七）规范政府投资管理。依据国民经济和社会发展规划及国家宏观调控总体要求，编制三年滚动政府投资计划，明确计划期内的重大项目，并与中期财政规划相衔接，统筹安排、规范使用各类政府投资资金。依据三年滚动政府投资计划及国家宏观调控政策，编制政府投资年度计划，合理安排政府投资。建立覆盖各地区各部门的政府投资项目库，未入库项目原则上不予安排政府投资。完善政府投资项目信息统一管

理机制，建立贯通各地区各部门的项目信息平台，并尽快拓展至企业投资项目，实现项目信息共享。改进和规范政府投资项目审批制，采用直接投资和资本金注入方式的项目，对经济社会发展、社会公众利益有重大影响或者投资规模较大的，要在咨询机构评估、公众参与、专家评议、风险评估等科学论证基础上，严格审批项目建议书、可行性研究报告、初步设计。经国务院及有关部门批准的专项规划、区域规划中已经明确的项目，部分改扩建项目，以及建设内容单一、投资规模较小、技术方案简单的项目，可以简化相关文件内容和审批程序。

（八）加强政府投资事中事后监管。加强政府投资项目建设管理，严格投资概算、建设标准、建设工期等要求。严格按照项目建设进度下达投资计划，确保政府投资及时发挥效益。严格概算执行和造价控制，健全概算审批、调整等管理制度。进一步完善政府投资项目代理建设制度。在社会事业、基础设施等领域，推广应用建筑信息模型技术。鼓励有条件的政府投资项目通过市场化方式进行运营管理。完善政府投资监管机制，加强投资项目审计监督，强化重大项目稽查制度，完善竣工验收制度，建立后评价制度，健全政府投资责任追究制度。建立社会监督机制，推动政府投资信息公开，鼓励公众和媒体对政府投资进行监督。

（九）鼓励政府和社会资本合作。各地区各部门可以根据需要和财力状况，通过特许经营、政府购买服务等方式，在交通、环保、医疗、养老等领域采取单个项目、组合项目、连片开发等多种形式，扩大公共产品和服务供给。要合理把握价格、土地、金融等方面的政策支持力度，稳定项目预期收益。要发挥工程咨询、金融、财务、法律等方面专业机构作用，提高项目决策的科学性、项目管理的专业性和项目实施的有效性。

四　创新融资机制，畅通投资项目融资渠道

（十）大力发展直接融资。依托多层次资本市场体系，拓宽投资项目融资渠道，支持有真实经济活动支撑的资产证券化，盘活存量资产，优化金融资源配置，更好地服务投资兴业。结合国有企业改革和混合所有制机制创新，优化能源、交通等领域投资项目的直接融资。通过多种方式加大对种子期、初创期企业投资项目的金融支持力度，有针对性地为"双创"项目提供股权、债权以及信用贷款等融资综合服务。加大创新力度，丰富债券品种，进一步发展企业债券、公司债券、非金融企业债务融资工具、项目收益债等，支持重点领域投资项目通过债券市场筹措资金。开展金融机构以适当方式依法持有企业股权的试点。设立政府引导、市场化运作的产业（股权）投资基金，积极吸引社会资本参加，鼓励金融机构以及全国社会保障基金、保险资金等在依法合规、风险可控的前提下，经批准后通过认购基金份额等方式有效参与。加

快建立规范的地方政府举债融资机制，支持省级政府依法依规发行政府债券，用于公共领域重点项目建设。

（十一）充分发挥政策性、开发性金融机构积极作用。在国家批准的业务范围内，政策性、开发性金融机构要加大对城镇棚户区改造、生态环保、城乡基础设施建设、科技创新等重大项目和工程的资金支持力度。根据宏观调控需要，支持政策性、开发性金融机构发行金融债券专项用于支持重点项目建设。发挥专项建设基金作用，通过资本金注入、股权投资等方式，支持看得准、有回报、不新增过剩产能、不形成重复建设、不产生挤出效应的重点领域项目。建立健全政银企社合作对接机制，搭建信息共享、资金对接平台，协调金融机构加大对重大工程的支持力度。

（十二）完善保险资金等机构资金对项目建设的投资机制。在风险可控的前提下，逐步放宽保险资金投资范围，创新资金运用方式。鼓励通过债权、股权、资产支持等多种方式，支持重大基础设施、重大民生工程、新型城镇化等领域的项目建设。加快推进全国社会保障基金、基本养老保险基金、企业年金等投资管理体系建设，建立和完善市场化投资运营机制。

（十三）加快构建更加开放的投融资体制。创新有利于深化对外合作的投融资机制，加强金融机构协调配合，用好各类资金，为国内企业走出去和重点合作项目提供更多投融资支持。在宏观和微观审慎管理框架下，稳步放宽境内企业和金融机构赴境外融资，做好风险规避。完善境外发债备案制，募集低成本外汇资金，更好地支持企业对外投资项目。加强与国际金融机构和各国政府、企业、金融机构之间的多层次投融资合作。

五　切实转变政府职能，提升综合服务管理水平

（十四）创新服务管理方式。探索建立并逐步推行投资项目审批首问负责制，投资主管部门或审批协调机构作为首家受理单位"一站式"受理、"全流程"服务，一家负责到底。充分运用互联网和大数据等技术，加快建设投资项目在线审批监管平台，联通各级政府部门，覆盖全国各类投资项目，实现一口受理、网上办理、规范透明、限时办结。加快建立投资项目统一代码制度，统一汇集审批、建设、监管等项目信息，实现信息共享，推动信息公开，提高透明度。各有关部门要制定项目审批工作规则和办事指南，及时公开受理情况、办理过程、审批结果，发布政策信息、投资信息、中介服务信息等，为企业投资决策提供参考和帮助。鼓励新闻媒体、公民、法人和其他组织依法对政府的服务管理行为进行监督。下移服务管理重心，加强业务指导和基层投资管理队伍建设，给予地方更多自主权，充分调动地方积极性。

（十五）加强规划政策引导。充分发挥发展规划、产业政策、行业标准等对投资

活动的引导作用，并为监管提供依据。把发展规划作为引导投资方向，稳定投资运行，规范项目准入，优化项目布局，合理配置资金、土地（海域）、能源资源、人力资源等要素的重要手段。完善产业结构调整指导目录、外商投资产业指导目录等，为各类投资活动提供依据和指导。构建更加科学、更加完善、更具操作性的行业准入标准体系，加快制定修订能耗、水耗、用地、碳排放、污染物排放、安全生产等技术标准，实施能效和排污强度"领跑者"制度，鼓励各地区结合实际依法制定更加严格的地方标准。

（十六）健全监管约束机制。按照谁审批谁监管、谁主管谁监管的原则，明确监管责任，注重发挥投资主管部门综合监管职能、地方政府就近就便监管作用和行业管理部门专业优势，整合监管力量，共享监管信息，实现协同监管。依托投资项目在线审批监管平台，加强项目建设全过程监管，确保项目合法开工、建设过程合规有序。各有关部门要完善规章制度，制定监管工作指南和操作规程，促进监管工作标准具体化、公开化。要严格执法，依法纠正和查处违法违规投资建设行为。实施投融资领域相关主体信用承诺制度，建立异常信用记录和严重违法失信"黑名单"，纳入全国信用信息共享平台，强化并提升政府和投资者的契约意识和诚信意识，形成守信激励、失信惩戒的约束机制，促使相关主体切实强化责任，履行法定义务，确保投资建设市场安全高效运行。

六 强化保障措施，确保改革任务落实到位

（十七）加强分工协作。各地区各部门要充分认识深化投融资体制改革的重要性和紧迫性，加强组织领导，搞好分工协作，制定具体方案，明确任务分工、时间节点，定期督查、强化问责，确保各项改革措施稳步推进。国务院投资主管部门要切实履行好投资调控管理的综合协调、统筹推进职责。

（十八）加快立法工作。完善与投融资相关的法律法规，制定实施政府投资条例、企业投资项目核准和备案管理条例，加快推进社会信用、股权投资等方面的立法工作，依法保护各方权益，维护竞争公平有序、要素合理流动的投融资市场环境。

（十九）推进配套改革。加快推进铁路、石油、天然气、电力、电信、医疗、教育、城市公用事业等领域改革，规范并完善政府和社会资本合作、特许经营管理，鼓励社会资本参与。加快推进基础设施和公用事业等领域价格改革，完善市场决定价格机制。研究推动土地制度配套改革。加快推进金融体制改革和创新，健全金融市场运行机制。投融资体制改革与其他领域改革要协同推进，形成叠加效应，充分释放改革红利。

附件 4

自由贸易试验区外商投资准入特别管理措施（负面清单）
（2017 年版）

说　　明

一、《自由贸易试验区外商投资准入特别管理措施（负面清单）（2017 年版）》（以下简称《自贸试验区负面清单》）依据现行有关法律法规制定，已经国务院批准，现予以发布。负面清单列明了不符合国民待遇等原则的外商投资准入特别管理措施，适用于自由贸易试验区（以下简称自贸试验区）。

二、《自贸试验区负面清单》依据《国民经济行业分类》（GB/T 4754—2011）划分为 15 个门类、40 个条目、95 项特别管理措施，与上一版相比，减少了 10 个条目、27 项措施。其中特别管理措施包括具体行业措施和适用于所有行业的水平措施。

三、《自贸试验区负面清单》中未列出的与国家安全、公共秩序、公共文化、金融审慎、政府采购、补贴、特殊手续、非营利组织和税收相关的特别管理措施，按照现行规定执行。自贸试验区内的外商投资涉及国家安全的，须按照《自由贸易试验区外商投资国家安全审查试行办法》进行安全审查。

四、《自贸试验区负面清单》之内的非禁止投资领域，须进行外资准入许可。《自贸试验区负面清单》之外的领域，在自贸试验区内按照内外资一致原则实施管理。

五、香港特别行政区、澳门特别行政区、台湾地区投资者在自贸试验区内投资参照《自贸试验区负面清单》执行。内地与香港特别行政区、澳门特别行政区关于建立更紧密经贸关系的安排及其补充协议，《海峡两岸经济合作框架协议》，我国签署的自贸协定中适用于自贸试验区并对符合条件的投资者有更优惠的开放措施的，按照相关协议或协定的规定执行。

自由贸易试验区外商投资准入特别管理措施（负面清单）（2017年版）

序号	领域	特别管理措施
一、农、林、牧、渔业		
（一）	种业	1. 禁止投资中国稀有和特有的珍贵优良品种的研发、养殖、种植以及相关繁殖材料的生产（包括种植业、畜牧业、水产业的优良基因）。 2. 禁止投资农作物、种畜禽、水产苗种转基因品种选育及其转基因种子（苗）生产。 3. 农作物新品种选育和种子生产须由中方控股。 4. 未经批准，禁止采集农作物种质资源。
（二）	渔业	5. 在中国境内及其管辖水域从事渔业活动，须经中国政府批准；不得注册登记中国籍渔业船舶。
二、采矿业		
（三）	专属经济区、大陆架和其他管辖海域勘探开发	6. 对中国专属经济区、大陆架和其他管辖海域的勘查、钻探、开发活动，须经中国政府批准。
（四）	石油和天然气开采及开采辅助活动	7. 投资石油、天然气、煤层气的勘探、开发，须通过与中国政府批准的具有对外合作专营权的油气公司签署产品分成合同方式进行。

序号	领域	特别管理措施
（五）	有色金属矿和非金属矿采选和开采辅助活动	8. 禁止投资稀土勘查、开采及选矿；未经允许，禁止进入稀土矿区或取得矿山地质资料、矿石样品及生产工艺技术。 9. 禁止投资钨、钼、锡、锑、萤石的勘查、开采。 10. 禁止投资放射性矿产的勘查、开采、选矿。
（六）	金属矿及非金属矿采选	11. 石墨的勘查、开采。

三、制造业

序号	领域	特别管理措施
（七）	航空制造	12. 干线、支线飞机设计、制造与维修，须由中方控股；6吨9座（含）以上通用飞机设计、制造与维修，限于合资、合作；地面、水面效应飞机制造及无人机、浮空器设计与制造，须由中方控股。
（八）	船舶制造	13. 船舶（含分段）修理、设计与制造须由中方控股。
（九）	汽车制造	14. 汽车整车、专用汽车制造，中方股比不低于50%；同一家外商可在国内建立两家以下（含两家）生产同类（乘用车类、商用车类）整车产品的合资企业，如与中方合资伙伴联合兼并国内其他汽车生产企业可不受两家的限制。
（十）	通信设备制造	15. 卫星电视广播地面接收设施及关键件生产。
（十一）	有色金属冶炼和压延加工及放射性矿产冶炼、加工	16. 钨冶炼。 17. 稀土冶炼、分离限于合资、合作。 18. 禁止投资放射性矿产冶炼、加工。
（十二）	中药饮片加工及中成药生产	19. 禁止投资中药饮片的蒸、炒、炙、煅等炮制技术的应用及中成药保密处方产品的生产。

序号	领域	特别管理措施
（十三）	核燃料及核辐射加工	20. 核燃料、核材料、铀产品以及相关核技术的生产经营和进出口由具有资质的中央企业实行专营。 21. 国有或国有控股企业才可从事放射性固体废物处置活动。
（十四）	其他制造业	22. 禁止投资象牙雕刻、虎骨加工、宣纸和墨锭生产等民族传统工艺。

四、电力、热力、燃气及水生产和供应业

序号	领域	特别管理措施
（十五）	核力发电	23. 核电站的建设、经营须由中方控股。
（十六）	管网设施	24. 城市人口 50 万以上的城市燃气、热力和供排水管网的建设、经营须由中方控股。 25. 电网的建设、经营须由中方控股。

五、批发和零售业

序号	领域	特别管理措施
（十七）	专营及特许经营	26. 禁止投资烟叶、卷烟、复烤烟叶及其他烟草制品的生产、批发、零售、进出口。 27. 对中央储备粮（油）实行专营制度。中国储备粮管理总公司具体负责中央储备粮（油）的收购、储存、经营和管理。 28. 对免税商品销售业务实行特许经营和集中统一管理。 29. 对彩票发行、销售实行特许经营，禁止在中华人民共和国境内发行、销售境外彩票。

六、交通运输、仓储和邮政业

序号	领域	特别管理措施
（十八）	铁路运输	30. 铁路干线路网的建设、经营须由中方控股。 31. 铁路旅客运输公司须由中方控股。

序号	领域	特别管理措施
（十九）	水上运输	32. 水上运输公司（上海自贸试验区内设立的国际船舶运输企业除外）须由中方控股，且不得经营或以租用中国籍船舶或者舱位等方式变相经营国内水路运输业务及其辅助业务（包括国内船舶管理、国内船舶代理、国内水路旅客运输代理和国内水路货物运输代理业务等）。 33. 水路运输经营者不得使用外国籍船舶经营国内水路运输业务，但经中国政府批准，在国内没有能够满足所申请运输要求的中国籍船舶，并且船舶停靠的港口或者水域为对外开放的港口或者水域的情况下，水路运输经营者可以在中国政府规定的期限或者航次内，临时使用外国籍船舶经营中国港口之间的海上运输和拖航。 34. 国际、国内船舶代理企业外资股比不超过51%。
（二十）	航空客货运输	35. 公共航空运输企业须由中方控股，单一外国投资者（包括其关联企业）投资比例不超过25%。企业法定代表人须由中国籍公民担任。只有中国公共航空运输企业才能经营国内航空服务（国内载运权），并作为中国指定承运人提供定期和不定期国际航空服务。
（二十一）	通用航空服务	36. 通用航空企业限于合资，除专门从事农、林、渔作业的通用航空企业以外，其他通用航空企业须由中方控股。企业法定代表人须由中国籍公民担任。外籍航空器或者外籍人员使用中国航空器在中国境内进行通用航空飞行活动须取得批准。
（二十二）	机场与空中交通管理	37. 禁止投资和经营空中交通管制系统。 38. 民用机场的建设、经营须由中方相对控股。

序号	领域	特别管理措施
（二十三）	邮政业	39. 禁止投资邮政企业和经营邮政服务。 40. 禁止投资经营信件的国内快递业务。

七、信息传输、软件和信息技术服务业

序号	领域	特别管理措施
（二十四）	电信	41. 电信公司限于从事中国入世承诺开放的电信业务，其中：增值电信业务（电子商务除外）外资比例不超过50%，基础电信业务经营者须为依法设立的专门从事基础电信业务的公司，且公司国有股权或股份不少于51%（上海自贸试验区原有区域〔28.8平方千米〕按既有政策执行）。
（二十五）	互联网和相关服务	42. 禁止投资互联网新闻信息服务、网络出版服务、网络视听节目服务、网络文化经营（音乐除外）、互联网公众发布信息服务（上述服务中，中国入世承诺中已开放的内容除外）。 43. 禁止从事互联网地图编制和出版活动（上述服务中，中国入世承诺中已开放的内容除外）。 44. 互联网新闻信息服务单位与外国投资者进行涉及互联网新闻信息服务业务的合作，应报经中国政府进行安全评估。

八、金融业

序号	领域	特别管理措施
（二十六）	银行服务	45. 境外投资者投资银行业金融机构，应为金融机构或特定类型机构。具体要求： （1）外商独资银行股东、中外合资银行外方股东应为金融机构，且外方唯一或者控股/主要股东应为商业银行；

序号	领域	特别管理措施
		（2）投资中资商业银行、信托公司的应为金融机构；
		（3）投资农村商业银行、农村合作银行、农村信用（合作）联社、村镇银行的应为境外银行；
		（4）投资金融租赁公司的应为金融机构或融资租赁公司；
		（5）消费金融公司的主要出资人应为金融机构；
		（6）投资货币经纪公司的应为货币经纪公司；
		（7）投资金融资产管理公司的应为金融机构，且不得参与发起设立金融资产管理公司；
		（8）法律法规未明确的应为金融机构。
		46. 境外投资者投资银行业金融机构须符合一定数额的总资产要求，具体要求如下：
		（1）取得银行控股权益的外国投资者，以及投资中资商业银行、农村商业银行、农村合作银行、村镇银行、贷款公司和其他银行的外国投资者，提出申请前1年年末总资产应不少于100亿美元；
		（2）投资农村信用（合作）联社、信托公司的外国投资者，提出申请前1年年末总资产应不少于10亿美元；
		（3）拟设分行的外国银行，提出申请前1年年末总资产应不少于200亿美元；
		（4）在中国境外注册的具有独立法人资格的融资租赁公司作为金融租赁公司发起人，最近1年年末总资产应不低于100亿元人民币或等值的可自由兑换货币；
		（5）法律法规未明确不适用的其他银行业金融机构的境外投资者，提出申请前1年年末总资产应不少于10亿美元。
		47. 境外投资者投资货币经纪公司须从事货币经纪业务20年以上，并具有从事货币经纪业务所必需的全球机构网络和资讯通信网络等特定条件。

序号	领域	特别管理措施
		48. 单个境外金融机构及被其控制或共同控制的关联方作为发起人或战略投资者向单个中资商业银行、农村商业银行、农村合作银行、农村信用（合作）联社、金融资产管理公司等银行业金融机构投资入股比例不得超过 20%，多个境外金融机构及被其控制或共同控制的关联方作为发起人或战略投资者向单个中资商业银行、农村商业银行、农村合作银行、农村信用（合作）联社、金融资产管理公司等银行业金融机构投资入股比例合计不得超过 25%。 49. 除符合股东机构类型要求和资质要求外，外资银行还受限于以下条件： （1）外国银行分行不可从事《中华人民共和国商业银行法》允许经营的"代理收付款项"、"从事银行卡业务"，除可以吸收中国境内公民每笔不少于 100 万元人民币的定期存款外，外国银行分行不得经营对中国境内公民的人民币业务； （2）外国银行分行应当由总行无偿拨付不少于 2 亿元人民币或等值的自由兑换货币，营运资金的 30% 应以指定的生息资产形式存在，以定期存款形式存在的生息资产应当存放在中国境内 3 家或 3 家以下的中资银行； （3）外国银行分行营运资金加准备金等项之和中的人民币份额与其人民币风险资产的比例不可低于 8%。
（二十七）	资本市场服务	50. 期货公司外资比例不超过 49%。 51. 证券公司外资比例不超过 49%。 52. 单个境外投资者持有（包括直接持有和间接控制）上市内资证券公司股份的比例不超过 20%；全部境外投资者持有（包括直接持有和间接控制）上市内资证券公司股份的比例不超过 25%。

序号	领域	特别管理措施
		53. 证券投资基金管理公司外资比例不超过49%。 54. 不得成为证券交易所的普通会员和期货交易所的会员。 55. 除中国政府另有规定的情况外，不得申请开立A股证券账户以及期货账户。
（二十八）	保险业	56. 寿险公司外资比例不超过50%；境内保险公司合计持有保险资产管理公司的股份不低于75%。 57. 向保险公司投资入股，全部外资股东出资或者持股比例占公司注册资本不足25%的，全部外资股东应为境外金融机构（通过证券交易所购买保险公司股票的除外），提出申请前1年年末总资产不少于20亿美元。 　申请设立外资保险公司的外国保险公司，应当具备下列条件： （1）经营保险业务30年以上； （2）在中国境内已经设立代表机构2年以上； （3）提出设立申请前1年年末总资产不少于50亿美元。

九、租赁和商务服务业

序号	领域	特别管理措施
（二十九）	法律服务	58. 外国律师事务所只能以代表机构的方式进入中国，在华设立代表机构、派驻代表，须经中国司法行政部门许可。 59. 禁止从事中国法律事务，不得成为国内律师事务所合伙人。 60. 外国律师事务所驻华代表机构不得聘用中国执业律师，聘用的辅助人员不得为当事人提供法律服务。

序号	领域	特别管理措施
（三十）	咨询与调查	61. 禁止投资社会调查。 62. 市场调查限于合资、合作，其中广播电视收听、收视调查须由中方控股。

十、科学研究和专业技术服务

序号	领域	特别管理措施
（三十一）	专业技术服务	63. 禁止投资大地测量、海洋测绘、测绘航空摄影、行政区域界线测绘，地形图、世界政区地图、全国政区地图、省级及以下政区地图、全国性教学地图、地方性教学地图和真三维地图编制，导航电子地图编制，区域性的地质填图、矿产地质、地球物理、地球化学、水文地质、环境地质、地质灾害、遥感地质等调查。 64. 测绘公司须由中方控股。 65. 禁止投资人体干细胞、基因诊断与治疗技术的开发和应用。 66. 禁止设立和运营人文社会科学研究机构。

十一、水利、环境和公共设施管理业

序号	领域	特别管理措施
（三十二）	野生动植物资源保护	67. 禁止投资国家保护的原产于中国的野生动植物资源开发。 68. 禁止采集或收购国家重点保护野生植物和微生物资源。

十二、教育

序号	领域	特别管理措施
（三十三）	教育	69. 外国教育机构、其他组织或者个人不得单独设立以中国公民为主要招生对象的学校及其他教育机构（不包括非学制类职业技能培训）。 70. 外国教育机构可以同中国教育机构合作举办以中国公民为主要招生对象的教育机构，中外合作办学者可以合作举办各级各类教育机构，但是： （1）不得举办实施义务教育机构；

序号	领域	特别管理措施
		(2) 外国宗教组织、宗教机构、宗教院校和宗教教职人员不得在中国境内从事合作办学活动，中外合作办学机构不得进行宗教教育和开展宗教活动；不得在中国境内投资宗教教育机构； (3) 普通高中教育机构、高等教育机构和学前教育须由中方主导校长或者主要行政负责人应当具有中国国籍，在中国境内定居；理事会、董事会或者联合管理委员会的中方组成人员不得少于1/2；教育教学活动和课程教材须遵守我国相关法律法规及有关规定。
十三、卫生和社会工作		
（三十四）	卫生	71. 医疗机构限于合资、合作。
十四、文化、体育和娱乐业		
（三十五）	广播电视播出、传输、制作、经营	72. 禁止投资设立和经营各级广播电台（站）、电视台（站）、广播电视频率频道和时段栏目、广播电视传输覆盖网（广播电视发射台、转播台〔包括差转台、收转台〕、广播电视卫星、卫星上行站、卫星收转站、微波站、监测台〔站〕及有线广播电视传输覆盖网等），禁止从事广播电视视频点播业务和卫星电视广播地面接收设施安装服务。 73. 禁止投资广播电视节目制作经营公司。 74. 对境外卫星频道落地实行审批制度。禁止投资电影及广播电视节目的引进业务，引进境外影视剧和以卫星传送方式引进其他境外电视节目由新闻出版广电总局指定的单位申报。 75. 对中外合作制作电视剧（含电视动画片）实行许可制度。

序号	领域	特别管理措施
（三十六）	新闻出版、广播影视、金融信息	76. 禁止投资设立通讯社、报刊社、出版社以及新闻机构。 77. 外国新闻机构在中国境内设立常驻新闻机构、向中国派遣常驻记者，须经中国政府批准。 78. 外国通讯社在中国境内提供新闻的服务业务须由中国政府审批。 79. 禁止投资经营图书、报纸、期刊、音像制品和电子出版物的编辑、出版、制作业务；禁止经营报刊版面。但经中国政府批准，在确保合作中方的经营主导权和内容终审权并遵守中国政府批复的其他条件下，中外出版单位可进行新闻出版中外合作项目。 80. 中外新闻机构业务合作须中方主导，且须经中国政府批准。 81. 出版物印刷须由中方控股。 82. 未经中国政府批准，禁止在中国境内提供金融信息服务。 83. 境外传媒（包括外国和港澳台地区报社、期刊社、图书出版社、音像出版社、电子出版物出版公司以及广播、电影、电视等大众传播机构）不得在中国境内设立代理机构或编辑部。未经中国政府批准，不得设立办事机构，办事机构仅可从事联络、沟通、咨询、接待服务。
（三十七）	电影制作、发行、放映	84. 禁止投资电影制作公司、发行公司、院线公司，但经批准，允许中外企业合作摄制电影。 85. 电影院的建设、经营须由中方控股。放映电影片，应当符合中国政府规定的国产电影片与进口电影片放映的时间比例。放映单位年放映国产电影的时间不得低于年放映电影片时间总和的 2/3。

序号	领域	特别管理措施
(三十八)	文物及非物质文化遗产保护	86. 禁止投资和经营文物拍卖的拍卖企业、文物购销企业。 87. 禁止投资和运营国有文物博物馆。 88. 禁止不可移动文物及国家禁止出境的文物转让、抵押、出租给外国人。 89. 禁止设立与经营非物质文化遗产调查机构。 90. 境外组织或个人在中国境内进行非物质文化遗产调查和考古调查、勘探、发掘，应采取与中国合作的形式并经专门审批许可。
(三十九)	文化娱乐	91. 禁止设立文艺表演团体。 92. 演出经纪机构须由中方控股（为设有自贸试验区的省市提供服务的除外）。

十五、所有行业

序号	领域	特别管理措施
(四十)	所有行业	93. 不得作为个体工商户、个人独资企业投资人、农民专业合作社成员，从事经营活动。 94. 《外商投资产业指导目录》中的禁止类以及标注有"限于合资"、"限于合作"、"限于合资、合作"、"中方控股"、"中方相对控股"和有外资比例要求的项目，不得设立外商投资合伙企业。 95. 境内公司、企业或自然人以其在境外合法设立或控制的公司并购与其有关联关系的境内公司，涉及外商投资项目和企业设立及变更事项的，按现行规定办理。

附件 5

自由贸易试验区外商投资准入特别管理措施（负面清单）
（2018 年版）

说　明

一、《自由贸易试验区外商投资准入特别管理措施（负面清单）》（以下简称《自贸试验区负面清单》）统一列出股权要求、高管要求等外商投资准入方面的特别管理措施，适用于自由贸易试验区。《自贸试验区负面清单》之外的领域，按照内外资一致原则实施管理。

二、《自贸试验区负面清单》对部分领域列出了取消或放宽准入限制的过渡期，过渡期满后将按时取消或放宽其准入限制。

三、境外投资者不得作为个体工商户、个人独资企业投资人、农民专业合作社成员，从事投资经营活动。

四、境外投资者不得投资《自贸试验区负面清单》中禁止外商投资的领域；投资《自贸试验区负面清单》之内的非禁止投资领域，须进行外资准入许可；投资有股比要求的领域，不得设立外商投资合伙企业。

五、境内公司、企业或自然人以其在境外合法设立或控制的公司并购与其有关联关系的境内公司，涉及外商投资项目和企业设立及变更事项的，按照现行规定办理。

六、《自贸试验区负面清单》中未列出的文化、金融等领域与行政审批、资质条件、国家安全等相关措施，按照现行规定执行。

七、《内地与香港关于建立更紧密经贸关系的安排》及其后续协议、《内地与澳门关于建立更紧密经贸关系的安排》及其后续协议、《海峡两岸经济合作框架协议》及其后续协议、我国与有关国家签订的自由贸易区协议和投资协定、我国参加的国际条约对符合条件的投资者有更优惠开放措施的，按照相关协议或协定的规定执行。

八、《自贸试验区负面清单》由发展改革委、商务部会同有关部门负责解释

自由贸易试验区外商投资准入特别管理措施
（负面清单）（2018年版）

序号	领域	特别管理措施
一、农、林、牧、渔业		
（一）	种业	1. 小麦、玉米新品种选育和种子生产的中方股比不低于34%。 2. 禁止投资中国稀有和特有的珍贵优良品种的研发、养殖、种植以及相关繁殖材料的生产（包括种植业、畜牧业、水产业的优良基因）。 3. 禁止投资农作物、种畜禽、水产苗种转基因品种选育及其转基因种子（苗）生产。
（二）	渔业	4. 禁止投资中国管辖海域及内陆水域水产品捕捞。
二、采矿业		
（三）	有色金属矿和非金属矿采选及开采辅助活动	5. 禁止投资钨、钼、锡、锑、萤石勘查、开采。 6. 禁止投资稀土勘查、开采及选矿。（未经允许，禁止进入稀土矿区或取得矿山地质资料、矿石样品及生产工艺技术。） 7. 禁止投资放射性矿产勘查、开采及选矿。
三、制造业		
（四）	印刷业	8. 出版物印刷须由中方控股。
（五）	中药饮片加工及中成药生产	9. 禁止投资中药饮片的蒸、炒、炙、煅等炮制技术的应用及中成药保密处方产品的生产。

序号	领域	特别管理措施
（六）	汽车制造业	10. 除专用车、新能源汽车外，汽车整车制造的中方股比不低于50%，同一家外商可在国内建立两家及两家以下生产同类整车产品的合资企业。（2020年取消商用车制造外资股比限制。2022年取消乘用车制造外资股比限制以及同一家外商可在国内建立两家及两家以下生产同类整车产品的合资企业的限制）
（七）	通信设备制造	11. 卫星电视广播地面接收设施及关键件生产。
（八）	其他制造业	12. 禁止投资宣纸、墨锭生产。
四、电力、热力、燃气及水生产和供应业			
（九）	核力发电	13. 核电站的建设、经营须由中方控股。
（十）	管网设施	14. 城市人口50万以上的城市燃气、热力和供排水管网的建设、经营须由中方控股。
五、批发和零售业			
（十一）	烟草制品	15. 禁止投资烟叶、卷烟、复烤烟叶及其他烟草制品的批发、零售。
六、交通运输、仓储和邮政业			
（十二）	水上运输业	16. 国内水上运输公司须由中方控股。（且不得经营或租用中国籍船舶或者舱位等方式变相经营国内水路运输业务及其辅助业务；水路运输经营者不得使用外国籍船舶经营国内水路运输业务，但经中国政府批准，在国内没有能够满足所申请运输要求的中国籍船舶，并且船舶停靠的港口或者水域为对外开放的港口或者水域的情况下，水路运输经营者可以在中国政府规定的期限或者航次内，临时使用外国籍船舶经营中国港口之间的海上运输和拖航。） 17. 国内船舶代理公司须由中方控股。

序号	领域	特别管理措施
（十三）	航空客货运输	18. 公共航空运输公司须由中方控股，且一家外商及其关联企业投资比例不得超过25%，法定代表人须由中国籍公民担任。（只有中国公共航空运输企业才能经营国内航空服务，并作为中国指定承运人提供定期和不定期国际航空服务。）
（十四）	通用航空服务	19. 通用航空公司的法定代表人须由中国籍公民担任，其中农、林、渔业通用航空公司限于合资，其他通用航空公司限于中方控股。
（十五）	机场和空中交通管理	20. 民用机场的建设、经营须由中方相对控股。 21. 禁止投资空中交通管制。
（十六）	邮政业	22. 禁止投资邮政公司（和经营邮政服务）、信件的国内快递业务。
七、信息传输、软件和信息技术服务业		
（十七）	电信	23. 电信公司：限于中国入世承诺开放的电信业务，增值电信业务的外资股比不超过50%（电子商务除外），基础电信业务须由中方控股（且经营者须为依法设立的专门从事基础电信业务的公司）。上海自贸试验区原有区域〔28.8平方千米〕试点政策推广至所有自贸试验区执行。
（十八）	互联网和相关服务	24. 禁止投资互联网新闻信息服务、网络出版服务、网络视听节目服务、互联网文化经营（音乐除外）、互联网公众发布信息服务（上述服务中，中国入世承诺中已开放的内容除外）。
八、金融业		
（十九）	资本市场服务	25. 证券公司的外资股比不超过51%，证券投资基金管理公司的外资股比不超过51%。（2021年取消外资股比限制） 26. 期货公司的外资股比不超过51%。（2021年取消外资股比限制）

序号	领域	特别管理措施
（二十）	保险业	27. 寿险公司的外资股比不超过51%。（2021年取消外资股比限制）
九、租赁和商务服务业			
（二十一）	法律服务	28. 禁止投资中国法律事务（提供有关中国法律环境影响的信息除外），不得成为国内律师事务所合伙人。（外国律师事务所只能以代表机构的方式进入中国，且不得聘用中国执业律师，聘用的辅助人员不得为当事人提供法律服务；如在华设立代表机构、派驻代表，须经中国司法行政部门许可。）
（二十二）	咨询与调查	29. 市场调查限于合资、合作，其中广播电视收听、收视调查须由中方控股。 30. 禁止投资社会调查。
十、科学研究和技术服务业			
（二十三）	研究和试验发展	31. 禁止投资人体干细胞、基因诊断与治疗技术开发和应用。 32. 禁止投资人文社会科学研究机构。
（二十四）	专业技术服务业	33. 禁止投资大地测量、海洋测绘、测绘航空摄影、地面移动测量、行政区域界线测绘，地形图、世界政区地图、全国政区地图、省级及以下政区地图、全国性教学地图、地方性教学地图、真三维地图和导航电子地图编制，区域性的地质填图、矿产地质、地球物理、地球化学、水文地质、环境地质、地质灾害、遥感地质等调查。
十一、水利、环境和公共设施管理业			
（二十五）	野生动植物保护	34. 禁止投资国家保护的原产于中国的野生动植物资源开发。

序号	领域	特别管理措施
十二、教育		
（二十六）	教育	35. 学前、普通高中和高等教育机构限于中外合作办学，须由中方主导［校长或者主要行政负责人应当具有中国国籍（且在中国境内定居），理事会、董事会或者联合管理委员会的中方组成人员不得少于1/2］。［外国教育机构、其他组织或者个人不得单独设立以中国公民为主要招生对象的学校及其他教育机构（不包括非学制类职业技能培训），但是外国教育机构可以同中国教育机构合作举办以中国公民为主要招生对象的教育机构。 36. 禁止投资义务教育机构、宗教教育机构。］
十三、卫生和社会工作		
（二十七）	卫生	37. 医疗机构限于合资、合作。
十四、文化、体育和娱乐业		
（二十八）	新闻出版	38. 禁止投资新闻机构（包括但不限于通讯社）。（外国新闻机构在中国境内设立常驻新闻机构、向中国派遣常驻记者，须经中国政府批准。外国通讯社在中国境内提供新闻的服务业务须由中国政府审批。中外新闻机构业务合作，须中方主导，且须经中国政府批准。） 39. 禁止投资图书、报纸、期刊、音像制品和电子出版物的编辑、出版、制作业务。（但经中国政府批准，在确保合作中方的经营主导权和内容终审权并遵守中国政府批复的其他条件下，中外出版单位可进行新闻出版中外合作出版项目。未经中国政府批准，禁止在中国境内提供金融信息服务。）

序号	领域	特别管理措施
（二十九）	广播电视播出、传输、制作、经营	40. 禁止投资各级广播电台（站）、电视台（站）、广播电视频道（率）、广播电视传输覆盖网（发射台、转播台、广播电视卫星、卫星上行站、卫星收转站、微波站、监测台及有线广播电视传输覆盖网等），禁止从事广播电视视频点播业务和卫星电视广播地面接收设施安装服务。（对境外卫星频道落地实行审批制度。） 41. 禁止投资广播电视节目制作经营（含引进业务）公司。[引进境外影视剧和以卫星传送方式引进其他境外电视节目由广电总局指定的单位申报。对中外合作制作电视剧（含电视动画片）实行许可制度。]
（三十）	电影制作、发行、放映	42. 电影院建设、经营须由中方控股。放映电影片，应当符合中国政府规定的国产电影片与进口电影片放映的时间比例。放映单位年放映国产电影片的时间不得低于年放映电影片时间总和的2/3。） 43. 禁止投资电影制作公司、发行公司、院线公司以及电影引进业务。（但经批准，允许中外企业合作摄制电影。）
（三十一）	文物保护	44. 禁止投资文物拍卖的拍卖公司、文物商店和国有文物博物馆。（禁止不可移动文物及国家禁止出境的文物转让、抵押、出租给外国人。禁止设立与经营非物质文化遗产调查机构；境外组织或个人在中国境内进行非物质文化遗产调查和考古调查、勘探、发掘，应采取与中国合作的形式并经专门审批许可。）
（三十二）	文化娱乐	45. 文艺表演团体须由中方控股。

附件 6

外商投资准入特别管理措施
（负面清单）（2018 年版）

说　明

一、《外商投资准入特别管理措施（负面清单）》（以下简称《外商投资准入负面清单》）统一列出股权要求、高管要求等外商投资准入方面的特别管理措施。《外商投资准入负面清单》之外的领域，按照内外资一致原则实施管理。

二、《外商投资准入负面清单》对部分领域列出了取消或放宽准入限制的过渡期，过渡期满后将按时取消或放宽其准入限制。

三、境外投资者不得作为个体工商户、个人独资企业投资人、农民专业合作社成员，从事投资经营活动。

四、境外投资者不得投资《外商投资准入负面清单》中禁止外商投资的领域；投资《外商投资准入负面清单》之内的非禁止投资领域，须进行外资准入许可；投资有股权要求的领域，不得设立外商投资合伙企业。

五、境内公司、企业或自然人以其在境外合法设立或控制的公司并购与其有关联关系的境内公司，涉及外商投资项目和企业设立及变更事项的，按照现行规定办理。

六、《外商投资准入负面清单》中未列出的文化、金融等领域与行政审批、资质条件、国家安全等相关措施，按照现行规定执行。

七、《内地与香港关于建立更紧密经贸关系的安排》及其后续协议、《内地与澳门关于建立更紧密经贸关系的安排》及其后续协议、《海峡两岸经济合作框架协议》及其后续协议、我国与有关国家签订的自由贸易区协议和投资协定、我国参加的国际条约对符合条件的投资者有更优惠开放措施的，按照相关协议或协定的规定执行。在自由贸易试验区等特殊经济区域对符合条件的投资者实施更优惠开放措施的，按照相关规定执行。

八、《外商投资准入负面清单》由发展改革委、商务部会同有关部门负责解释。

外商投资准入特别管理措施（负面清单）（2018年版）

序号	领域	特别管理措施
一、农、林、牧、渔业		
（一）	种业	1. 小麦、玉米新品种选育和种子生产须由中方控股。 2. 禁止投资中国稀有和特有的珍贵优良品种的研发、养殖、种植以及相关繁殖材料的生产（包括种植业、畜牧业、水产业的优良基因）。 3. 禁止投资农作物、种畜禽、水产苗种转基因品种选育及其转基因种子（苗）生产。
（二）	渔业	4. 禁止投资中国管辖海域及内陆水域水产品捕捞。
二、采矿业		
（三）	石油和天然气开采业	5. 石油、天然气（含煤层气，油页岩、油砂、页岩气等除外）的勘探、开发限于合资、合作。
（四）	有色金属矿和非金属矿采选及开采辅助活动	6. 禁止投资钨、钼、锡、锑、萤石勘查、开采。 7. 禁止投资稀土勘查、开采及选矿。 8. 禁止投资放射性矿产勘查、开采及选矿。
三、制造业		
（五）	印刷业	9. 出版物印刷须由中方控股。
（六）	核燃料及核辐射加工业	10. 禁止投资放射性矿产冶炼、加工，核燃料生产。
（七）	中药饮片加工及中成药生产	11. 禁止投资中药饮片的蒸、炒、炙、煅等炮制技术的应用及中成药保密处方产品的生产。

序号	领域	特别管理措施
（八）	汽车制造业	12. 除专用车、新能源汽车外，汽车整车制造的中方股比不低于50%，同一家外商可在国内建立两家及两家以下生产同类整车产品的合资企业。（2020年取消商用车制造外资股比限制。2022年取消乘用车制造外资股比限制以及同一家外商可在国内建立两家及两家以下生产同类整车产品的合资企业的限制）
（九）	通信设备制造	13. 卫星电视广播地面接收设施及关键件生产。
（十）	其他制造业	14. 禁止投资宣纸、墨锭生产。
四、电力、热力、燃气及水生产和供应业		
（十一）	核力发电	15. 核电站的建设、经营须由中方控股。
（十二）	管网设施	16. 城市人口50万以上的城市燃气、热力和供排水管网的建设、经营须由中方控股。
五、批发和零售业		
（十三）	烟草制品	17. 禁止投资烟叶、卷烟、复烤烟叶及其他烟草制品的批发、零售。
六、交通运输、仓储和邮政业		
（十四）	水上运输业	18. 国内水上运输公司须由中方控股。 19. 国内船舶代理公司须由中方控股。
（十五）	航空客货运输	20. 公共航空运输公司须由中方控股，且一家外商及其关联企业投资比例不得超过25%，法定代表人须由中国籍公民担任。
（十六）	通用航空服务	21. 通用航空公司的法定代表人须由中国籍公民担任，其中农、林、渔业通用航空公司限于合资，其他通用航空公司限于中方控股。
（十七）	机场和空中交通管理	22. 民用机场的建设、经营须由中方相对控股。 23. 禁止投资空中交通管制。

序号	领域	特别管理措施
（十八）	邮政业	24. 禁止投资邮政公司、信件的国内快递业务。
七、信息传输、软件和信息技术服务业			
（十九）	电信	25. 电信公司：限于中国入世承诺开放的电信业务，增值电信业务的外资股比不超过 50%（电子商务除外），基础电信业务须由中方控股。
（二十）	互联网和相关服务	26. 禁止投资互联网新闻信息服务、网络出版服务、网络视听节目服务、互联网文化经营（音乐除外）、互联网公众发布信息服务（上述服务中，中国入世承诺中已开放的内容除外）。
八、金融业			
（二十一）	资本市场服务	27. 证券公司的外资股比不超过 51%，证券投资基金管理公司的外资股比不超过 51%。（2021 年取消外资股比限制） 28. 期货公司的外资股比不超过 51%。（2021 年取消外资股比限制）
（二十二）	保险业	29. 寿险公司的外资股比不超过 51%。（2021 年取消外资股比限制）
九、租赁和商务服务业			
（二十三）	法律服务	30. 禁止投资中国法律事务（提供有关中国法律环境影响的信息除外），不得成为国内律师事务所合伙人。（外国律师事务所只能以代表机构的方式进入中国，且不得聘用中国执业律师，聘用的辅助人员不得为当事人提供法律服务；如在华设立代表机构、派驻代表，须经中国司法行政部门许可。）
（二十四）	咨询与调查	31. 市场调查限于合资、合作，其中广播电视收听、收视调查须由中方控股。 32. 禁止投资社会调查。

序号	领域	特别管理措施
十、科学研究和技术服务业		
（二十五）	研究和试验发展	33. 禁止投资人体干细胞、基因诊断与治疗技术开发和应用。 34. 禁止投资人文社会科学研究机构。
（二十六）	专业技术服务业	35. 禁止投资大地测量、海洋测绘、测绘航空摄影、地面移动测量、行政区域界线测绘，地形图、世界政区地图、全国政区地图、省级及以下政区地图、全国性教学地图、地方性教学地图、真三维地图和导航电子地图编制，区域性的地质填图、矿产地质、地球物理、地球化学、水文地质、环境地质、地质灾害、遥感地质等调查。
十一、水利、环境和公共设施管理业		
（二十七）	野生动植物保护	36. 禁止投资国家保护的原产于中国的野生动植物资源开发。
十二、教育		
（二十八）	教育	37. 学前、普通高中和高等教育机构限于中外合作办学，须由中方主导［校长或者主要行政负责人应当具有中国国籍（且在中国境内定居），理事会、董事会或者联合管理委员会的中方组成人员不得少于1/2］。［外国教育机构、其他组织或者个人不得单独设立以中国公民为主要招生对象的学校及其他教育机构（不包括非学制类职业技能培训），但是外国教育机构可以同中国教育机构合作举办以中国公民为主要招生对象的教育机构。］ 38. 禁止投资义务教育机构、宗教教育机构。
十三、卫生和社会工作		
（二十九）	卫生	39. 医疗机构限于合资、合作。
十四、文化、体育和娱乐业		

序号	领域	特别管理措施
（三十）	新闻出版	40. 禁止投资新闻机构（包括但不限于通讯社）。 41. 禁止投资图书、报纸、期刊、音像制品和电子出版物的编辑、出版、制作业务。
（三十一）	广播电视播出、传输、制作、经营	42. 禁止投资各级广播电台（站）、电视台（站）、广播电视频道（率）、广播电视传输覆盖网（发射台、转播台、广播电视卫星、卫星上行站、卫星收转站、微波站、监测台及有线广播电视传输覆盖网等），禁止从事广播电视视频点播业务和卫星电视广播地面接收设施安装服务。（对境外卫星频道落地实行审批制度。） 43. 禁止投资广播电视节目制作经营（含引进业务）公司。
（三十二）	电影制作、发行、放映	44. 电影院建设、经营须由中方控股。 45. 禁止投资电影制作公司、发行公司、院线公司以及电影引进业务。
（三十三）	文物保护	46. 禁止投资文物拍卖的拍卖公司、文物商店和国有文物博物馆。
（三十四）	文化娱乐	47. 文艺表演团体须由中方控股。 48. 禁止投资文艺表演团体。

附件 7

市场准入负面清单（2018年版）

说　明

　　一、《市场准入负面清单》（2018年版）包含禁止和许可两类事项。对禁止准入事项，市场主体不得进入，行政机关不予审批、核准，不得办理有关手续；对许可准入事项，包括有关资格的要求和程序、技术标准和许可要求等，由市场主体提出申请，行政机关依法依规作出是否予以准入的决定；对市场准入负面清单以外的行业、领域、业务等，各类市场主体皆可依法平等进入。

　　二、针对非投资经营活动的管理措施、准入后管理措施、备案类管理措施（含注册、登记）、职业资格类管理措施、只针对境外市场主体的管理措施以及针对自然保护区、风景名胜区、饮用水水源保护区等特定地理区域、空间的管理措施等不列入市场准入负面清单，从其相关规定。法律、法规、国务院决定等明确设立，且与市场准入相关的禁止性规定，在清单附件1中列出，以便市场主体参考。

　　三、列入清单的市场准入管理措施，由法律、行政法规、国务院决定或地方性法规设定，省级人民政府规章可设定临时性市场准入管理措施。个别设立依据效力层级不足且确需暂时列入清单的管理措施，应尽快完善立法程序，并以加★形式在清单中标明。

　　四、市场准入负面清单直接衔接《产业结构调整指导目录》《政府核准的投资项目目录》最新版。其中，《产业结构调整指导目录》部分管理措施有调整，在清单附件2中列出。《政府核准的投资项目目录》直接在清单中列出。地方对两个目录有细化规定的，从其规定。

　　五、未经国务院授权，各地区、各部门不得自行发布市场准入性质的负面清单。因特殊原因需采取临时性准入管理措施的，经国务院同意，可实时列入清单。

　　六、我国参加的国际公约、与其他国家签署的双多边条约、与港澳台地区达成的相关安排等另有规定的，按照相关规定执行。涉及跨界河流水资源配置调整的重大水利项目和水电站、跨境电网工程、跨境输气管网等跨境事项，应征求外事部门意见。

七、为保护公共道德，维护公共利益，有关部门依法履行对文化领域和与文化相关新产业的市场准入政策调整和规制的责任。

八、市场准入负面清单未直接列出的地方对市场准入事项的具体实施性措施且法律依据充分的，按其规定执行。

九、本清单由国家发展改革委、商务部负责解释。

市场准入负面清单（2018年版）下载链接：
https://www.ndrc.gov.cn/xxgk/zcfb/tz/201812/w02190905514232622116.pdf

附件 8

市场准入负面清单（2019 年版）

说　明

　　一、《市场准入负面清单》（2019 年版）包含禁止和许可两类事项。对禁止准入事项，市场主体不得进入，行政机关不予审批、核准，不得办理有关手续；对许可准入事项，包括有关资格的要求和程序、技术标准和许可要求等，由市场主体提出申请，行政机关依法依规作出是否予以准入的决定；对市场准入负面清单以外的行业、领域、业务等，各类市场主体皆可依法平等进入。

　　二、针对非投资经营活动的管理措施、准入后管理措施、备案类管理措施（含注册、登记）、职业资格类管理措施、只针对境外市场主体的管理措施以及针对自然保护区、风景名胜区、饮用水水源保护区等特定地理区域、空间的管理措施等不列入市场准入负面清单，从其相关规定。法律、法规、国务院决定等明确设立，且与市场准入相关的禁止性规定，在清单附件 1 中列出，以便市场主体参考。

　　三、列入清单的市场准入管理措施，由法律、行政法规、国务院决定或地方性法规设定，省级人民政府规章可设定临时性市场准入管理措施。个别设立依据效力层级不足且确需暂时列入清单的管理措施，应尽快完善立法程序，并以加★形式在清单中标明。

　　四、《产业结构调整指导目录》《政府核准的投资项目目录》及地方国家重点生态功能区和农产品主产区产业准入负面清单（或禁止限制目录）纳入市场准入负面清单。地方按照党中央、国务院要求制定的地方性产业结构禁止准入目录，统一纳入市场准入负面清单。其中，《产业结构调整指导目录》部分管理措施有调整，在清单附件 2 中列出；《政府核准的投资项目目录》直接在清单中列出；地方对两个目录有细化规定的，从其规定。

　　五、未经国务院授权，各地区、各部门不得自行发布市场准入性质的负面清单。因特殊原因需采取临时性准入管理措施的，经国务院同意，可实时列入清单。牵头部门应及时做好市场准入负面清单的变更调整工作。

六、我国参加的国际公约、与其他国家签署的双多边条约、与港澳台地区达成的相关安排等另有规定的，按照相关规定执行。涉及跨界河流水资源配置调整的重大水利项目和水电站、跨境电网工程、跨境输气管网等跨境事项，应征求外事部门意见。

七、为保护公共道德，维护公共利益，有关部门依法履行对文化领域和与文化相关新产业的市场准入政策调整和规制的责任。

八、市场准入负面清单未直接列出的地方对市场准入事项的具体实施性措施且法律依据充分的，按其规定执行。

九、本清单由国家发展改革委、商务部会同有关部门负责解释。

市场准入负面清单（2019年版）下载链接：
https://www.ndrc.gov.cn/xxgk/zcfb/tz/201911/t20191122_1204473.html

附件9

国家发展改革委　商务部关于印发市场准入负面清单草案（试点版）的通知
（发改经体〔2016〕442号）

各省、自治区、直辖市人民政府，国务院各部委、各直属机构：

根据《国务院关于实行市场准入负面清单制度的意见》（国发〔2015〕55号，以下简称《意见》）的部署，发展改革委、商务部会同有关部门汇总、审查形成了《市场准入负面清单草案》（试点版）（以下简称《草案》），已经中共中央、国务院同意，现印发给你们，在天津、上海、福建、广东四个省、直辖市试行，并就有关事项通知如下：

一、《草案》根据《意见》确定的法治原则、安全原则、渐进原则、必要原则、公开原则汇总审查形成，初步列明了在中华人民共和国境内禁止和限制投资经营的行业、领域、业务等。《草案》共328项，包括：禁止准入类96项，限制准入类232项。

二、《草案》所列事项截止于2015年12月31日。自2016年1月1日起，国务院决定取消、新设或调整行政审批事项的，决定修订《产业结构调整指导目录》和《政府核准的投资项目目录》的，以及对禁止和限制市场主体投资经营的行业、领域、业务等事项作出新的规定的，以最新规定为准。

三、《草案》属于试点版，发展改革委、商务部将会同有关部门按照简政放权、放管结合、优化服务的原则，根据改革总体进展、经济结构调整、法律法规修订等情况，按照《意见》规定的程序适时调整。

四、《草案》先行在天津、上海、福建、广东四个省、直辖市进行试点。请试点地区省级人民政府根据《意见》和《草案》，提出拟试行市场准入负面清单制度的方案，报国务院批准后实施。试点期间，试点地区省级人民政府要根据改革进展情况和各类市场主体反映的突出问题，及时提出调整市场准入负面清单、完善《草案》的建议。要根据《意见》和《国务院办公厅关于印发自由贸易试验区外商投资准入特别管理措施（负面清单）的通知》（国办发〔2015〕23号）的要求，把握好《草案》和自贸试验区负面清单的适用范围、适用对象。

五、试点过程中，请各部门根据《意见》要求，进一步梳理《草案》中由本部门（本系统）负责管理和实施的市场准入事项，及时提出清理、调整建议。涉及法律、行政法规和国务院决定修订的，涉及行政审批、行政许可等事项调整的，各部门应主动做好沟通衔接，遵照相关程序要求开展工作，以便对《草案》所列事项及时作出调整。对《意见》所指"法律、行政法规和国务院决定未作规定但确需纳入市场准入负面清单的新设事项"，经试点检验确需保留的，请按照《意见》要求，依照法定程序提请制定或修订法律、行政法规或国务院决定。对各部门新提出的清理、调整《草案》所列事项建议，发展改革委、商务部将会同有关部门按照《意见》规定的市场准入负面清单调整程序，加以研究论证，并以补充通知等形式提供试点地区在试点中探索检验。

六、试点过程中，各有关地区和部门要充分听取各类市场主体和公众意见，开展必要的政策解读和宣传，建立健全第三方评估机制，及时反馈改进和完善的意见。

七、《草案》自国务院批准试点地区市场准入负面清单制度改革试点方案之日起实施。

国家发展改革委

商务部

2016年3月2日

附件 10

国家发展改革委 商务部关于印发
《市场准入负面清单（2018年版）》的通知
（发改经体〔2018〕1892号）

各省、自治区、直辖市人民政府，中央和国家机关有关部委：

国家发展改革委、商务部以习近平新时代中国特色社会主义思想为指导，认真落实党中央、国务院决策部署，会同各地区各有关部门制定《市场准入负面清单（2018年版）》，经党中央、国务院批准印发实施。现将有关事项通知如下：

一、充分认识全面实施市场准入负面清单制度的重要意义

全面实施市场准入负面清单制度是党中央作出的重大决策部署。党的十八届三中全会提出"实施统一的市场准入制度，在制定负面清单基础上，各类市场主体可依法平等进入清单之外领域"。党的十九大进一步明确要求"全面实施市场准入负面清单制度"。加快完善社会主义市场经济体制，核心是正确处理好政府与市场的关系，市场准入管理制度是政府与市场关系的集中体现。全面实施并不断完善市场准入负面清单制度，是加快完善社会主义市场经济体制的必然要求，是处理好政府与市场的关系的重要抓手，是建设更高水平市场经济体制的有效途径，有利于进一步推动政府职能深刻转变，有利于进一步营造法治化便利化国际化营商环境，有利于进一步激发各类市场主体活力。

二、认真做好市场准入负面清单制度实施工作

各地区各部门要认真领会改革精神，扎实做好落实工作，确保市场准入负面清单制度顺利实施，确保改革取得实效。

一是严格规范市场准入管理。各地区各部门要切实加强市场准入规范管理，对清单所列禁止准入事项，严格禁止市场主体进入，不得办理有关手续；对清单所列许可准入事项，需要市场主体提出申请的，行政机关应当依法依规作出是否予以准入的决定，需要具备资质条件或履行规定程序的，行政机关应当指导监督市场主体依照政府

规定的准入条件和准入方式合规进入；清单以外的行业、领域、业务等，不得设置市场准入审批事项，各类市场主体皆可依法平等进入。各地区各有关部门要研究清单事项与现有行政审批流程相衔接的机制，避免出现清单事项和实际审批"两张皮"。

二是推进"全国一张清单"管理模式。各地区各部门不得自行发布市场准入性质的负面清单，确保市场准入负面清单制度的统一性、严肃性和权威性。按照党中央、国务院要求编制的涉及行业性、领域性、区域性等方面，需要用负面清单管理思路或管理模式出台相关措施的，应纳入全国统一的市场准入负面清单。

三是建立清单信息公开机制。市场准入负面清单通过国家发展改革委门户网站等渠道，统一向社会发布，及时公开有关内容信息。各地区各有关部门要认真配合做好相关市场准入事项的信息公开工作，进一步梳理相关事项的管理权限、审批流程、办理条件等，不断提升市场准入政策透明度和清单使用便捷性。

四是建立清单动态调整机制。国家发展改革委、商务部将根据改革总体进展、经济结构调整、法律法规修订等情况，引入第三方评估机制，会同各地区各部门适时调整市场准入负面清单。各地区各部门要继续深入梳理研究有关市场准入事项，及时提出清理、调整建议。对个别设立依据效力层级不足、按照有关程序暂时列入清单的管理措施，应尽快完善立法。

五是推进相关体制机制改革。各地区各部门要建立健全与市场准入负面清单制度相适应的准入机制、审批机制、事中事后监管机制、社会信用体系和激励惩戒机制、商事登记制度等，着力营造公平竞争、便利高效的市场环境。

三、建立健全清单实施工作机制

市场准入负面清单制度改革是一项系统工程。各地区各部门要建立健全工作机制，研究完善配套措施，确保市场准入负面清单制度稳妥有序实施。

一是加强组织保障。各地区要在省级人民政府领导下，建立省级全面实施市场准入负面清单制度工作机制，明确任务要求、细化责任分工、加强统筹协调，切实形成工作合力，扎实做好本地区清单实施工作。各有关部门要结合职能做好本部门相关审批事项执行情况的跟踪监测、自评估和调整完善工作，健全内部工作机制，把好政策关，在研究制定有关改革方案、政策文件时，做好与市场准入负面清单制度的衔接工作。

二是做好宣传解读。各地区各部门要做好对市场准入负面清单制度的宣传解读和培训工作，增进各类市场主体和各级行政机关对市场准入负面清单制度的了解，熟悉清单事项措施，正确理解使用清单。

三是注意研究新情况新问题。各地区各部门要持续跟踪关注清单实施过程中的各类新情况，及时研究解决新问题，提出完善市场准入负面清单制度的意见建议，不断丰富完善市场准入制度体系，确保清单真正管用、好用、实用。

国家发展改革委、商务部将会同有关部门严格落实党中央、国务院部署要求，认真做好市场准入负面清单制度的组织实施工作，加强对制度实施情况的协调指导、跟踪分析和督促检查，及时回应解决有关问题，适时组织开展实施情况评估。清单实施中的重大情况及时向党中央、国务院报告。

国家发展改革委
商　务　部
2018 年 12 月 21 日

附件 11

国家发展改革委　商务部关于印发《市场准入负面清单（2019年版）》的通知
（发改体改〔2019〕1685号）

各省、自治区、直辖市人民政府，新疆生产建设兵团，中央和国家机关各有关部委：

国家发展改革委、商务部以习近平新时代中国特色社会主义思想为指导，认真落实党中央、国务院决策部署，会同各地区各有关部门对《市场准入负面清单（2018年版）》开展全面修订，形成《市场准入负面清单（2019年版）》，经党中央、国务院批准印发实施。现将有关要求通知如下：

一、认真做好清单落地实施工作。对清单所列事项，各地区各部门要持续优化管理方式，严格规范审批行为，优化审批流程，提高审批效率，正确高效地履行职责。对清单之外的行业、领域、业务等，各类市场主体皆可依法平等进入，不得违规另设市场准入行政审批。需提请修改完善相关法律、法规、国务院决定的措施，各地区各部门要尽快按法定程序办理，并做好相关规章和规范性文件"立改废"工作。

二、严格落实"全国一张清单"管理模式。坚决维护市场准入负面清单制度的统一性、严肃性和权威性，确保"一单尽列、单外无单"。按照党中央、国务院要求编制的涉及行业性、领域性、区域性等方面，需要用负面清单管理思路或管理模式出台相关措施的，应纳入全国统一的市场准入负面清单。已经纳入的，各有关部门要做好对地方细化措施的监督指导，确保符合"全国一张清单"管理要求。严禁各地区各部门自行发布市场准入性质的负面清单。

三、加快完善清单信息公开机制。各地区各部门要配合做好市场准入负面清单的信息完善和公开工作，依托全国一体化政务服务平台建设，进一步梳理清单所列事项措施的管理权限、审批流程、办理要件等，为实现清单事项"一目了然、一网通办"打好基础，不断提升市场准入透明度和便捷性。

四、持续推动放宽市场准入门槛。各地区各部门要密切关注市场反应，多渠道听取市场主体、行业协会等意见，及时发现并推动破除各种形式的市场准入不合理限制和隐性壁垒，努力营造稳定公平透明可预期的营商环境。国家发展改革委、商务部将紧密围绕国家重大战略，选取部分地区以服务业为重点开展进一步放宽市场准入限制试点。

五、健全完善市场准入制度体系。各地区各部门要持续跟踪关注清单实施情况，认真研究解决发现的问题，及时提出完善市场准入负面清单制度的意见建议。要进一步健全完善与市场准入负面清单制度相适应的准入机制、审批机制、事中事后监管机制、社会信用体系和激励惩戒机制、商事登记制度等，系统集成、协同高效地推进市场准入制度改革工作。

国家发展改革委、商务部将会同各地区各部门认真落实党中央、国务院部署要求，扎实做好市场准入负面清单制度组织实施工作。清单实施中的重大情况及时向党中央、国务院报告。

国家发展改革委
商 务 部
2019 年 10 月 24 日

附件 12

本书作者公开接受采访记录与发表的相关文章

1. 2018 年起正式实行全国统一市场准入负面清单制度①

2018年起正式实行全国统一市场准入负面清单制度

2015-10-20 01:56:00 　西部商报

据新华社电 国务院日前印发《关于实行市场准入负面清单制度的意见》，明确了实行市场准入负面清单制度的总体要求、主要任务和配套措施。

《意见》提出，市场准入负面清单包括禁止准入类和限制准入类。对禁止准入事项，市场主体不得进入，行政机关不予审批、核准，不得办理有关手续；对限制准入事项，或由市场主体提出申请，行政机关依法依规作出是否予以准入的决定，或由市场主体依照政府规定的准入条件和准入方式合规进入；对市场准入负面清单以外的行业、领域、业务等，各类市场主体皆可依法平等进入。

《意见》提出，按照先行先试、逐步推开的原则，从 2015 年 12 月 1 日至 2017 年 12 月 31 日，在部分地区试行市场准入负面清单制度，从 2018 年起正式实行全国统一的市场准入负面清单制度。

《意见》从建立健全与市场准入负面清单制度相适应的准入机制、审批体制、监管机制、社会信用体系和激励惩戒机制、信息公示制度和信息共享制度、法律法规体系等六个方面，提出了落实市场准入负面清单制度的保障措施；并要求建立与该制度相适应的投资体制、商事登记制度、外商投资管理体制，营造公平交易平等竞争的市

---

① 采访新闻载于 http://news.hexun.com/2015-10-20/179942679.html。

场环境。

这一文件的发布，意味着我国将启动建立全国统一的市场准入负面清单制度。

透视市场准入负面清单制度三大看点

我国市场准入制度的重要突破

将负面清单管理模式从外资引入内资市场准入领域

目前世界大多数国家均针对外商投资实行负面清单管理模式，少有在国内市场推行市场准入负面清单的尝试。参与负面清单相关课题研究的重庆大学公共管理学院教授陈升说，我国将负面清单管理模式从外资引入内资市场准入领域，是市场准入制度的重大突破。

2013 年 9 月底，上海自贸区出台我国第一张针对外商投资的负面清单。2015 年，广东、天津、福建三大自贸区成立后，四个自贸区共用一张负面清单。中美两国以负面清单为主要内容的双边投资协定谈判也正进行。

国家发展改革委有关负责人说，自贸区负面清单和中美投资协定谈判负面清单，都属于外商投资负面清单范畴。而市场准入负面清单制度是适用于境内外投资者的一致性管理措施。

"境内市场主体的投资经营要遵守市场准入负面清单的要求，境外市场主体的投资经营则既要遵守外商投资负面清单要求，还要按照国民待遇原则，遵守市场准入负面清单要求。"这位负责人说。

国家行政学院教授汪玉凯说，全面实施市场准入负面清单制度，对企业来说，意味着不分国有与非国有、内资和外资，不论规模大小，"法无禁止皆可为"；对于政府来说，则是"法无授权不可为"。这将大幅降低投资、创业门槛，充分激发各类市场主体的潜力活力。

实施过程采用重点先试

在四个自由贸易试验区及其所在省行政区先行开展试点

全国版的负面清单啥样？哪些行业、领域、业务的投资可能会被列入清单？

根据意见，市场准入负面清单包括禁止准入类和限制准入类。"安全、敏感、战略、命脉领域的市场准入应是负面清单禁止或限制的主要方面。"国家发展改革委学术委员会秘书长张燕生说。

发展改革委负责人说，实行全国统一的负面清单制度，在现有投资管理体制、市场监管体制和法律体系建设等方面，都需要一个逐步调整、逐步适应和逐步完善的过程。"要推进渐进式改革，通过试点积累经验。"

意见明确，我国将从 2015 年 12 月 1 日至 2017 年 12 月 31 日，在部分地区试行市场准入负面清单制度，探索形成全国统一的市场准入负面清单及相应的体制机制，从

2018 年起正式实行全国统一的市场准入负面清单制度。

据了解,我国将在四个自由贸易试验区及其所在省行政区先行开展市场准入负面清单制度改革试点。

发展改革委相关负责人说,这些地方有试行外商投资负面清单的基础,同步开展市场准入负面清单制度改革试点,可以构成完整的市场准入管理体系,有利于形成可复制、可推广的制度性经验,完整地复制到国内其他地区。

意见明确,条件成熟时,将采取目录式管理的现行市场准入事项统一纳入市场准入负面清单,为进一步深化改革指明了方向。

提升政府监管能力的重大机遇

向服务型政府转型,工作重点将从事前审批转向事中事后监管

实施负面清单制度,能够降低企业的市场准入门槛。然而,企业进入市场后,能不能顺利开展业务,后续监管能不能跟得上、管得住、管得好,是对政府管理能力的一大考验。

互联网创业者王胜地说,虽然商事制度已经改革,注册资本由"实缴制"转变为"认缴制",但在补贴申请等手续办理中,仍对注册资本有限定和要求。

有体育企业反映,虽然国家下放了体育赛事审批权,但有关赛事举办的交通、消防、安保等政策都不配套,以至企业进入市场时面临"过去有国家批件才能办,现在没有批件拿什么给你办"的情况。

"实行市场准入负面清单后,绝大部分前置审批将取消,这意味着政府工作重点将从事前审批转向事中、事后监管,这是对政府能力的重大考验。"陈升说,这要求从监管方式、法律体系、监管能力上全面提升,也需要对基层监管力量进行整合。

中国(海南)改革发展研究院院长迟福林说,负面清单制度的实施,有利于推动从审批型政府转向服务型政府,其最大的难点在于相关体制的转型,一方面是政府监管体制的转型,另一方面则有待于我国市场化改革的整体推进。(新华社)

2. 市场准入负面清单的"精简必要"与"非禁即入"的理解①

陈升:市场准入负面清单的"精简必要"与"非禁即入"的理解

摘要:如前文所言,市场准入负面清单为做到精简必要,不能把市场准入负面清单以外针对非市场主体事项、非投资经营行为事项、非市场准入环节事项、一般性管

———
① 中国发展网 http://www.chinadevelopment.com.cn/news/zj/2018/12/1427685.shtml。

理措施等纳入清单。

重庆大学公共管理学院　陈升

市场准入负面清单制定遵循必要原则，列入市场准入负面清单的事项应当尽量简化、确属必要。

如何理解市场准入负面清单的"精简必要"

市场准入负面清单的本质要求在于通过负面列单的形式，将我国市场准入领域的禁止和许可事项明确划定范围，对属于范围以外的领域，交由市场主体自主决策，依法平等进入。目的是：一方面通过划定政府审批范围，划清政府权力界限，约束政府"有形之手"；另一方面，通过赋予市场主体"非禁即入"的自主决策权限，释放市场潜力，发挥市场在资源配置中的决定性作用。因此，市场准入负面清单必须做到精简有效、清单事项要做到确有必要，否则限定政府权力范围和释放市场潜力就无从谈起。

所以，要理解清单的"精简必要"，要明白：

一是不能把法律、法规和国务院决定中的禁止类、许可类事项简单纳入清单，清单事项呈现的是经过整理、合并，并进行合法性审查的结果。市场准入负面清单实现的是"一单尽列"，制定之初汇总起来的管理事项必定是数量庞大，且存在重复的内容。要做到精简有效，需要对同类事项进行合并归纳，同时对事项的表述进行规范化、统一化。

二是不能把现行措施简单照搬至市场准入负面清单，对于缺乏法律依据的规定事项，在市场准入负面清单制度下，要么经审查确有必要，通过完善相关法律得以确定，并纳入市场准入负面清单，要么取消该事项。实际上，现行的一些准入管理措施，法律依据并不充分，对于那些确有必要而又缺乏足够法律支撑的事项，可以作为临时性准入措施暂时列入清单，有关部门应该加快完善立法。

三是不能把非市场准入事项和准入后监管措施混同于市场准入管理措施，一些市场主体普遍需要遵循的行业规范、标准、操作程序，都不宜纳入市场准入负面清单。例如《中华人民共和国广告法》规定的"不得在影响市政公共设施、交通安全设施、交通标志、消防设施、消防安全标志使用的情形下设置户外广告"是对设置户外广告的一个行业规范性质的规定，类似规定并非市场准入事项，因此无须列入清单。

四是不能把市场准入负面清单以外对市场主体普遍采取的注册登记、信息收集、用地审批等措施纳入市场准入负面清单。要注意区别市场准入事项与工商登记管理之间的区别，将非市场准入领域的事项纳入市场准入负面清单的结果是清单冗长，且缺乏针对性。

如何理解"非禁即入"

市场准入负面清单的"非禁即入",是一种对"准入身份"的认可,而非对"准入行为"的放纵。不意味着清单以外市场主体可以"胡作非为",也不意味着市场主体无须接受其他行政审批或相关管理。

"清单以外是不是企业可以随意进入",答案是否定的。

在市场准入负面清单制度之下,负面清单以外的行业、领域、业务等,各类市场主体是皆可平等进入。但这有一个关键前提是各类市场主体需要依法准入,市场主体不能违法操作,也不能进入明显违法的领域。比如"黄、赌、毒"等在我国明显违法的领域,虽然未明确列入市场准入负面清单,但仍是市场主体进入的禁区。

另外,企业进入清单以外,还得遵守相关法律规定。比如:以从事娱乐场所经营为例,可能属于清单以外,但并不意味着市场主体可以随地开展经营业务,还需要遵循《娱乐场所管理条例》的相关规定,不得设在下列地点:"(一)居民楼、博物馆、图书馆和被核定为文物保护单位的建筑物内;(二)居民住宅区和学校、医院、机关周围;(三)车站、机场等人群密集的场所;(四)建筑物地下一层以下;(五)与危险化学品仓库毗连的区域"。

对于清单事项同样如此,虽然清单在市场准入端对企业从事某一具体领域已经有相应的禁止或需要许可的设定,但企业从事许可类事项的投资、经营仍需遵守清单未作规定而法律法规明确列明的规定。比如:成立保险公司,根据市场准入负面清单需要经国务院保险监督管理机构批准。但除此之外,成立保险公司同时需要遵守《中华人民共和国保险法》等法律法规的相关规定。如《中华人民共和国保险法(2015修正)》第六十九条所规定的"设立保险公司,其注册资本的最低限额为人民币二亿元;国务院保险监督管理机构根据保险公司的业务范围、经营规模,可以调整其注册资本的最低限额,但不得低于本条第一款规定的限额;保险公司的注册资本必须为实缴货币资本"等。这些属于保险市场准入许可的细化标准,虽然在清单中没有详细罗列,但是依然是市场主体进入相关行业、领域、业务等需要遵守的规定。

"负面清单许可类事项以外是不是没有其他审批或管理措施",答案也是否定的。

除市场准入领域的许可,还有其他针对非投资经营活动的管理措施、准入后管理措施、备案类管理措施(含注册、登记)、职业资格类管理措施等。如前文所言,市场准入负面清单为做到精简必要,不能把市场准入负面清单以外针对非市场主体事项、非投资经营行为事项、非市场准入环节事项、一般性管理措施等纳入清单。这意味着,市场准入负面清单并不是所有市场管理措施的集合,其关注的只是针对市场主体的、准入领域的管理措施。

政府对市场主体在负面清单以外的准入,不再进行前置审批。这样的"非禁即准"只是针对的其准入"资格"的认可,而从获得"资格"到"进入市场",如有必要，政府还可以通过规划、环评、用地等方面的规范性要求予以规制。如修建养猪场，属于清单以外的事项，但并不意味着可以在城市居民小区里兴建厂，有关部门还得考虑环评、用地规划等因素，将有些不符合条件的投资经营行为"卡在门外"。

可见，市场准入负面清单关注的是"要不要赋予市场主体在某一行业、领域、业务准入资格"，考虑的是在事前进行"准入资格"授予，而其他准入中和准入后的行为约束，应该交由我国现行法律法规和政府各项具有针对性的管理措施来完成。

3. 由"正"到"负"政府管理模式的重大创新①

陈升：由"正"到"负"政府管理模式的重大创新

摘要：而在市场准入负面清单制度下，清单由国务院统一制定发布；负面清单一经制定，意味着清单以外的领域里市场主体享有充分的自主决策权限。

重庆大学公共管理学院　陈升

当下政府仍然干预太多，管理手段较依赖于准入前的审批，有的部门甚至将事前审批当作调控市场的唯一抓手，花大力量对具体事务进行审批，扮演"全能型政府"的角色，导致了审批制使用范围的泛化。对于市场主体而言，企业取得市场准入资格，有的需要经过上百项的政府事前审批，审批环节多、审批时间长，对同一事项的多头审批和重复审批等弊端凸出。这样不仅为市场主体设置了障碍，制约了市场发挥资源配置的决定性作用，同时也降低了行政效率，不利于更好地发挥政府作用。因此，需要创新政府管理模式，减少市场限制，增加市场活力。

市场准入负面清单通过"排除"或"筛选"的方式，实现了我国市场准入管理从正面向负面的转变。这种由"正"到"负"的管理模式转变，明确了政府发挥作用的职责边界，有利于进一步深化"放管服"改革，不断提高行政管理的效率和效能，体现在：

实现制度化法制化

目前市场准入管理模式，主要采用正面清单管理模式。随着市场经济的发展，新产品、新技术、新业态层出不穷、千变万化，使得正面清单"不可穷举"所有的市场准入事项。这样就存在大量模糊地带。这些模糊地带，目前是政府的自由裁量空间，可能会造成审批方式随意，寻租、腐败行为频发。

通过在全国建立起市场准入负面清单管理模式，形成了全国统一的准入管理制

---

① 中国发展网　http：//www.chinadevelopment.com.cn/news/zj/2018/12/1427679.shtml。

度。不仅在市场准入领域只分为清单事项（包括禁止类、许可类）和非清单事项，涵盖了所有情形。而且对于以上情形，有三种不同准入方式：对禁止准入事项，市场主体不得进入，行政机关不予审批、核准；对许可准入事项，由市场主体提出申请，行政机关依法依规作出是否予以准入的决定；对负面清单以外的行业、领域、业务等，各类市场主体皆可依法平等进入。

这样明确了政府发挥作用的职责边界，对于政府来说，就是依法把权力关进制度的笼子，用法律法规作为准入审批的标尺。这有助于更深层面上推动政府以法治思维和法治方式推进行政体制改革，推进市场管理的制度化、规范化、程序化，从根本上促进政府职能转变。

实现管理透明化

市场准入负面清单制度建立之前，有关市场准入的禁止或限制规定散诸各个法律法规、文件规定中，政府审批内容、审批主体、审批方式容易互相矛盾、"打架"，审批过程公开程度也较低，造成了管理过程的不透明、混乱和低效。

而市场准入负面清单制度，以清单的方式清晰明了地列出了有关市场准入的禁止和许可事项，以及相应的管理办法。一方面，政府要管什么很明确，需要行政机关审批的领域仅限于法律明确列举的事项，并且需要对相关限制许可条件的设置进行合理的说明。在进行准入管理时，政府的管理重点将放到许可类事项的审批上。另一方面，政府怎么管也很明确，清单实现有关措施的集成，减少了措施相互矛盾、相互叠的情形。

负面清单既清晰地表明了市场准入的"红线"所在，又明确地给市场主体点亮了"交通灯"。这可以避免市场主体与政府管理部门、政府各管理部门之间的信息不对称，进一步提高透明度，减少由于市场交易中的信息不对称、外部不经济性等因素导致的种种交易费用。

而且，有了统一的市场准入负面清单，还可以在其基础上，进一步探索实现清单电子化、数字化，推进线上"一网通办"，大幅度提高政府审批的透明度和可视化程度。

减少政府审批事项

如前文所言，政府在市场准入方面还习惯于扮演"全能型政府"的角色，造成了审批制使用范围的泛化。审批的环节多、审批时间长，对同一事项的多头审批和重复审批等弊端凸出。

在市场准入负面清单的制度下，以"清单"形式明确了政府发挥作用的职责边界，清单以外领域政府则不能随意干预市场主体的进入。这有利于进一步深化行政审批制度改革，大幅收缩政府审批范围，使政府在市场准入管理中从大量不必要的具体审批中解放出来，并将精力放在少部分清单事项的审批上，大幅收缩了政府审批范围。

制定市场准入负面清单过程中，凡负有市场准入管理职责的部门和单位，都在全面梳理禁止和需审批的市场准入事项，并按照《国民经济行业分类》的统一分类标准，提出本部门、本单位拟列入市场准入负面清单的管理措施。在此过程中，各级政府部门学习了市场准入负面清单制度的基本精神，对自身的权力边界有了更深入的认识，为全面实施制度后收缩审批范围打下了坚实基础。

通过市场准入负面清单对政府职能范围进行确定，将不符市场准入负面清单管理理念的职能区别出来，还可以为下一步政府职能转变指明方向。

强化对政府的约束

市场准入负面清单制度的实施，有利于约束政府干预的"看得见的手"，解放市场"看不见的手"，发挥市场在资源配置中的决定性作用，更好地发挥政府作用。

市场准入负面清单制度实施前，在准入环节缺乏有效手段约束行政行为，政府要干预市场比较容易，审批上的弊端较多；实行全国统一的市场准入负面清单制度，将实实在在地约束政府行为，从而有助于激活市场活力。

比如，制度实施前我国各地市场准入还缺乏一个统一的标准，地方政府有权力通过设定地方性法规来获得行政许可的权力，或者通过设立政府规章的形式来获得临时性行政许可的权力。这就可能造成"地方保护主义"或"权力寻租"。而在市场准入负面清单制度下，清单"由国务院统一制定发布；地方政府需进行调整的，由省级人民政府报国务院批准"，这就实现了全国层面统一准入办法和各类市场主体统一准入标准。这对于各级政府而言，就会有统一的管理标准，各级政府部门的自由裁量权被压缩，权力寻租的难度增大，无疑有力地约束了各级政府。

提高管理效率

由"正"到"负"管理模式的转变，带来的是事实的穷尽性，负面清单管理模式以简单的"非此即彼"的方式穷尽了所有情形，使政府的职责更加明确，也更加简洁。这种列单方式，有助于让政府从"千头万绪"的管理事项中明确管理重点，从而大幅提高管理的效率。

负面清单一经制定，意味着清单以外的领域里市场主体享有充分的自主决策权限。这有助于推动政府将工作重点由事前审批转向事中事后监管，由被动管理转向主动服务，致力于提升治理水平。

此外，对于具有市场准入管理职责的部门而言，还可以基于清单进行监管信息的互通、交换和共享，为加强事中事后监管提供信息支撑，使得政府监管更加科学化、规范化和阳光化。

4. "一单尽列、全国统一"全面实施市场准入负面清单制度①

陈升:"一单尽列、全国统一"全面实施市场准入负面清单制度

摘要：对各类市场主体不搞特殊待遇，都要依据市场准入负面清单的分类情形，统一地做到：禁止准入事项，市场主体不得进入；在市场准入负面清单制度下，清单以外各类市场主体皆可依法平等进入，各市场主体的准入标准是一致的，各类市场主体之间没有歧视。

重庆大学公共管理学院　　陈升

市场准入负面清单制度建立的目标是实现"一单尽列、全国统一"的整体性治理。国家以一张清单统一整合所有市场准入的禁止、许可事项，是我国对统一市场准入管理的一次前所未有的尝试。这次尝试有以下三个层面的意义：

实现一单尽列

在市场准入负面清单之前，国家有关市场准入的禁止或限制规定散诸于各个法律、文件规定中。对应地，各级政府部门"画地为牢"对各自管理领域进行准入的审批，部门间职责难免交叉、重叠，造成互相推诿扯皮。

同时这给市场主体带来诸多不便和困惑。一方面，市场主体在准入前要查阅各类法律法规、《产业结构调整指导目录》、《政府核准的投资项目目录》等等，非常不便。另一方面，散诸各处的规定还往往相互矛盾，市场主体缺乏明确的"交通灯"、无所适从。

而在市场准入负面清单制度下，国务院以负面清单的形式明确列出在我国境内禁止和许可投资经营的行业、领域、业务等，将所有分散各处的禁止、许可事项在一张清单上集成。此外，为了做好制度的衔接工作，市场准入负面清单还将对行政审批事项清单、《产业结构调整指导目录》和《政府核准的投资项目目录》等目录的相关规定进行梳理，根据情况分类纳入禁止类清单和许可类清单之中。将我国所有市场准入领域的禁止类事项和许可类事项，按照国民经济行业分类列明。这样的列单方式做到了"一网打尽、一单尽列"，既清晰地表明了市场准入的"红线"所在，又明确地给市场主体点亮了"交通灯"。

同时，市场准入负面清单的"一网打尽、一单尽列"，对于各级政府部门而言，也将其相应的权责汇总列单，其中涉及需部门间协作的事项也更清晰列举出来，有助

---

① 中国发展网 http://www.chinadevelopment.com.cn/news/zj/2018/12/1427691.shtml。

于进一步提高政府部门间的协作效率。

实现全国统一

在市场准入负面清单制度下,市场准入负面清单由国务院统一制定发布,地方政府需进行调整的,由省级人民政府报经国务院批准。这使市场准入在全国范围内有了统一的标准。地方没有权限进行市场准入负面清单的制定工作,采用的蓝本都是全国统一的市场准入负面清单。这样市场准入的管理实现了在全国层面的统一,使全国范围内的市场准入有了统一的标准,这也是公平竞争市场环境形成的重要前提,也是落实《行政许可法》的必然要求。以市场准入负面清单为全国市场准入的统一标准,以此标准营造公平竞争环境和构建统一市场准入规则,有助于消除各地存在的形形色色的隐性壁垒,促进各类要素的有序自由流动。一方面,把市场准入负面清单作为构建市场准入秩序的重要基础制度,把抽象的市场准入要求转化为具体的文本,准确、高效传递准入规则信息,保障公平竞争。另一方面,作为我国加快政府职能转变、当好市场准入秩序裁判员的关键,市场准入负面清单的制定、调整、优化依赖市场主体和各级政府广泛参与和普遍认同,促使政府从单向管理变成社会共同治理。

但同时,为考虑各地实际情形之间的差异,也赋予地方政府经国务院同意后个别调整的权利。在清单中也设有"地方性许可措施"栏目,将各地依据地方实情确需保留的地方性市场准入管理措施列入清单。这样的考虑也保障了全国统一实现一张清单的可行性和科学性。

实现地位平等

以前,政府对市场主体的市场准入主要靠审批,如分为鼓励、限制、禁止等三类,对市场主体投资行为施以区别性的引导政策,导致各市场主体的待遇并不公平、甚至差别很大。主要表现在:一是民营企业能够进入的领域明显少于国有企业,而且民营企业能进入哪些领域以及一些具体要求,政府规定不详或者没有规定,导致了地方政府自由裁量权大;二是一些行业设定了较高的准入门槛,政府的审批程序较为复杂,甚至不透明,大大提高了中小企业进入这些行业的成本,使其很难进入这些行业。而市场准入负面清单制度,体现的是"非禁即入"的负面管理理念。这一理念背后,体现的是"公平"。实施市场准入负面清单制度是政府管理方式和理念的一个重大变革,将有利于营造一个公平的竞争环境,这体现在:

一是在清单面前,实现了"人人平等",不搞特殊待遇。市场准入负面清单适用于各类市场主体基于自愿的初始投资、扩大投资、并购投资等投资经营行为及其他市场进入行为。对各类市场主体不搞特殊待遇,都要依据市场准入负面清单的分类情形,统一地做到:禁止准入事项,市场主体不得进入;许可准入事项,由市场主体提出申请,行政机关依法依规作出是否予以准入的决定,或由市场主体依照政府规定的准入条件和准入方式合规进入；负面清单以外的，各类市场主体皆可依法平等进入。

二是在清单以外的领域，做到了"英雄不问出处"。在市场准入负面清单制度下，清单以外各类市场主体皆可依法平等进入，各市场主体的准入标准是一致的，各类市场主体之间没有歧视。而且未来在市场准入负面清单制度的基础上，还将进一步"废除对非公有制经济各种形式的不合理规定，消除各种隐性壁垒，制定保障各类市场主体依法平等进入自然垄断、特许经营领域的具体办法"。

5. 政能亮丨英雄不问出处，负面清单带来的机遇与挑战①

凤凰网 | 政能亮 栏目首页

政能亮丨英雄不问出处，负面清单带来的机遇与挑战

2019-01-03 19:00:17 政能亮

文丨特约评论员　陈升

"英雄各有见，何必问出处。"

英雄不问出处，是公平的要义。2018年12月25日，国家发展改革委、商务部联合发布《市场准入负面清单（2018年版）》。这标志着我国全面实施市场准入负面清单制度，负面清单以外的行业、领域、业务等，各类市场主体皆可依法平等进入。

负面清单这一概念，最初应用在国际投资谈判过程中。简言之，正面清单是"允许才能干"，负面清单是"没禁止就能干"。

"一网打尽、一单尽列"，既清晰表明了市场准入的"红线"所在，又明确给市场主体点亮了"交通灯"。

市场准入负面清单"非禁即入"的理念背后，体现的是公平原则。在清单面前，实现"人人平等"，清单外领域，做到"英雄不问出处"，这显然是政府管理方式和理念的重大变革。

十九大报告中，"负面清单"出现两次：全面实施市场准入负面清单制度，清理废除妨碍统一市场和公平竞争的各种规定和做法，支持民营企业发展，激发各类市场主体活力；实行高水平的贸易和投资自由化便利化政策，全面实行准入前国民待遇加负面清单管理制度，大幅度放宽市场准入，扩大服务业对外开放，保护外商投资合法权益。

2018年10月22日召开的国务院常务会议指出：年底前修订完成并全面实施新版市场准入负面清单，推动"非禁即入"普遍落实。明年3月底前全面清理取消外商

---

① 凤凰网评论 https：//pl.ifeng.com/a/20190103/60223106_0.shtml。

投资准入负面清单外对外资设置的准入限制，实现内外资准入标准一致。

中国全面实施市场准入负面清单的时代，业已开启。这一重大制度创新，有利于发挥市场在资源配置中的决定性作用，真正实现"非禁即入"，有利于激发市场主体活力，有利于政府加强事中事后监管，推进国家治理体系和治理能力现代化。同时，也对中国政府治理带来了新的挑战，这也是市场准入负面清单制度推行的难点和痛点所在。

难点之一：政府管理理念要从以审批为主向服务为主的转变

市场准入负面清单以前，政府对市场主体的市场准入管理主要通过正面引导，如分为鼓励、限制、禁止等三类，对市场主体投资行为施以区别性的引导政策。而对于大量存在既不鼓励，又不禁止、限制的事项，政府是通过一系列前置审批加以把关。整个市场准入管理极大地依赖于政府的前置审批。而各级政府也习惯于各种事前审批，尤其热衷于具体事务的审批，实际上也导致了政府在市场准入方面管得过宽。

市场准入负面清单实施以后，国务院以清单方式明确列出禁止和许可投资经营的行业、领域、业务等，对于禁止类事项，政府不再审批，只有对许可类事项的市场准入，政府才可以进行审批式准入。而大量的清单以外的事项，将完全交由市场自主决策，各类市场主体皆可依法平等进入，政府不再进行前置审批。

这意味着，政府将从大量的具体层面的前置审批中解放出来，"腾出手来"服务市场、监管市场。因此，政府工作重心也应该相应地从事前的审批向事中、事后的监管和服务转变，这将对部门习以为常的工作方式带来巨大冲击。

在市场准入负面清单制度下，要深化"放管服"改革。政府加快管理理念转变，简政放权、放管结合、优化服务。具体而言，各部门需要"松开手"，在市场准入负面清单已经放开的业务、领域，市场主体进入时不再审批。

还应"放到位"，做到负面清单以外的事项由市场主体依法自主决定，企业的守法投资经营行为也一定不要去干扰。不设立对非公有制经济各种形式的不合理规定，不通过各种隐性的壁垒，阻碍符合条件的企业依法进入自然垄断、特许经营领域。

同时，为了适应政府工作重心的转移，各级政府部门的人员配置、职能设计都要向事中、事后监管工作倾斜。

难点之二：制度运行对政府事中事后监管能力提升提出了更高要求

传统监管方式所依赖的手段将发生重大变化，一旦事中事后监管承接不上，或承接力度不够，都会造成政府监管上的空白。过去监管是依赖审批制度和年检制度，现在取消审批权，政府管理部门也就失去传统监管的手段，监管难度更大，对政府要求更高。

特别地，市场形势千变万化，新产品、新技术、新业态层出不穷。其中不乏一些可能涉及重大公共利益的产品、技术或业态，市场准入负面清单的动态调整不可能完全跟住市场变化的形式。这就造成了一种可能：一些具有发生重大关乎公共利益危害潜力的行业、领域、业务裸露在清单之外。由于政府不再前置审批，事中、事后的及时有效的监管就显得十分重要。这是一次对政府监管范围能否覆盖、监管能力能否跟上的重大挑战。

在市场准入负面清单制度下，要加快构建法律约束、行政监督、行业规范、公众参与和企业诚信自律有机结合的监管格局。对于政府部门缺乏相应监管能力、专业型较强的领域，各级政府部门应该加强与行业协会、社会专业组织的合作，发挥行业协会、社会专业组织的在行业内部监督和专业监督的特殊优势。

难点之三：需要尽快完善中国社会信用体系建设以支撑制度运行

对于市场准入突然放开大量市场领域的准入，在部分领域市场主体可能反应过激，也可能为不法经营的市场主体提供了制度漏洞。由于政府对清单以外领域不再前置审批，由核准制改为备案制，而告知性备案、准入信息公示制度的运作极大地依赖于社会信用体系的完善，否则信用采集不准确，信用信息不公开、不共享等问题都将制约制度运行的成效。

例如，在特定的市场领域，工商管理部门、行业主管部门、银行对企业信用信息的掌握不完全对称，那么不法经营的市场主体将会有漏洞可钻。

对于各级政府部门而言，特别要做到信息共享、工作联动。要健全社会信用体系，完善企业信用信息公示系统，以便各类监督主体及时跟踪。将市场主体信用记录纳入"信用中国"网站和全国统一的信用信息平台，各级政府部门根据市场主体信用状况实行分类、动态管理，对守信主体予以支持和激励，对失信主体在投融资、土地供应、招投标、财政性资金安排等方面依法依规予以限制。

还应将严重违反市场竞争原则、扰乱市场经济秩序和侵犯消费者、劳动者、其他经营者合法权益的市场主体列入"黑名单"，对严重违法失信者依法实行市场禁入。

6.《市场准入负面清单制度是政府管理方式的重要变革》,《重庆经济》2016年第2期

改革开放　　　　　　　　　　　　　2016.2　重庆经济

市场准入负面清单制度是政府管理方式的重要变革

● 陈 升　李兆洋

国务院日前印发《关于实行市场准入负面清单制度的意见》(以下简称《意见》),明确到2018年,我国将正式实行全国统一的市场准入负面清单制度,市场准入负面清单由国务院统一制定发布。《意见》对实行市场准入负面清单制度作出了顶层设计,明确了总体要求、主要任务和配套措施。

一、实行市场准入负面清单制度是我国一项重大改革

(一)实行统一的市场准入负面清单制度,是我国市场准入制度一项重大突破。

我国率先将负面清单管理模式从外资引入到内资市场准入领域。市场准入负面清单制度,指以清单方式明确列出禁止和限制投资经营的行业、领域、业务等,并采取相应管理措施的一系列制度安排;负面清单以外的行业、领域、业务等,各类市场主体皆可依法平等进入。

当前普遍存在市场准入负面清单制度与外商投资负面清单制度混淆的情况,对市场准入负面清单制度存在认识上的误区。市场准入负面清单是适用于境内外投资者的一致性管理措施,是对各类市场主体市场准入管理的统一要求;外商投资负面清单仅适用于境外投资者在华投资经营行为,是针对外商投资准入的特别管理措施。

(二)实行统一的市场准入负面清单制度,是对传统管理模式的一次根本性变革。

在以前的管理体制下,市场准入主要分为鼓励类、限制类、禁止类三类。然而以上三类,不可能列尽所有的市场准入事项,大量的市场准入事项是既不是鼓励类事项,也不是限制类禁止类事项,而这些事项则存在政府自由裁量的空间,不仅浪费了效率,也容易产生权力寻租、滋生腐败。而且随着市场经济的发展,新产品、新技术、新业态层出不穷、千变万化,使得正面清单更加"不可穷举"所有的市场准入事项。实行市场准入负面清单制度,对禁止准入事项,市场主体不得进入,行政机关不予审批、核准,不得办理有关手续;对限制准入事项,或由市场主体提出申请,行政机关依法依规作出是否予以准入的决定,或由市场主体依照政府规定的准入条件和准入方式合规

进入；对负面清单以外的行业、领域、业务等，各类市场主体皆可依法平等进入。这不仅是市场准入方式的改革，更是政府管理经济方式的根本性变革。

这意味着政府市场准入审批范围将大大缩减，更加有利于提高政府效率，提高政府市场准入审批工作的透明度；另一方面政府传统管理模式将会发生重要变化，将从传统市场管理者转向市场服务者、监管者的角色。此外，需要注意的是，各类市场主体进入市场后，仅是获得准入资格，并不等于可以为所欲为了，还要遵守相关的法律法规。

（三）实行统一负面清单制度，是发挥市场决定性作用，推动大众创业、万众创新的关键。

以前，政府对市场主体的市场准入主要靠审批，如分为鼓励、限制、禁止等三类，对市场主体投资行为施以区别性的引导政策，导致各市场主体的待遇并不公平甚至差别很大。市场准入负面清单制度的一项原则是"法无禁止即可为"，负面清单以外的事项，各类市场主体皆可依法平等进入，赋予市场主体更多的主动权、自主权，有利于形成各类市场主体依法平等使用生产要素、公开公平公正参与竞争的市场环境。实施市场准入负面清单制度以后，除负面清单的禁止类、限制类事项以外的事项，无论是国有企业，还是民营企业，无论是大型企业，还是小微企业，各类市场主体皆可依法平等进入，实现真正的"法无禁止即可为"。

二、实行市场准入负面清单制度的实现了五大创新

（一）从正面清单为主要的管理模式转向负面清单管理模式。

负面清单管理模式，即是以负面列表的形式，明确除了清单之外可以自由准入的行业、领域、业务。与"负面清单"相应的是"正面清单"，主要是通过正面列表方式，强调可自由准入的行业、领域、业务。

正面清单管理模式，主要强调市场主体可以准入的行业、领域、业务，这些一般是政府鼓励支持市场进入的领域。在政府的鼓励支持过程中，一般会有不少税收、贷款政策，破坏了市场竞争秩序，导致产能过剩。比如，我国光伏产业目前存在严重的产能过剩，这与政府的支持分不开的。此外，正面清单不可能穷尽所有的市场准入事项，大量的事项会在清单之外，导致这些事项政府需要花费不少时间进行审批，而且在市场经济逐步成熟的今天，政府也难以快速决策哪些事项可以做、哪些不能做。

由正面清单转向负面清单，使政府将有限的精力、资源放在负面清单上列明的少数事项（这些事项事关国家安全的有关行业、领域、业务等，涉及全国重大生产力布局、战略性资源开发和重大公共利益的有关行业、领域、业务等等）管理上，放开大多数市场准入事项，从而使政府解脱出来。

（二）采用"一单尽列"的方式衔接整合各类目录、清单，实现对市场准入的综合管理。

目前有关市场准入事项散见于国家出台的各个文件，《产业结构调整指导目录》、《政府核准的投资项目目录》、各类现行法律、行政法规和国务院决定等都对市场准入进行了相关规定，导致市场准入事项碎片化、海量化，其中一些规定还存在自相矛盾、互相冲突的情况，

改革开放　　　　　　　　　　　　　　2016.2　重庆经济

导致市场受限过多、乃至无所适从。而通过市场准入负面清单"一单尽列"相关市场准入事项，不仅可以大大减少自相矛盾的情况，而且也使企业更加明确哪些是不该做的，哪些是需要符合条件或通过审批才能做的，哪些是可以做的，不仅有利于稳定、透明、可预期的制度环境，确保公开公平公正；而且还有利于企业降低成本、节省时间，不需要"跑断腿、磨破嘴"。

（三）规定两类清单事项和三种准入方法

市场准入负面清单包括了完全不能进入的禁止类清单事项和满足相应限制条件才能进入的限制类清单事项两个类别。对禁止准入事项，市场主体不得进入，行政机关不予审批、核准，不得办理有关手续。需要强调的是对限制准入事项有两种准入方式，或由市场主体提出申请，行政机关依法依规作出是否予以准入的决定，或由市场主体依照政府规定的准入条件和准入方式合规进入。前一种准入方式需要政府审批，更多是针对重大事项；后一种准入方式不需要政府审批，但企业要承担好首负责任，同时要承诺履行法定义务、承担社会责任、践行社会诚信并向有关部门提交书面承诺书后，并履行告知性备案、准入信息公示等义务后，即可进入。对于企业承诺的事项，一旦之后查出违法失信经营，则将列入"黑名单"，并对严重违法失信者依法实行市场禁入。对于负面清单的事项，各类市场主体皆可依法平等进入。

（四）实现市场准入管理的统一性

全国范围内的统一：市场准入负面清单由国务院统一制定发布，这使市场准入在全国范围内有了统一的标准，有利于促进国内大市场的建设，国内要素的有序自由流动将得以实现。

此外，考虑到制定市场准入负面清单要充分考虑地区发展的差异性，允许省级人民政府在全国统一的市场准入负面清单基础上，提出调整市场准入负面清单的建议，报经国务院批准后实施。

内外资市场准入的统一：市场准入负面清单不仅适用于境内市场主体，也适用于境外市场主体，也就是说它是适用于境内外投资者的一致性管理措施，是对各类市场主体市场准入管理的统一要求。同时，对境外投资主体采用外商投资负面清单的管理模式，一方面做到了对境内外投资主体做到国内市场准入"一视同仁"，另一方面可能涉及国家安全等方面可采取相关特别管理措施加以限制。

（五）实现了各类主体之间的待遇公平、地位平等

以前，政府对市场主体的市场准入主要靠审批，在市场准入的鼓励、限制、禁止等三类准入中，对市场主体投资行为施以区别性的引导政策，导致各市场主体的待遇并不公平、甚至差别很大。实施市场准入负面清单制度，实现了各类主体之间的待遇公平、地位平等，对于各类市场主体而言犹如"久旱逢甘霖"，具体体现在：一是在清单面前，"人人平等"，不搞特殊待遇。市场准入负面清单适用于各类市场主体基于自愿的初始投资、扩大投资、并购投资等投资经营行为及其他市场准入行为。对各类市场主体不搞特殊待遇，都要依据市场准入负面清单的分类情形，统一地做到：禁止准入事项，市场主体不得进入；限制准入事项，市场主体根据相关要求进行进入；负面清单以外的，各类市场主体皆可依法平等进入。二是

· 15 ·

在清单以外的领域，做到了"英雄不问出处"。在市场准入负面清单制度下，清单以外各类市场主体皆可依法平等进入，各市场主体的准入标准是一致的，各类市场主体之间没有歧视。而且根据《意见》要求，还将进一步"废除对非公有制经济各种形式的不合理规定，消除各种隐性壁垒，制定保障各类市场主体依法平等进入自然垄断、特许经营领域的具体办法"。三是在市场准入负面清单面前，境内外投资主体"一视同仁"。市场准入负面清单是适用于境内外投资者的一致性管理措施，是对各类市场主体市场准入管理的统一要求。并配套对境外投资主体采用外商投资负面清单的管理模式，一方面做到了对境内外投资主体做到国内市场准入"一视同仁"，另一方面也考虑到了一些涉及国家安全对外资的禁止和限制。

三、实行市场准入负面清单制度是对政府能力的重大挑战

实行市场准入负面清单以后，由于绝大部分前置审批将取消，除了负面清单以外的事项，各类市场主体皆可依法平等进入。这意味着政府的工作重点也从当前事前审批向事中、事后监管转变。这将是对政府管理能力的重大挑战。然而，目前政府的监管方式存在以下主要问题：

一是传统监管方式所依赖的手段发生重大变化。过去监管是通过审批制度和年检制度来监管的，现在取消审批权，政府管理部门也就失去监管的手段。监管难度加大，对政府管理能力要求更高。

二是监管的法律体系不相适应。我国近年来出台的一系列市场监管的法律、规章和制度，有部分与负面清单制度存在不一致甚至冲突的情况，众多法律规范未能形成层次分明、相互补充、内容全面的法律体系，部分监管法律之间存在内容冲突和矛盾。一些重要领域如行业协会监管还存在无相应规范的盲区。

三是市场主体数量急剧增加增大监管的难度。市场主体资质参差不齐，市场经营方式千差万别，监管任务强度、难度和复杂程度将相应增加。因此，传统的以审批代监管方式难以适应。

四是各种监管力量亟待整合。过去监管力量分散难以形成合力，监管权分散于不同监管机构，相互之间沟通联系机制不畅等原因导致监管效率低下。基层监管力量有待加强，一些地方取消和下放审批权后，基层监管的任务明显增加，但基层监管人员、经费等方面并未加强，监管难度加大。信息技术有待提升，一些地方现有信息基础设施和设备难以保障，难以适应监管任务需求。监管机构之间、监管机构与监管对象、监管机构与社会公众之间，尚未形成信息互联互通。

因此，需要强化落实市场准入负面清单制度的保障措施，即建立健全与市场准入负面清单制度相适应的准入机制、审批体制、监管机制、社会信用体系和激励惩戒机制、信息公示制度和信息共享制度，修改完善与市场准入负面清单制度相应的法律法规体系等，同时还要着力推进四个配套措施，包括建立与市场准入负面清单制度相适应的投资体制、商事登记制度、外商投资管理体制、公平交易平等竞争的市场环境等。■

（作者单位：重庆大学公共管理学院）

7. 接受经济日报专访：推进国家治理能力现代化的重要举措①

推进国家治理能力现代化的重要举措——访重庆大学地方政府治理协同创新中心执行主任陈升教授

2019-11-27 07:42 来源：经济日报

"全面实施市场准入负面清单制度，是党中央作出的重大决策部署，是根本性、全局性、制度性的重大改革创新。从清单编制到实施落地，都体现了系统性、整体性、协同性。"在接受记者采访时，重庆大学地方政府治理协同创新中心执行主任陈升教授表示。

陈升认为，市场准入负面清单涉及面广，具有系统性。从横向看，清单事项涉及的部门、行业、领域众多；从纵向看，市场准入负面清单强调全国统一性，从中央到地方要求实行"全国一张清单"，未经国务院授权，各地区、部门不得自行发布市场准入负面清单，不得擅自增减、变更市场准入负面清单条目，坚决杜绝"单外有单"现象出现；从制度看，市场准入负面清单是一个逻辑严密、环环相扣的制度体系，建立了各种保障制度正常运行的机制和措施。

市场准入负面清单实现了"一单尽列"，具有整体性。"《市场准入负面清单（2019年版）》在已纳入《产业结构调整指导目录》《政府核准的投资项目目录》《互联网市场准入禁止许可目录》的基础上，又将地方国家重点生态功能区和农产品主产区准入负面清单（或禁止限制目录）纳入，进一步加大了全国性清单的整合力度。"陈升说。

市场准入负面清单制度的全面推行则体现出其协同性。清单将中央部门按照法律法规和国务院决定设立的全国性市场准入管理措施全部列出，同时，根据各地区资源要素禀赋、主体功能定位、产业比较优势、生产协作关系、生态环境影响等因素，将部分全国性管理措施未涵盖、符合清单定位且依法制定的地方性市场准入管理措施纳入，处理好了制度统一性与地区差异性关系，大大增强了清单制度的协同性和操作韧性。为协同配合其他领域的改革成效，清单还紧密衔接"放管服"改革最新进展、法律法规"立改废释"和调整取消行政许可事项情况，建立并不断完善实时调整与定期调整相结合的清单动态调整机制，积极回应市场主体呼声、推动准入门槛不断

---

① 专访文章链接：http://www.fgov.fcn/xinwen/2019-11/27/content_5456021.fhtm。

放宽。

"注重改革的系统性、整体性、协同性是全面深化改革、推进国家治理能力现代化的必由之路。"陈升表示，市场准入负面清单制度，是我国国家治理体系和治理能力现代化过程中一次重大制度创新，体现出来的系统性、整体性、协同性正是坚持全面深化改革的内在要求，以清单制度及其配套改革实现相关领域改革的联动和集成，有助于在国家治理体系和治理能力现代化上形成总体效应、取得总体效果。（记者 熊丽）

后　　记

本书是在国家重大改革项目（实行市场准入负面清单管理方式研究）、国家社科基金重点项目（15AZD016）、国家自然科学基金项目（71473022）、中央高校基本科研业务费（2018CDJSK01XK05、2018CDJSK01PT07、2019CDJSK01PY04）的资助下完成的，同时也是重庆市2011协同创新中心——地方政府治理协同创新中心（重庆大学）重点支持的课题。

本书的写作过程是一个将学术研究与教书育人相结合的过程，也是一部集成之作。在本书写作过程中，我特意组建了研究写作团队，一起围绕市场准入负面清单这一主题，学习研究国家重要政策文本、重要文献，查阅各种资料。我从最开始带领研究团队列提纲，到反复组织研究成员构思、研究、写作，再到最后组织团队校稿，严格把控书稿的整个写作过程，确保了研究内容的逻辑性和严谨性，并充分锻炼了团队的研究能力。在过程中，由博士研究生李兆洋与我一同带头负责书稿写作，硕士研究生刘思利、潘虹、孟漫、王英杰、王梦佳、唐雲等也积极参与了本书的调研和执笔工作。对此，我表示由衷的感谢，并希望他们各自在将来的工作学习中能更进一步。

国家发展改革委体改司许可同志参与第八章市场准入负面清单制度全面实施等章节的指导和撰写；重庆市发展改革委贺昀、袁小波等同志参与第七章市场准入负面清单制度的试点探索等章节的指导和撰写；清华大学张楠等教授参与第九章清单治理理念下的政府网站建设的撰写；重庆大学、重庆市委办公厅杨倬同志参与第九章数字政府与市场准入负面清单统一代码等节的撰写；重庆大学张鹏教授参与第七章市场准入负面清单制度地方探索等章节的撰写。

此外，在撰写和调研过程，课题组还得到了来自于国家发展改革委体改司、重庆市发展改革委、天津市发展改革委、广东省发展改革委相关同志的大力支持。在此，对他们为本书的付出表示衷心的感谢。

陈　升

2018 年 12 月